高等院校婚庆专业“十三五”规划教材

高等院校婚庆专业“十三五”规划教材

婚姻庆典服务概论

主　编　王晓玫　崔　杰
参　编　万俊杰　孔　娜　王丽娟　王　楠
　　　　李倩一　赵　莲　金雷宇　赵　天

中国铁道出版社有限公司
CHINA RAILWAY PUBLISHING HOUSE CO., LTD.

内 容 简 介

本书是婚庆服务与管理专业的基础课程教材，通过学习本书可使学生基本了解婚姻庆典服务的起源与发展、服务心理、服务市场及服务运作等问题，为后续学习婚庆服务的专业课程打下基础。

本书共分 10 个项目，每个项目都包含学习目标、核心概念、导入案例、正文、小结、能力检测 6 个部分，内容包括婚姻庆典服务概述，婚姻庆典仪式的起源与发展，婚姻庆典服务心理，婚姻庆典服务市场，婚姻庆典服务运作，婚姻庆典仪式，婚姻庆典服务供给者，婚姻庆典服务从业人员，婚姻庆典服务行业自律机构及婚庆行业服务标准，婚姻庆典服务行业的现状、问题及发展 10 个方面。同时，为体现高等教育的工学结合特征，除项目 1 之外，每个项目都有相应的实训练习，使学生在大量的实训练习中掌握婚姻庆典服务的基本理论和实践问题。此外，在附录部分还收录了国家标准《婚姻庆典服务》（GB/T 23860—2009），对相关的服务进行了规范。

本书适合作为高等院校婚庆服务与管理专业的教材，也可作为婚庆行业工作人员的工具书，以及广大读者了解婚姻庆典知识的参考书。

图书在版编目（CIP）数据

婚姻庆典服务概论 / 王晓玫，崔杰主编. —北京 ：中国铁道出版社，2017.5（2024.9 重印）
高等院校婚庆专业“十三五”规划教材
ISBN 978-7-113-22931-3

Ⅰ. ①婚… Ⅱ. ①王… ②崔… Ⅲ. ①结婚-礼仪-高等学校-教材 Ⅳ. ①K891.22

中国版本图书馆 CIP 数据核字(2017)第 053529 号

书　　名：婚姻庆典服务概论
作　　者：王晓玫　崔　杰

策　　划：魏　娜　吴　楠　　　　**编辑部电话：**（010）63549508
责任编辑：吴　楠　彭立辉
封面设计：一克米工作室
封面制作：白　雪
责任校对：张玉华
责任印制：樊启鹏

出版发行：中国铁道出版社有限公司（100054，北京市西城区右安门西街 8 号）
网　　址：https://www.tdpress.com/51eds/
印　　刷：北京铭成印刷有限公司
版　　次：2017 年 5 月第 1 版　2024 年 9 月第 3 次印刷
开　　本：787mm×1 092mm　1/16　**印张：**13.5　**字数：**329 千
书　　号：ISBN 978-7-113-22931-3
定　　价：35.00 元

总序

PREFACE

凝结着四所高校教师和婚庆行业一线专家集体智慧和辛勤付出的“高等院校婚庆专业‘十二五’规划教材”自2014年陆续面世。我们为之感到由衷的欣慰。这是婚庆专业教育理论建设、专业研究和专业教育情结使然。

2007年，北京社会管理职业学院开始举办高等职业教育后，在民政管理专业项下设立了3个专业方向：婚姻服务与管理、社会救助与管理、殡仪服务与管理，自此在全国高校开创了婚庆专业的先河。而在专业建设之初，教材建设就成为专业建设的重中之重。从2007年下半年开始，北京社会管理职业学院婚庆教研室就着手编写婚庆专业自编讲义，至2010年已经编写完成了《婚姻庆典服务概论》《婚礼策划实务》《婚礼现场督导》《婚礼主持艺术》《普通话与婚礼主持》《婚礼摄影》《婚礼色彩学》《婚俗文化学》《婚礼花艺与现场布置》《婚礼音乐鉴赏与编辑》《婚庆公司经营与管理》《婚庆服务礼仪》等12本校本自编讲义。这些自编讲义为我们出版“高等院校婚庆专业‘十二五’规划教材”奠定了坚实的基础。

随着我国高等学校高职高专婚庆专业的迅速发展和社会需求，高职高专婚庆专业教材建设也面临着更高的要求。至2013年，除北京社会管理职业学院开办婚庆专业外，湖北民政职业学院、长沙民政职业技术学院、重庆城市管理学院也相继开办了婚庆专业。目前，据统计已经有13所高职院校和3所中职院校开设了婚庆服务与管理专业或方向。为更好地配合高等职业教育婚庆专业的教学改革，加大工学结合教学资源的开发力度，为高职高专婚庆专业高端技能型人才培养提供优质教材支持，我们依靠民政部牵头组建和管理的、指导民政职业教育与培训工作的专家组织——民政行业教育指导委员会的领导，由民政行业教育指导委员会教材编写委员会、北京社会管理职业学院民政管理系牵头，长沙民政职业技术学院、重庆城市管理职业学院、湖北民政职业学院提名人选参与，同时吸纳了部分婚庆行业专家，成立了“高等院校婚庆专业‘十二五’规划教材编写委员会”（以下简称编委会），负责规划教材的组织编写。

“高等院校婚庆专业‘十二五’规划教材”总结了婚庆服务领域企业经营、技术经验、行业标准等方面理论和实践经验、展示了婚庆服务的未来发展趋势，突出了专业性、技术性、先进性和规范性。在具体编写上，体现了行业特点和前瞻性，并将国际、国内先进婚庆行业发展理念和实践经验提炼出来，力求成为引导我国婚庆行业未来发展的高质量、高水平的教材。

本系列教材包括：《婚礼策划实务》《婚礼现场督导》《婚礼主持教程》《婚礼花艺与现场布置》《婚礼化妆造型技术》《婚礼音乐鉴赏与编辑》《婚庆公司经营与管理》《中西婚礼文化》《婚礼摄影教程》《婚庆服务礼仪》《婚礼色彩设计与应用》《婚姻庆典服务概

论》《婚礼手绘教程》等。在每本书体例设计上采取以工作流程为主线设计教材的方式，突出体现了基于工作过程的设计理念。

编委会按照“服务婚姻、服务婚庆、服务行业”的理念，将内容与专业未来发展相衔接，结合参与编写作者所在高校的自身优势，分工合作，并于 2013 年 1 月 20 日召开了各分册编写大纲审议会议，确定了编写计划和各分册编写提纲。在北京社会管理职业学院编写讲义的基础上，历时两年多陆续由中国铁道出版社正式出版。

本系列教材体系框架主要由王晓玫教授带领相关教师和行业专家构思而成，在此基础上，又由各分册的主编和作者做了进一步讨论和修改。展示在广大读者面前的这套“高等院校婚庆专业‘十二五’规划教材”，无疑凝聚着所有给予指导和参与撰写、讨论修改的专家、教师的集体智慧。

本系列教材出版后，获得开设婚庆专业的院校的热烈欢迎和订购，也获得了婚庆行业的高度评价和积极使用。由于部分教材已经售罄或者即将售罄，同时经过调研，有的教材需要进行修订完善，经编委会与出版社商议，决定在第一版的基础上，对已经出版的教材进行修订后再版，并更名为“高等院校婚庆专业‘十三五’规划教材”。

由于编者水平所限，在理论和实践的探索中难免会有这样或那样的疏漏或缺陷，敬请婚庆、婚俗理论界、实务界和所有关心婚庆教育的人士给予批评、指教。

邹文开

2016 年 6 月 26 日于北京

前言

FOREWORD

中国平均每年的结婚人数约为1 800～2 000万对，按照为40%的新人举办婚礼的概率计算，这将为婚庆服务行业提供720～800万对的市场机会。粗略计算，全国每年因婚庆产生的消费总额可达2 000亿元。面对结婚热潮，婚姻庆典服务行业已成为朝阳产业而快速发展。

结婚是一辈子的大事，每对新人都想要一个完美而独一无二的浪漫婚礼，留下一个难忘的回忆。因此，越来越多的新人选择把举办婚礼庆典委托给婚庆公司来操办，看中的是它们的专业与创意。这也为快速发展的婚姻庆典行业带来巨大的商机。

所谓婚姻庆典又称婚礼庆典，简称为婚礼。婚姻庆典是指为愿意结为配偶的新人，按照当地民俗和民族特点举办的结婚庆祝仪式。人类自从有了婚姻就有婚礼。中国的婚礼文化和婚姻庆典服务是伴随着婚礼出现的，已经有了数千年的历史。中国的专业婚姻庆典服务的出现也有近千年的历史。中国近代的婚姻庆典服务业是从20世纪30年代伴随西方婚礼文化传入中国应运而生的。现代的婚姻庆典服务业是伴随着改革开放、国家经济发展和人民生活水平的提高在20世纪90年代产生的，已经有了20多年的历史。随着婚姻服务行业的兴起，专业的婚礼职业人也应运而生，诸如婚礼策划师、婚礼主持人、婚礼花艺师和场布技师、婚礼督导师、婚礼摄像师、婚礼摄影师、婚庆公司经理人等，越来越专业化。

专业化的服务催生了专业化人才的市场需求，也促成了婚庆行业的专业化人才培养和高校婚庆专业的产生，基于此，北京社会管理职业学院于2007年秋天开设了“婚庆服务与管理”专业，该专业培养具有人文道德素质和良好的团队合作精神，掌握婚俗文化和婚礼服务知识，具备从事婚礼策划师、婚礼主持人和婚礼摄影师、摄像师的专业能力，能从事婚礼策划、婚礼主持和婚礼影像等服务性、技术性和管理性工作的高素质技能人才。为了适应专业人才培养的需要，北京社会管理职业学院组织相关专业教师，共同编写了本书。

本书是婚庆服务与管理专业的专业基础课程教材，通过学习本书可使学生基本了解婚姻庆典仪式的起源与发展、服务心理、服务市场及服务运作等问题，为后续学习婚庆服务的专业课程打下基础。

本书共分10个教学项目，每个项目都包含学习目标、核心概念、导入案例、正文、小结、能力检测6个部分，内容包括婚姻庆典服务概述，婚姻庆典礼仪的起源与发展，婚姻庆典服务心理，婚姻庆典服务市场，婚姻庆典服务运作，婚姻庆典仪式，婚姻庆典服务供给者，婚姻庆典服务从业人员，婚姻庆典服务行业自律机构及婚庆行业服务标准，婚姻庆典服务行业的现状、问题及发展10个方面。同时，为体现高等教育的工学结合特征，除项目1之外，每个项目都有相应的实训练习，使学生在大量的实训练习中掌握婚姻庆典服务的基本理论和实践问题。此外，在附录部分还收录了《婚姻庆典服务》国家标准，对相关的服务进行了规范。

本书由北京社会管理职业学院的相关教师承担编写任务，由王晓玫、崔杰主编，负责统稿、审稿。具体编写分工如下：项目1由赵莲编写，项目2由王丽娟、赵莲编写，项目3由孔娜编写，项目4由金雷宇编写，项目5由万俊杰编写，项目6由王楠编写，项目7、项目10由崔杰编写，项目8由李倩一编写，项目9由王晓玫、赵天编写。

本书适合作为高等院校婚姻庆典专业的教材，也可作为婚庆行业工作人员的工具书，以及广大公民了解婚姻庆典知识的参考书。相信本书的出版，对于推动婚姻庆典行业的专业化、职业化，提升婚庆行业的理论研究将会起到积极的作用。

作者在撰写本书过程中，参阅了大量的相关资料，吸收了经济学、社会学、心理学、民俗学、婚礼服务等方面专家学者的一些研究成果，在此一并表示感谢。

本书对婚姻庆典服务方面的理论和实务进行了有益的研究和探索，但难免有值得商榷的地方，期望广大读者提出宝贵意见。

王晓玫　崔　杰

2017年2月

目录

CONTENTS

项目 1

婚姻庆典服务概述

学习目标

通过本项目的学习，应该能够：

- 了解婚姻与婚姻仪式、婚姻庆典的关系；
- 掌握婚姻庆典服务的概念、本质与特征。

核心概念

婚姻　　婚姻庆典　　婚姻庆典服务

导入案例

摩卡婚礼策划主管分析几个婚礼上的尖锐问题[①]

一场温馨的婚礼就如同经典的爱情电影一样，婚庆公司承担着导演、编剧的工作，而一对新人则是这部电影的男女主角。这部电影拍得是否够好，则要看挑选的婚礼策划是否够专业。

应网友的要求我们联系了摩卡婚礼主管潘珍玉小姐，对她进行了一次简单的采访。

记者：很荣幸潘珍玉小姐能抽空接受我们的采访。结婚高峰季节将至，很多新人都在为自己的婚礼如何筹备发愁，不知道在选择婚庆公司方面有哪些注意事项。

潘珍玉：婚礼策划公司与其他服务类企业一样，是以服务作为产品进行销售。这也就意味着一个好的婚礼策划公司，首先应该提供给客户的是个性的婚礼策划服务和专业的婚礼咨询服务；其次是由策划案而衍生出来的婚礼现场物品及礼品。针对于此，更多的婚礼策划公司提供中介性质的服务，将各方资源汇集起来，根据客户的要求进行筛选并销售给客户。最后是婚礼的执行，要保证婚礼当日能够如策划案所设计的完美执行。在这一点上往往是新人最担心的。因为婚礼只有一次，是否成功好像在跟婚庆公司赌博一样。赢了当然好，输了将终身遗憾，这是用金钱无法衡量的。因此，客户在选择婚礼策划公司的时候，应该考虑以下几点：①口碑。良好的口碑是成功的最主要保障。好的婚礼策划公司非常在意口碑建设，因此更关注于客户满意度。②策划能力。策划能力并不是天马行空的设计，而是该如何将这美妙的设计付诸实践。③完善的部门分工。摒弃中介性质的服务，让婚礼策划公司提供给客户的是第一手的产品，而不是被层层剥削的低品质高价位的服务。例如，婚礼策划公司自己的策划师、花艺师和搭建部、灯光师…… ④高性价比。客户要根据自己的实际情况制定婚礼预算，根据预算来选择同级别性价比最好的婚礼策划公司。应多比较，多咨询。

记者：潘小姐，您能对我们新人在与婚礼策划机构签订合同时需要注意些什么，给一些参考吗？

潘珍玉：目前，北京和上海已经公布了婚庆服务协议范本，新人可以从网上下载作为参考。新人在签署婚礼服务协议的时候，要注意将一些细节问题都落实到合同上，这样能够更好地维护消费者的权益。应该注意几点问题：①婚车方面，应标注车的型号、新旧程度，以及颜色、数量等硬性要求。在服务方面，应该规定好具体的到达时间以及因为超公里数需支付的费用。②人员服务方面，应标注具体人员的姓名或级别，以及所提供的服务内容和服务时间。③鲜花方面，应规定鲜花作品的造型、直径、花含量、花的品种。④搭建方面，确定搭建的尺寸和材质。针对如上内容，在违约责任方面，也要有所约定。在这里需要提到的是，因婚礼策划属服务类公司，如准新人确定了服务人员（主持、摄影、摄像等）和级别以后，如婚期有变，是无法全额进行退款的。因此，准新人在确定服务人员的时候，要仔细考虑。

记者：这么多年工作经验了，您认为一场婚礼从筹备到礼成，策划师的职责是什么？

潘珍玉：婚礼对于每个新人来说都是至关重要的，因为有爱才有感动，有梦想才会有精彩。策划师的工作就是梦想的缔造者。而作为一名好的策划师，并不是那么容易的。首先要具有上

---

① 转引自潘珍玉新浪博客，http://blog.sina.com.cn/s/blog_5d6a38500100ipl5.html。

百场的婚礼执行经验，清楚婚礼习俗，具有一定的设计能力、沟通能力、管理能力和协调能力，具备现场的管控能力和危机处理能力，另外还要具有高尚的品格，能够帮助新人缓解精神压力和婚前抑郁的症状等。因此，策划师的个人素质非常重要。那么，在一场婚礼中，策划师的工作到底包含什么？各项工作的规定并不相同。以我们摩卡婚礼的策划师为例。

① 第一次、第二次沟通，发挥策划师的沟通能力和婚礼经验，通过与新人的沟通，能够准确地捕捉到新人的婚礼梦想，并给予初期的可行性建议。提交婚礼问卷、婚礼前期准备单、时间安排表，以及婚礼初步方案和构想。

② 进入策划阶段后，要发挥策划师的设计能力、管理能力和婚礼经验，帮助新人选择婚纱品牌，订购婚礼物资和回礼，安排婚礼筹备进度，帮助新人制订合理的减肥计划、护肤计划和来宾邀请方式。同时，反复推敲婚礼场地设计内容和仪式流程细节。

③ 执行阶段，也是最重要的阶段，前期工作的成功与否将在这个阶段得以展现。因此，需要策划师的婚礼经验、执行经验、协调能力、管控能力以及危机处理能力。因为婚礼临近，各方面的压力和自我紧张的心理状态会让新郎、新娘处于很敏感的阶段。因此，策划师要发挥自己的心理辅导经验，帮助新人减压，将婚礼督导执行单、全场明细清单、酒店物品准备单、灯光安排单、新人方工作安排单、婚礼前一日新人物品准备单以及婚礼当日新人注意事项等十几个表单交给新人，并给予讲解，让新人能够放下心来。摩卡婚礼策划师在解决新人家里的压力时，会开办婚礼协调会，策划师作为主讲人，教授新人方每个工作人员的工作内容和职责，将新人的工作分派出去。

还有要提醒一点，对于婚礼中牵涉费用的细节，新人要特别注意，一旦确定，策划公司也有成本的付出，如果已经确定了的事情因为种种原因要更改或者退换，可能不会退全款。

从摩卡婚礼策划主管潘珍玉小姐对婚礼中几个尖锐问题的分析中，我们可以初步认识了解什么是婚姻庆典服务。结合选择婚庆公司时的注意事项、与婚礼策划机构签订合同时需要注意的问题、婚礼策划师的职责，可以进一步分析洞见婚姻庆典服务的本质和特征。

任务 1

婚姻与婚姻仪式、婚姻庆典

婚姻是人类社会特有的现象，在人类社会的三大生产中，婚姻是实现人类自身生产的唯一方式，是社会伦理关系的实体。《易·系辞》即明言：“天地絪缊，万物化醇。男女构精，万物化生”，婚姻一向被视为“终身大事”，在中国古代社会更是把婚姻当作人际关系的开端，伴随着婚姻也衍生出一系列庄重严肃的仪式和热烈喜庆的典礼。

知识点 1　婚姻的含义

婚姻，古时又称“昏姻”或“昏因”，其含义主要有 3 种：一是嫁娶之礼。在东汉郑玄注本《礼记·昏义》中，郑玄写道：“昏姻之道，谓嫁娶之礼”。我国古代的婚礼中，男方通常在黄昏时到女方家迎亲，而女方随着男方出门，这种“男以昏时迎女，女因男而来”的习俗，就是“昏”“因”二字的起源。二是夫妻关系。“婿曰昏，妻曰姻”，夫妻二人的结合关系就构成了婚姻。三是姻亲关系。《尔雅·释亲》中写道：“婿之父为姻，妇之父为婚……妇之父母、婿之父母相谓为婚姻”，男女双方两个家庭之间的姻亲关系称之为婚姻。

现代社会学家认为，婚姻是男女依照法律的规定或社会风俗，经过某种仪式而结合的关系。20 世纪 40 年代的著名婚姻史研究学者陈鹏先生在《中国婚姻史稿》中写道：“中国婚姻制度，导源于礼，而范之以令，裁之以律。”罗马法学家莫特斯丁也曾将婚姻看作是“一夫一妻的终身结合，神事和人事的共同关系”。所以，婚姻既是男女两性之间以永久共同生活为目的而建立的一种夫妻关系，也是在双方家庭之间建立起一种稳固的姻亲关系。婚姻既关涉宗教礼俗，又涉及律令法典，既是一种自然现象，同时也是一种社会现象和法律现象。

知识点 2　婚姻仪式的起源

《礼记·昏义》特别将昏（婚）礼列为“六礼”之本。唐孔颖达疏曰：“六礼谓冠一、婚二、丧三、祭四、乡五、相见六。”按《礼记》的说法，婚礼是“成男女之别，而立夫妇之义；夫妇有义而后父子有亲，父子有亲而后君臣有正。故曰，昏礼者，礼之本也”。婚姻既是个体生命中最重要的人生结点，也是两个家族绵延和社会生活延续的根本。它的缔结自然需要经过特定的规程，履行特定的秩序形式，具有一种非常态的仪式感。

相传中国最早的婚姻礼仪从伏羲氏制嫁娶、女娲立媒约开始。唐代杜佑说：“人皇氏始有夫妇之道，伏羲氏制嫁娶，以俪皮为礼；五帝驭时，娶妻必告父母；夏时亲迎於庭；殷时亲迎于堂；周制，限男女三年，订婚时，六礼之仪始备。”在伏羲氏时代，人们以渔猎为主，以兽皮为贵，所以在结婚时，男方向女方送两张鹿皮，也就是所谓的‘俪皮之礼’。我国古代嫁娶的“俪皮为礼”是婚姻礼仪的开端，在此之后，除了“俪皮之礼”之外，还多了“必告父母”之礼；到了夏商，则又多了“亲迎于庭”“亲迎于堂”之礼。到了周代，婚姻仪式形成了一套完备的“六礼”聘娶婚模式，即纳采、问名、纳吉、纳征、请期和亲迎。这 6 种仪式详细规定记载于《仪礼·士昏礼》和《礼记·昏义》两部书中。后来，很多礼教经典和史书都对此作了解释和演义，历代的“户婚律”都以“六礼”为基本内容，确定婚姻条文。“六礼”作为一种统一的，广泛流行于上层和民间的婚姻仪式，一直流传了两千多年。

事实上，传统的婚姻仪式贯穿于整个婚姻缔结过程的始终，除了较为正式的“六礼”之外，婚前礼中的婚姻仪式还包括定情、做媒、相亲、吃茶、催妆礼、送嫁妆等，正婚礼中的婚姻仪式还有哭嫁、转席传代、坐床撒帐、秤挑盖头、闹新房等，婚后礼中的婚姻仪式则囊括了拜宗庙、拜舅姑等成妇礼和回门归宁等成婿礼。对于讲求简单高效的现代社会来说，传统的一整套婚姻仪式似乎显得有点烦琐，但是求婚仪式、订婚仪式、颁证仪式、婚礼仪式和归宁仪式依旧是当下大部分新人都十分重视的婚姻仪式活动。

知识点 3　婚姻庆典的内涵

所谓庆典，是指盛大的庆祝典礼，隆重的庆祝活动，是各种庆祝仪式的统称。通常，庆典活动可分为节庆活动、纪念活动和典礼仪式等几种。婚姻是人生中最大的喜事，自然需要相应的典礼仪式来进行庆祝。

所谓婚姻庆典又称婚礼庆典，简称为婚礼，是指为愿意结为配偶的新人，按照当地民俗和民族特点举办的结婚庆祝仪式。人类自从有了婚姻就有婚礼，婚礼是新人向来宾展示爱情和承诺，向父母表达亲情和感恩的一种社会公示行为。婚礼（昏礼）在五礼之中属嘉礼，是继男子的冠礼或女子的笄礼之后的人生第二个里程碑。可以说婚礼是一种法律公证仪式或宗教仪式，虽然婚礼在一些国家不具有法律上的硬性规定和约束力，但在传统文化中，婚礼是取得家族承认和社会认可的一种必要仪式。通常情况下，婚礼是婚姻庆典最集中、最典型的表现形式。

婚礼有以下几种内涵：

① 婚礼是一个庆祝仪式。婚姻在人的一生中不可或缺，婚礼就是为了纪念新人婚姻生活的开始而举行的庆祝仪式。在整个婚礼仪式中，新人在亲朋好友面前，分享两个人的甜蜜爱情并展现共同生活的勇气和决心。参加婚礼的亲朋好友也会在此送出祝福，所有的来宾共同庆祝两位新人走到一起，独立于父母，组成新家庭。婚礼正是为了庆祝两位新人，甚至两个家庭的结合而举行的庆祝仪式。

② 婚礼是一种承诺。决定开始婚姻生活，共同承担家庭和社会责任，对每个新人来说都有重大意义。因此，举行婚礼是新人彼此对婚后生活向对方的承诺，是婚姻生活的美好开端。可见，婚礼是对婚姻生活的一种承诺。

③ 婚礼是一种感恩。在婚礼上，新人在获得祝福和认可的同时，也要正式感谢见证这场婚礼的每个人。一是要感谢双方父母，感谢父母的养育之恩；二是感谢亲朋好友到场祝福，感谢到场的领导和同事多年的支持和帮助；三是新人之间也要在这个非凡的时刻做真诚的告白，感谢对方的爱与信任。

④ 婚礼是一种正式的公示和告知。新人在办理婚姻登记后，无法一一通知每一位亲朋好友，而举行婚礼就是一种正式告知、一种公示，通过婚礼告知和公示了双方的结婚消息，也获得了社会的认可。

婚礼庆典需要通过特定仪式或流程使两个人的结合得到社会的认可，而操控着特定的仪式与流程者，在西方的文明史中，是宗教或国家。而传统中国的婚礼庆典仪式则更具“社会”意义，宗族家族、社区邻里、袍泽、年长者、位尊者都可起到有效的认可作用。新中国成立，特别是改革开放以来，中国的婚礼受到西方文化的冲击，传统婚礼的元素日渐消失。19 世纪末 20 世纪初，婚礼从形式到内容明显地接受了西式风俗，一般采取了中西合璧的婚礼形式。现代中国的公民结婚仪式实际上只是到地方政府进行结婚登记，有的举办婚礼仪式，婚宴一般会办得非常盛大。现代中国婚礼中很重要的一环就是拍摄婚纱照。

无论是在中国，还是在西方，传统婚礼都是很庄重严肃的礼仪，是向神灵祈求祝福，向亲族、社会取得认同的最重要、最有效，也最庄严的形式。所以，婚礼庆典活动的意义不只在于祈求祝福，分享喜悦，更在于通过一系列的仪式步骤来加强和反映出新人社会角色的转化和即将要承担的社会责任，并且需要邀请亲属朋友参加来见证和监督，以引起婚礼当事人对婚姻的重视。以现在婚礼仪式中贯彻最好的传统婚礼“三拜”来说，就是在天地神灵和亲友见证下，做出爱的承诺和象征。一拜天地体现着对神灵的敬畏和中国人向往天地人和谐的哲学；二拜高堂体现了家长在家庭中的地位和孩子独立后对父母的感恩与回报；夫妻对拜则体现了夫妻之间互敬互爱的相处之道。

任务2

婚姻庆典服务的概念、本质与特征

根据民政部发布的《2015年社会服务发展统计公报》显示，2015年全国有1 224.7万对新人登记结婚。80后的结婚热潮还在持续，数目庞大的90后也已进入结婚期，伴随着经济社会的发展和居民收入消费水平的不断提高，婚庆市场这座“甜蜜金矿”给婚姻庆典服务行业带来了巨大的发展机遇和无限的发展潜力。结婚是一辈子的大事，每对新人都想要一个独一无二的完美婚礼，留下一个终生难忘的回忆。越来越多的新人选择把婚礼庆典委托给婚庆服务机构来操办，看中的是它们的专业与创意。

知识点1　婚姻庆典服务的概念

婚姻庆典服务是指婚姻庆典服务经营者为婚姻庆典需求者提供的用以满足其在婚姻庆典活动中物质、精神综合需要的全部服务的总和。其中，婚姻庆典服务经营者包括酒店、婚礼策划会馆、婚纱影楼、婚纱礼服店、珠宝店等传统的婚庆服务机构，以及婚礼堂、婚庆主题公园等新兴的一站式婚庆服务机构。婚姻庆典需求者一般来说主要指的就是新人、新人父母，以及参与到婚礼中的宾客们。婚庆服务机构为一对新人及其家人，以及所有宾客所提供的服务是全面而立体的，既涉及物质需求，更关乎精神需要；既有令人齿颊生香的婚宴菜品、余音绕梁的婚礼音乐、过目难忘的婚纱照片、浪漫唯美的婚礼现场、散发芬芳的婚礼花艺来全面刺激大家的感官，给人以物质的满足和享受，又有通过精心设计的婚礼流程，让新人向家人，向好友，向所有宾客去表达爱、诠释爱和传递爱，给人以精神的滋养。

追根溯源，中国的婚姻庆典服务已经有数千年的历史。最早从事婚庆服务活动的是一个传统的职业——媒妁。中国古代的媒妁分为官媒和私媒，官媒主要是从事婚姻管理，监督民间婚嫁活动；私媒则主要是撮合男女婚姻。然而不管是官媒，还是私媒，都会对民间的婚嫁礼仪进行指导，私媒更多时候还要在男女双方两个家庭间沟通联络婚礼筹备的诸多事宜，甚至还在婚礼中担当婚礼主持的重任。较为成型的婚庆服务行业则肇始于清朝晚期出现的一个特殊的行当——喜轿铺。喜轿铺主要业务范畴包括租赁喜轿、执事、响器等婚庆用品，代雇轿夫、吹鼓手，协助新人双方家庭通信过礼、送妆发奁等。可以说当时的喜轿铺已经具备了今天婚庆公司的雏形。中国近现代的婚姻庆典服务业从20世纪30年代伴随西方婚礼文化传入中国应运而生，当时出现了诸如“紫房子”等一批专门租赁西式婚礼道具，指导西式婚嫁礼仪的婚庆服务机构。当代的婚姻庆典服务业则是伴随着改革开放、国家经济发展和人民生活水平的提高而产生的，已经有了30多年的历史。20世纪80年代初，台湾婚纱摄影进入大陆，一时间广受追捧，开启了当代婚姻庆典服务新征程。20世纪90年代由台湾婚庆公司带入一套兼容中西婚礼仪式的操作流程，满足了当代中国年轻人的口味，并将传统婚礼喜热闹的特点发扬到极致。随后，出现了诸如“主题婚礼”“户外婚礼”等多元化的婚礼仪式，婚姻庆典服务行业的职业分工也随之越来越专业化和精细化。

导入材料

中国第一家婚庆公司发展史①

第一场“专业婚礼”

1990 年 8 月 1 日，“紫房子”迎来了新中国成立后由专业婚庆公司办的第一场婚礼。

2009 年 8 月 26 日，北京“紫房子”婚庆公司重张成立，它曾经的客户尽是政要名流，它是“中西合璧”式婚礼仪式的创始者。它见证了中国婚庆事业的发展，然而在中国婚庆市场发展最红火的几年中，它却因停业渐渐退出人们的视线。

“紫房子”从创立至重张开业历经 74 年，如同人的一生，它也经历了各种坎坷和悲喜。它历经私营、国有等各种所有制形式，它的每个变化都铭刻着国家经济政策和发展阶段的烙印。

75 年中华老字号忙维权

北京“紫房子”婚庆公司掌门人牛立安发现在“紫房子”停业改制的两年中，另一家以“紫房子咨询”为名称的公司成立了，不但办理婚庆业务，并将中心店设在西单大街。两个都涉足婚庆行业的“紫房子”很容易让消费者混淆。

而牛立安掌门的“紫房子”，是“老北京”都知道的中华老字号企业，是中国最早的婚庆公司，他于 2007 年 4 月正式接手。

北京东三环辅路边有座粉紫色外墙的门脸房，鲜艳而不显眼。大门敞开着，门上方写着三个字“紫房子”，门框处挂着“中华老字号”的牌匾。

“紫房子”在曙光西里的营业厅也在牛立安入主后重新装修过。除了映衬“紫房子”名称的紫色、粉色为主打色调，象征爱情的红玫瑰也被广泛应用在装潢上。营业厅还安装了一个 42 英寸的液晶显示屏。办公区采用复式结构，白色的皮质沙发和温馨的灯光营造一种西式的浪漫气氛。显然，装修体现了时尚和欧式色彩，而这与“中华老字号”的牌匾似乎并不搭调。

牛立安解释说，前门大街改造之后，“紫房子”将在那里开店，届时店内的装修将采用纯中式风格。这种“复古”有赖于整个前门大街的“古典文化”效应。而曙光西里的公司驻地和营业厅，因为是重张开业，所以特意引进时尚的元素吸引年轻人。

重张开业是“紫房子”目前的状态，也是这个已有 70 多年历史的企业无法回避的一页。“紫房子”的经历不具有普遍性，因为它在数十年时间里都是中国唯一的专业婚庆企业，但“紫房子”的发展脉络却和数以万计的企业一样，经济改革的不同阶段都在其发展中留下印记。

1934 年　紫房子新婚用品服务社创立

在牛立安之前，“紫房子”有两任掌门人，第一位即是“紫房子”的创立人郁炽昌先生。1934 年 9 月，郁炽昌在北平创立紫房子新婚用品服务社。

此后 10 年，是“紫房子”第一个黄金发展期。郁炽昌发现旧式婚礼程序烦琐、花费昂贵，因此他改革了婚礼程序，借鉴西式婚礼的简洁，将迎亲队伍改成小乐队，将三叩九拜改成鞠躬礼，提倡新人穿新式礼服，婚礼花费大大降低。这样一来，办文明实惠的新式婚礼成了“紫房子”的招牌。

---

① 佚名. 家国天下一见证 60 年婚姻变迁.凤凰网.http://phtv.ifeng.com/hotspot/60hunyinbianqian/2009-09-01.

由于新式婚礼只此一家，“紫房子”很快在中上层青年知识分子阶层获得认可。郁炽昌因此与政要名流建立了较好的关系。据资料，京剧名家叶盛兰、袁世海等结婚时使用“紫房子”提供的礼服，孔子第77代嫡孙孔德成先生结婚时也用的“紫房子”的婚庆用品。

郁炽昌经营有道，“紫房子”自身业务也在不断扩充。到1945年，“紫房子”的新址店面占地几百平方米，在一楼“礼服部”之外又在二楼增设照相部，配有英文翻译。

1951年变身“紫房子照相馆”

1951年，郁炽昌撤销了“紫房子”商店的执照，当初只作为一个部门成立的照相部独立为“紫房子照相馆”。1956年，46岁的郁炽昌作为“紫房子照相馆”的私方经理，继续任企业领导主管日常业务。

1988年 紫房子婚庆服饰店重张营业

“紫房子”三个字再次作为婚庆企业的商标被郑重地写上牌匾，已经是1988年。1988年6月6日，几经更名，紫房子实业总公司成立。1990年6月30日，紫房子婚庆服饰店重张营业。查季麒出任这家国有企业的总经理，郁炽昌被聘为高级顾问。

1990年 新中国成立后首次由专业婚庆公司承办婚礼

1990年8月1日，“紫房子”迎来了重张开业后的第一对佳偶，这也是新中国成立之后由专业婚庆公司办理的第一场婚礼。此后，恢复老字号的“紫房子”为两万余对新人办理了婚礼。

在查季麒担任掌门人的1990年至1998年，是“紫房子”第二个黄金发展期。这个阶段，“紫房子”秉承创始人追求进步、顺应时代的传统，开始发展兼具经济效益和社会效益的大型集体婚礼。

1990年9月29日，“紫房子”举办了《北京矿务局青年职工集体结婚庆典》，这是改革开放后全国兴起集体婚礼的开端。1991年2月2日，“紫房子”承办由民政部、共青团中央、全国妇联联合举办的“全国百对佳偶集体婚礼”；1992年为全国各地20余对新人举办长城集体婚礼；1993年在天安门为百对全国劳模举办婚庆纪念；1996年在三亚首办国际婚礼节。

除了婚庆业务，“紫房子”的业务领域拓展到策划和承接大型活动的礼仪工作。1998年，“紫房子”被正式认定为中华老字号。

“20世纪90年代初期，人们收入不是很多，婚礼仪式其实很简单，结婚主要是要照相、摆喜宴，所以当时‘紫房子’就成立一个系统，包括照相馆、餐厅，还有招待所。”牛立安说。

“紫房子”发展最红火的1996年，每逢春秋季节的假日，餐厅每天要翻五六次桌才能满足需求。在这个阶段的发展中，“紫房子”有两张王牌，一是历史传统，另一个是国有企业的优势，这使得“紫房子”在长达10年的时间里都在国内婚庆市场上一枝独秀。

然而，问题也是从这些一应俱全的部门开始。到1998年前后，原本为新郎新娘举办婚宴前休息而设立的招待所首先惨淡下来。

同样的问题随后依次出现在餐厅和照相馆上。当时餐厅婚宴的标准是每桌80元，而市场上早已出现更为时尚和高档的餐饮服务。照相馆与婚纱摄影的差距则更大。“紫房子”20世纪80年代建立后几乎没有变化的餐厅和照相馆，已经显出跟不上时代步伐、不符合市场需求的迹象。

但是，这家当时唯一的国有婚庆企业仍在支撑。当时的总经理查季麒先生2002年已经去世，牛立安在研读资料时才知道他当时的压力。这家有53名在职职工的企业还负担着几十位离退休职工的养老问题。

1998—2000年企业改制风风火火，“紫房子”也在谋求改革。

改制转给民营企业

“紫房子”的改制其实从其上级单位的改制中就已经拉开帷幕。改革开放恢复老字号后，“紫房子”隶属于北京纺织工业总公司，后改为北京纺织控股有限公司。2004 年，“紫房子”正式划归北京雪莲毛纺集团公司。

2005 年 7 月，雪莲集团对“紫房子”进行改制。此时，“紫房子”仅剩的支柱业务婚庆部也被迫停业。而“紫房子”停业的两年却正是中国婚庆市场发展最迅猛的时期。据中国社会工作协会婚庆行业委员会统计，2005 年至 2007 年，每年全国有 1 000 万对新人结婚，每对新人婚礼花费 12 万元～20 万元，婚庆市场直接消费年均上亿元。

2007 年 4 月，“紫房子”经过改制后终于重张营业，牛立安成为“紫房子”的新掌门人。此前，牛立安在雪莲集团负责服装经营。因为前门大街改造，牛立安暂停了工作，恰好遇上“紫房子”改制。按照改制精神，“紫房子”经营权和所有权分离，“紫房子”三项商标和房屋产权仍然归雪莲集团所有，经营权及净资产转让给民营企业。

喜欢参加婚礼的牛立安开始琢磨入主这家婚庆企业。当时还有一些对婚庆行业更为熟悉也更有资历的人也流露出这个意思，但最终牛立安以 30 万元取得“紫房子”的经营权。2007 年 7 月，“紫房子”改制完毕。70 多年中，这家企业再次经历了所有制形式的变革。

继承和创新

“1937 年‘紫房子’承办北平首届集体婚礼，有一对夫妇张濰城和白玉华，当时‘紫房子’拍了他们的结婚照片。2007 年他们的女儿想为父母庆祝结婚 70 周年，但却找不到当年结婚照。夫妇俩记得婚礼是‘紫房子’承办的，他们女儿就到公司来。我们查了很多资料，终于找到了他们夫妇的结婚照片。他们女儿激动极了，后来还送来了锦旗。这件事之后，我就想，结婚时由这个婚庆公司办，金婚时还能由这个公司来办，有多少公司能有这样的福气？”牛立安感慨。

因为这种自豪感，牛立安从不后悔他入主这个陌生行业的决定。改制之后，原来 53 名职工的“紫房子”现有在册职工 28 人。牛立安重新装修“紫房子”，以时尚的新形象再度进入婚庆市场。

错过了两年，错过了黄金时期的无数机遇。此时“紫房子”面临的环境和之前已有天壤之别。一枝独秀不复存在，同城就有数百家新兴的婚庆企业在竞争。而婚庆市场虽然膨胀却不规范。婚庆行业委员会总干事史康宁分析说：“虽然注册的婚庆公司好几百家，但常年正规经营婚庆业务的机构只有 30 家左右，而有一定规模、实力的大型婚庆服务机构不出 10 家。”“紫房子”的目标是在 10 家之中做成领军企业。

在前两任掌门人手中，“紫房子”都抓住契机进行创新，迎合时代的需求。在如今婚庆市场中，如何继承和创新是牛立安最想找到的答案。

“如今婚礼 70%都采用中西合璧式的，这种方式最早是由‘紫房子’创立的。”他说。虽然创立了这种如今最普遍的婚礼仪式，但“紫房子”在此却没有特别的优势，其仪式流程与其他婚庆公司几乎雷同。

2007 年恢复营业以来，由于错过了婚礼高峰季节，加上员工磨合等原因，牛立安一直处于亏损状态。历史传统是“紫房子”的招牌，但仅仅靠历史不能在今天的市场中立足。经历了两度停业两度重张的“紫房子”如果不能创新，就可能湮没在价格更便宜的婚庆企业竞争中。独一无二的历史传统不会仅仅是婚礼仪式的复制，“紫房子”传承至今的企业文化怎么开发呢？

好在牛立安对“紫房子”的未来信心十足。

知识点2　婚姻庆典服务的本质

关于服务的本质，人们大都引用1991年国际标准化组织（ISO）在ISO 9004-2“质量管理和质量体系要素”第2部分“服务指南”中对服务的定义，即认为：服务是“为满足顾客的需要，供方与顾客接触的活动和供方内部活动所产生的结果。”在此基础上，可以将婚姻庆典服务的本质归结为，是为满足婚姻庆典服务需求者的需要，婚姻庆典提供者与顾客接触的活动和婚姻庆典服务提供者内部活动所产生的结果。

具体来说，婚姻庆典服务的本质表现为以下几个层次：

1. 婚姻庆典服务是硬件、软件和心件的统一体

婚礼庆典的设施设备能满足服务对象的基本需求，所有的婚姻庆典服务都需要以硬件为支撑，好的摄影、摄像器材是拍出好照片的前提，好的花材是插出花艺好作品的基础，优质的灯光音响设备是良好婚礼效果的保证。软件则主要体现在婚姻庆典服务的技能、流程、标准等各个方面，过硬的技能、规范的流程和精细的标准既能够保证一场婚礼的顺利执行，又能让服务对象在整个过程中感到轻松、浪漫和温馨。心件就是指婚姻庆典服务人员的诚心、诚意，如果服务人员在服务过程中不用心或服务不到位，哪怕硬件再好、软件再规范，服务对象也不会如意。在一定意义上，软件、心件比硬件更重要。婚姻庆典服务讲究用心、贴心和细心，用心去发现新人的魅力，贴心去感受新人的需求，细心去体会新人的爱情。为新人策划一场婚礼，为新人设计一件嫁衣，为新人拍摄一组照片都是在为他们编织一份美好的祝福。

2. 婚姻庆典服务不可储存

婚姻庆典服务具有即时性和易逝性，一次婚姻庆典服务即可结束婚庆公司与服务对象的关系。服务的不可储存要求婚庆公司提供的任何服务都要及时、周到、细致。因为通常情况下，婚姻庆典服务结束后服务对象就不会再有服务的需求了，婚姻庆典服务产品的价值将永远失去。所以，从这种意义上说，婚姻庆典服务是一次性的，一次性婚姻庆典服务产品的质量如何，只体现于婚姻庆典服务对象当时的感知，而不是服务后的补偿。婚礼对于大部分人来说都是一生一次的，而所有的亲朋好友在婚礼这一天也是只为新人而团聚，所以必须保证新人在婚礼上是美好而动人的，确保每一位来宾在婚礼上是舒服而享受的。

基于婚姻庆典服务的不可储存性，婚庆公司要加强“婚姻庆典服务接触”管理，对婚姻庆典服务接触的各个环节都形成制度和规范，对什么接触点提供什么样的服务提前做出具体的安排和规定。而对于婚庆公司服务人员来讲，每一次对服务对象的服务都要有“第一次”的心态，通过积极投入的态度和周到的服务安排让服务对象在接触的“第一时间”就获得良好的印象和体验。只有良好的体验才能给服务对象留下难忘的印象。

3. 婚姻庆典服务需要客户导向

好的婚姻庆典服务必然是以服务对象的满意为标准，婚姻庆典服务不能仅站在婚庆公司自身服务标准和规范的角度考虑问题，还要站在消费者即服务对象的角度考虑问题。每一个服务对象要求的婚姻庆典服务并不都是相同的，不同服务对象在婚姻庆典服务的需求上存在着差异。

因此，婚姻庆典服务要根据不同的情况区别对待，制定不同的婚姻庆典服务流程和策划方案。

一场成功的婚礼、一件完美的嫁衣、一组唯美的婚纱照都需要以客户为导向，个性化定制，柔性化生产。几乎每一个成功的婚姻庆典服务案例都是可以贴上新人专属标签的，从中能够看出新人的喜好、性格和经历，其中必然有新人想要分享的爱和感受。以业界评价较高的一场明星婚礼“照亮心里的路”为例，主题的含义并不仅仅是将两位新人的名字组合在一起，而是充分考虑到了新人的需求，充分展现了新人的恋爱经历，充分表达了新人对爱的诠释和领悟。“照亮心里的路”其中所隐含的深意从婚礼现场的一段真情告白中就可见一斑，“遇到你之前，我是一朵飘忽不定的云，没有安全感。直到你的出现，像一颗种子在我生命的土壤中，生根发芽，你像阳光一样给我温暖给我快乐，让我感受到幸福也是这么触手可及……”。

4. 婚姻庆典服务具有依赖性

婚姻庆典服务是一个服务主体与服务客体互动的过程，消费者和服务提供者总是处在不断的相互作用之中。因此，婚姻庆典服务质量的最终形成不仅仅是婚庆公司服务人员单方面的事情，还依赖于服务对象，即服务对象的参与程度。

在婚礼筹备的过程中，新人和婚礼策划师的沟通是至关重要的。新人给予的配合度有多高，策划出的婚礼就有多漂亮。一场完美的婚礼，并不是简单地依靠策划师一己之力就能制造出来的，沟通的目的在于更多地掌握新人的信息，挖掘出新人可以制造出婚礼亮点的潜在能力。很多时候，甚至可以给予新人一定的创作空间，将新人充分调动起来，一起进行“头脑风暴”。

在婚礼执行的过程中，新人、伴郎伴娘、新人父母和整个婚礼服务团队的协调配合是整场婚礼成败的关键。灯光、音响、道具、花艺任何一个环节出现纰漏都会让整个婚礼的设计功亏一篑，婚礼主持人、婚礼现场督导和新人之间任何一个衔接不到位的细节都会使整场婚礼的效果大打折扣。

知识点 3　婚姻庆典服务的特征

在深入理解了婚姻庆典服务本质的基础上，可以将婚姻庆典服务的特征归结为以下四方面：有形性与无形性的统一；生产性与消费性的统一；共性与个性的统一；直接性与间接性的统一。

1. 有形性与无形性的统一

婚姻庆典服务是有形性与无形性的有机结合。有形性是指婚姻庆典服务设施设备的完好程度、美观程度，以及工作人员的仪容仪表，它是顾客通过视觉能观察到的有形的东西，对婚姻庆典服务有重要影响。所以，当顾客在婚姻庆典服务机构看到破损的婚庆设备、脏乱的办公场所等负面的有形因素时，他对婚姻庆典服务机构的评价肯定是不高的。

无形性是指婚姻庆典服务流程的科学性、服务项目配备的合理性、服务效率、工作人员的技能，以及服务过程中的创新意识等。这些内容尽管客人看不到，但只要他进入婚姻庆典服务机构，就会时时刻刻感觉得到，并影响到他决定是否选择该婚庆服务机构提供的服务。

2. 生产性与消费性的统一

婚姻庆典服务的生产过程与消费过程是同步的，只有当顾客开始消费，服务产品才能提供出来。这种属性决定了顾客在购买决策之前不可能先行尝试或感知“样品”，从而给顾客带来了更大的购买风险，所以顾客的购买往往只能借助婚姻庆典服务机构的品牌、自己以前的亲身体验或别人的良好口碑来进行决策。

这种生产性和消费性的统一也决定了顾客在消费过程中不是完全被动的，他不仅是消费者，还担任着“合作生产者”的角色，对整个婚姻庆典服务产品的成败有着重要的影响。

3. 共性与个性的统一

顾客对婚姻庆典服务都有一些共性的要求，例如科学合理的产品定价、优质完备的硬件设施、热情友好的服务态度、及时有效的信息沟通、清晰周到的服务流程、贴心细致的产品设计，这些共性的要求构成了婚姻庆典服务专业化、标准化和规范化的基础。但由于每对新人的出生地、性格、兴趣、教育背景、经历、身体状况、经济条件、对婚礼的愿景等各方面均有不同，尤其是想要通过婚姻庆典服务产品所传达出的感情，所记录下的感受各不相同，因此他们对婚姻庆典服务的要求也具有个性化的需要。可以说，任何一件婚姻庆典服务产品都是共性与个性的统一。

4. 直接性与间接性的统一

婚姻庆典服务是一种直接性与间接性相统一的综合性产品，这主要体现在婚庆服务人员与新人之间的关系上。有的婚庆服务人员直接面对面与新人接触交流，也有的婚庆服务人员与新人素未谋面，间接为新人提供服务。比如，婚礼主持人、婚礼策划师、婚礼现场督导、婚礼摄像师、婚礼花艺师和婚礼化妆师，需要与顾客直接沟通，面对面提供服务。而婚庆公司职业经理人、电话客服人员等虽然并不直接面对客人顾客，但是却通过其产品和声音等媒介与顾客发生联系。电话客服人员以悦耳的声音、耐心的态度为新人提供准确的婚礼信息咨询，而婚庆公司职业经理人更是以其经营理念传递文化价值，抒写人文情怀，影响着每一场婚礼的人文艺术追求。

项目小结

① 婚姻是男女依照法律的规定或社会风俗，经过某种仪式而结合的关系。

② 婚姻庆典是指为愿意结为配偶的新人，按照当地民俗和民族特点举办的结婚庆祝仪式。

③ 婚姻庆典服务是指婚姻庆典服务经营者为婚姻庆典需求者提供的用以满足其在婚姻庆典活动中物质精神综合需要的全部服务总和。

④ 婚姻庆典服务的本质是为满足婚姻庆典服务需求者的需要，婚姻庆典提供者与顾客接触的活动和婚姻庆典服务提供者内部活动所产生的结果。具体表现为4个层次：婚姻庆典服务是硬件、软件和心件的统一体；婚姻庆典服务不可储存；婚姻庆典服务需要客户导向；婚姻庆典服务具有依赖性。

⑤ 婚姻庆典服务的特征表现为四方面：有形性与无形性的统一；生产性与消费性的统一；共性与个性的统一；直接性与间接性的统一。

能力检测

思考题

1. 简述婚姻与婚姻仪式、婚姻庆典的关系。
2. 简述婚姻庆典服务的基本含义。
3. 婚姻庆典服务的本质是什么，具体表现为哪几个层次？
4. 简述婚姻庆典服务的特征。

推荐阅读

一、《礼记·昏义》

昏礼者，将合二姓之好，上以事宗庙而下以继后世也，故君子重之。是以昏礼纳采，问名，纳吉，纳征，请期，皆主人筵几于庙，而拜迎于门外。入，揖让而升，听命于庙，所以敬慎重正昏礼也。

父亲醮子而命之迎，男先于女也。子承命以迎，主人筵几于庙，而拜迎于门外，婿执雁入，揖让升堂，再拜奠雁，盖亲受之于父母也。降出，御妇车，而婿授绥，御轮三周，先俟于门外。妇至，婿揖妇以入，共牢而食，合卺而酳，所以合体，同尊卑，以亲之也。敬慎重正而后亲之，礼之大体，而所以成男女之别而立夫妇之义也。男女有别而后夫妇有义，夫妇有义而后父子有亲，父子有亲而后君臣有正。故曰：昏礼者，礼之本也。夫礼始于冠，本于昏，重于丧祭，尊于朝聘，和于射乡。此礼之大体也。

夙兴，妇沐浴以俟见。质明，赞见妇于舅姑，执笄，枣栗段修以见，赞醴妇，妇祭脯醢，祭醴，成妇礼也。舅姑入室，妇以特豚馈，明妇顺也。厥明，舅姑共飨妇，以一献之礼奠酬。舅姑先降自西阶，妇降自阼阶，以著代也。

成妇礼，明妇顺，又申之以著代，所以重责妇顺焉也。妇顺者，顺于舅姑，和于室人，而后当于夫，以成丝麻布帛之事，以审守委积盖藏。是故妇顺备而后内和理，内和理而后家可长久也，故圣王重之。

是以古者妇人先嫁三月，祖庙未毁，教于公宫，祖庙既毁，教于宗室。教以妇德，妇言，妇容，妇功。教成祭之，牲用鱼，芼之以苹藻，所以成妇顺也。

古者天子后立六宫、三夫人、九嫔、二十七世妇、八十一御妻以听天下之内治，以明章妇顺，故天下内和而家理。天子立六官、三公、九卿、二十七大夫、八十一元士以听天下之外治，以明章天下之男教，故外和而国治。故曰：天子听男教，后听女顺；天子理阳道，后治阴德；天子听外治，后听内职。教顺成俗，外内和顺，国家理治，此之谓盛德。

是故男教不修，阳事不得，适见于天，日为之食。妇顺不修，阴事不得，适见于天，月为之食。是故日食则天子素服而修六官之职，荡天下之阳事，月食则后素服而修六宫之职，荡天下之阴事。故天子之与后犹日之与月、阴之与阳，相须而后成者也。天子修男教，父道也；后修女顺，母道也。故曰：天子之与后犹父之与母也。故为天王服斩衰，服父之义也；为后服资衰，服母之义也。

二、回忆20世纪90年代的婚纱照拍摄过程①

姐姐结婚已经近20年了，柴米油盐的生活似乎已将那结婚初期的浪漫远远地甩开了。当问起结婚照的事情的时候，姐姐笑着说：“别提了……”

20年后的今天，姐姐、姐夫已经从父母原来的小单元房里搬到了三环边上的漂亮新型小区里，房间装修得精致大方。可是到了布置房间的时候有一样东西让他们犯了愁——20年前拍的结婚照。姐姐怎么看都觉得不够满意，用它来装饰新居的墙面似乎有些逊色了，最后实在没有办法竟然放到双人床底下的抽屉里压箱底儿了！

虽然那幅婚纱照不再是时尚亮丽的符号，但是关于婚纱照的记忆却一直新鲜着：

当时因为一个朋友就在那家婚纱摄影馆照的，看了他们的相册后我和先生都觉得还不错，就决定了。第一次去是预定，我们挑了一套大概3 500元左右的，是那里的中等价位。当时觉得挺贵的，那个时候好像都打着“台湾摄影”什么的牌子，给人感觉特别时尚。现在好像价位也没怎么太涨，可能是当时刚兴起时间不长，大家都喜欢追时髦吧。

拍婚纱照是在10月底11月初，天已经有点凉了。头天晚上我和先生早早睡了，倒也不是多兴奋，只是不想第二天肿着眼睛，毕竟也是件盼望已久的“大事”。第二天一早我们就出发了，当时我们还开着我先生的一辆绿色长安面包车。那个时候说真的，有车的还不多，有个小面还算不错呢。最逗的是，我先生是比较早有“大哥大”的——就是那种特别大特别长又特别重的移动电话，号码是九几几的。当时可是个新鲜时尚的东西，有时候在路上打电话过来过去的人都看！想想过得真快，现在手机和车都发展成什么样了？

然后早上我们简单吃了点东西，从樱花西街开车到东直门那边的婚纱摄影店，九点多出发，九点半之前就到了，一点不堵。如今是想都不能想了。事先店里的小姐说让穿着丝袜，可能是方便换衣服吧。我就在裤子里套了袜子。别的什么也没准备就去了。

然后就开始了将近一天的“折磨”。别的印象都不太深了，就一个字“累”！先是化妆，就好像是流水线作业一样，有人专门负责打粉底，有人专门涂指甲油……打完粉底我一看镜子下一跳！眉毛嘴唇都没了，全给盖住了，一张惨白的脸！挺吓人的。我先生说龇出俩牙就可以演吸血鬼了！但我当时还是挺期待的，因为那个时候几乎没有什么机会尝试化妆、形象改变、穿漂亮的晚装……所以就乖乖地等着化妆。这个过程就一点感觉不好，就是画眼睛的时候，化妆师事先没说——他给我带了一个假睫毛，戴好了以后他说，这个是一次性的而且要付费，因为就不能给别人用了——我就有点不太高兴，不过想想也就算了，大概花了20块钱吧。现在想想这就是一种不正当的经营手段，现在大家都有“维权”意识了，那个时候还是能忍就忍了。

然后就是那些衣服都看起来有点脏，感觉不太好。而且没有号，胖瘦全是这一件儿——肥了就用别针儿别上，瘦了就不拉拉链，里面衬块布，挺能想办法的。不知道现在婚纱影楼里是不是也是这样做。

我大概是穿了四套衣服，反正就是换来换去，戴着一些塑料的假首饰。布景也很简陋，穿唐装照的时候，我先生手里的折扇是破的，工作人员就把破的那折儿折起来，让我先生紧紧捏着……后来每次看照片，看见那把扇子我都想笑。

但是整个儿过程对我先生来说就一个字“等”，男的总体来说妆和衣服都特别简单，我们换衣服换妆的时候，新郎们就坐在一排椅子上等着，长长一溜儿。有的显得还行，看看报纸，

① 来源于中国经济网2009年8月26日报道。

个别特别好地给老婆提提意见，大多数都是愁眉苦脸的，看起来比逛街更痛苦的样子。不知道现在怎么样，那个时候拍照的特别多，一天就是等啊，等着前面的人拍完了自己再进棚。

拍的时候感觉也挺怪的，摄影师给你摆的姿势是你一辈子都不会做的那种，浑身都较着劲，特别难拿。

然后就是拍外景了，我们一共是四对儿一起去的，店里也没车，就我们开车来的，结果10个人挤在里面，幸亏小面大点儿。满车都是婚纱的大裙子，新郎给新娘抱着……就在东直门有条小河边上的一个小公园儿，特别小，也没什么景色。其实我们当时已经饿得饥肠辘辘了，但还是不停地在草地上躺、卧、坐、跪……

等到全折腾完，外面已经是万家灯火了。我们一整天是没吃没喝。特别疲惫就回家了。

我当时觉得这一系列“假”东西能拍好看吗？——假睫毛、假项链、假花儿……加上脏婚纱、破道具——我先生穿的那件欧式衬衣都发黄了，还皱巴巴的。

后来去挑片儿的时候挺出乎意料的，可能是闪光灯一打遮百丑，还觉得挺自然挺漂亮的。一高兴又单买了不少片子，当时好像是五六块钱一张，应该是比现在便宜吧？

取回相册，家里觉得不是特别好，尤其是爸，说根本就不是我！反正各种评价吧。不过我当时觉得还挺高兴的，因为自己从来没有过那样的形象，改变一下也挺好的，原来自己也可以那个样子。毕竟是人生历程很重要的一个记录，我觉得还是有价值的。放大的照片就一直挂在卧室墙头，从生了女儿，到女儿指着照片叫“爸爸妈妈”，现在一挂就快20年了！现在重新看是觉得有点“土”，可能是妆化得太浓了吧，和现在流行的自然清透的不太一样了，就不是特别喜欢了。搬了家没地儿挂就塞床底下了！

姐姐的婚纱故事就是这样，简单却也生动，也许和20年前所有的新婚夫妇一样经历了人生中特别的一天。不知道当年和姐姐姐夫一起挤在那辆小面包里的夫妇们如今如何？他们的婚纱照的命运又如何呢？

项目 2

婚姻庆典礼仪的起源与发展

学习目标

通过本项目的学习，应该能够:

- 掌握媒妁的含义;
- 了解媒妁的起源及流变;
- 了解我国婚姻庆典礼仪的变迁;
- 了解中西婚姻庆典礼仪的差异。

核心概念

媒妁　　三书　　六礼

导入案例

《西厢记》中的红娘

《西厢记》是我国古代爱情戏中成就最高、影响最深远的作品之一。它的故事梗概：书生张生（名为张珙，字君瑞）和相国的女儿崔莺莺在普救寺里一见钟情。他们不顾封建势力的阻挠，挣脱礼教的束缚，有火一样的热情互相追求。经过曲折的斗争并消除种种误会矛盾，终于在侍女红娘费尽心力的帮助下，私自结合。崔母发觉后，经红娘的据理力争，又恐家丑外扬，只好承认婚事，但要求张生立刻上京应考。于是两人又被迫分离，直到张生中举归来，才和莺莺团聚。

从这个故事的梗概中，可以看出红娘并不是莺莺和张生初次会面的“介绍人”，莺莺和张生相识相知是源于普救寺里的偶然相遇。红娘当初不仅没有“搭桥”，且在一段时间里，曾经奉崔母之命监视他们的行动，管制着莺莺，防范她有越轨之举。所以，莺莺曾经埋怨红娘“但出闺门，影儿般不离身。”红娘回答说：“不干红娘事，老夫人着我跟着姐姐来。”红娘是崔家的奴婢，其主要职责就是服侍和管制着小姐莺莺。促使红娘改变自己的态度，背叛自己的“职责”是源于一场兵变的灾难。

佛殿相遇后，崔、张的爱情在“地下”悄悄地发展着，他们“月下联吟”“道场顾盼”，彼此相思，好事在望。然平地起风波，孙飞虎兵围普救寺，要掳莺莺为妻。三日之内若不交出莺莺，“伽蓝尽皆焚烧，僧俗寸斩，不留一个”。在此危难之际崔老夫人做出决定，当众宣布：“但有退兵之策的，倒陪房奁，断送莺莺与他为妻。”张生欣喜若狂，修书一封，招来白马将军，退却半万贼兵。总以为美满姻缘指日可待，然兵退身安的老夫人，在庆功宴上却出尔反尔，悔亲赖婚。“赖婚”之举伤了张生，害了莺莺，激起了红娘极大不满。从此红娘坚决地站在张生的立场上，打抱不平地要成就张生与莺莺的婚事。她为张生进计献策，她为莺莺传书递简，辛勤劳苦自不必说，还常常忍着小姐无端指责，受着老夫人无情的棍棒。当张生由衷感激地说：“小生久后多以金帛拜酬小娘子。”红娘反驳道：“先生的钱物，与红娘做赏赐，是我爱你的金货？”在红娘无私的竭尽心力的帮助下，老夫人终于让步，崔、张这对情人终成眷属。

由此观之，红娘本不是一个好管天下姻缘的“多事”人，她所以卷入崔张的婚姻中，由旁观者变为“热心人”，其原因概括起来有三：一是感激张生侠义地救了她们一家人。“我想咱们一家，若非张生，怎存俺一家儿性命也?”；二是她不满老夫人忘恩负义，过河拆桥。“这是俺老夫人的不是，将人的义海恩山，都做了远水遥岑”；三是她认为小姐与张生郎才女貌，是天生地设的一对。“秀才是文章魁首，姐姐是仕女班头；一个通彻三教九流，一个晓尽描鸾刺绣。”所以，红娘所为绝不仅仅是出于“热心”，而是义与勇的表现；而红娘这一个人物的内涵也不只是一个牵线搭桥者，而是中华民族一种美好道德的象征。这种道德就是：滴水之恩，涌泉相报；牺牲自己，见义勇为；以自己无私的辛劳，成全他人的幸福。这也就是红娘的本来面貌。后借其名指为男女双方穿针引线、牵线搭桥，促其相识、相恋的人，是媒人的代名词。

她与中国古代的“媒婆”有着本质的区别。中国古代有“三姑六婆”之说。“三姑”是指：尼姑、道姑、卦姑；“六婆”是指：牙婆、媒婆、师婆、虔婆、药婆、稳婆。这“六婆”中的“媒婆”就是男女双方之间专门从事穿针引线工作的搭桥者，并且以此谋生，而不是“无私的辛劳”。古代任何人的婚姻都要经媒婆的“手续”，没有“媒妁之言”的婚姻，是不被家庭和社会承认的。

任务 1

我国古代的媒妁制度

俗话说："天上无云不下雨，地下无媒不成亲。"在中国古代，婚姻必待"父母之命，媒妁之言"而后乃成，因此，媒妁成为婚姻成就的必备条件之一，在中国婚姻文化中有着独特的地位和影响力。几千年来，它始终在婚俗礼法中作为一个重要的角色出现。

知识点1　媒妁的含义及起源

1. 媒妁的含义

媒妁，《辞源》释为"婚姻介绍人"。民间俗称媒人或媒婆。

媒字的出现最早见于《诗经・卫风・氓》："匪我愆期，子无良媒"，意为：不是我不遵守约定，耽误了期约，只因为你没有请媒人。可见男女已经定情，还需要媒妁介入作为明证，使他们的交往和结合合法化。

而媒妁一词最早见于《孟子》，清代梁章钜《称谓录》"媒妁"条下说："《孟子》媒妁之言。《音义》谓媒氏酌二姓之可否，故谓之媒妁也。"许慎《说文》云："媒，谋也。谋合二姓者也。""妁，酌也，斟酌二姓者也。"所谓的"谋合二姓"，即帮助两姓男女缔结婚姻；酌是"斟酌"，在此有权衡适中、择善而定之意。因而，许慎的释义"谋合二姓"与"斟酌二姓"两相互补，比较全面地揭示了"媒妁"作为专用名词的语源。对此，段玉裁注为："谋和异类使和。"说得通俗些，就是"谋和二姓以成婚媾"。在许慎和段玉裁看来，媒妁就是谋合、调适两个不同姓氏家族联姻的中介人。

关于媒妁的解释，还有一种说法认为男为媒，女为妁。清人阮葵生所谓"男曰媒，女曰妁"（《茶余客话》卷十六），则是根据"婿之父为姻，妇之父为婚"（《尔雅・释亲》）之类说法而附会其辞，言之无证，不足以说明二者的区别。实际上"媒"与"妁"的定义，都可谓是对于婚姻中介人的称谓。认为媒就是"谋和"，妁是"斟酌"，比较恰当。不过古人或连用"媒妁"，或单称"媒"，却少有单称"妁"的。①

从语源学角度看，"媒"的得名是从"母"而来，含有生育之意。清代著名学者段玉裁指出："媒"以"某"为声符，在上古与"某""母"读音都相同，并且语义与"母"相通。以"某"为声符的字还有"腜""禖"等，它们在上古都与"母"有着密切的关系。"母"的甲骨文书写像女人而突出两乳，本义表示生育的妇女。

"腜"，东汉许慎《说文解字・肉部》中解释为"妇始孕腜兆"，《广雅・释亲》则说得更清楚："腜，胎也。"怀胎正是妇女成为"母"的最初表现，"腜"即是从"母"而得名的。"禖"是上古求子之祭，又指求子所祭之神。颜师古注《汉书・决太子传》："禖，求子之神也。""禖"又称"高禖"或"郊禖"，《诗・大雅・生民》毛传："去无子（去无子之疾），求有子，古者必立郊禖（在郊外建立祭祀高禖的宫室，叫郊禖）焉。"《礼记・月令》："是月也，玄鸟至。至之日，以

① 李宁，龚世俊. 媒妁起源轮考[J].学术交流，2001,5(3):120.

大牢祠于高禖。”“高禖”其实就是“高母神”，对高禖的祭祀表现了原始社会早期人类对生育母神的崇拜。

中国古代最早的“媒”应是官方的“媒氏”，“媒氏”的产生最初并不是以撮合男女好事或让人们结成某种姻亲关系为目的的，其产生的根本目的在于以一种强制性手段促进人口繁殖，通过劳动力的不断增加，从而发展生产力以增强国力。在我国古代社会，人口的多寡往往是一个国家国力强盛与否的重要标志，为了实现人口的增长，国家就必须采取一系列的政策和措施，而“媒氏”正是迎合这一需要的产物。“媒氏”使男女“会而合之”即是为了鼓励和促进生育，“媒”一词正从“母”而得名，最初含有显著的“生育”意义。[①]

建立起礼制社会的周代，媒妁的社会地位是很高的。周天子曾专门设置过媒官，专职承担“合二姓之好”的职责，而媒妁也成了衡量婚姻是否合乎礼法的一个重要尺度。婚姻中有媒妁，则合理合法，否则即是违背伦理道德，大逆不道。孟子曾说：“不待父母之命、媒妁之言，钻穴隙相窥，逾墙相从，则父母、国人皆贱之。”（男女青年自由恋爱，如果不经父母同意、媒妁通好，就私自结合，将会受到所有人，包括他们的父母的贱视）“贱”，就是下贱，别人看不起，无媒婚的当事人亦感羞惭。《管子·形势解》说：“自媒之女，丑而不信。”（不经媒妁之言而自己嫁人的女子，是令人讨厌和难以信任的）所以，先秦时的媒妁非常受人尊敬，是一种神圣的社会角色，是婚姻合理合法的保障，并非不负责任地骗取钱财、受人嫌恶的角色。

秦汉以降，礼崩乐坏，官媒衰落，私媒发展，从业人员变得复杂，媒妁的神圣性也受到冲击，其弊害初露端倪，社会地位滑坡。直到唐朝之前，媒妁作为民间婚姻保证人的角色功能增强了，而声誉可谓毁誉参半。

唐宋元明清时期，随着封建城市经济的发展、市民阶层的不断增加，媒妁的商品性和腐朽性更为突出。尽管这段时间出现了不少为人称道的良媒，但积重难返，其整体社会声誉江河日下，人们对媒妁投来鄙夷的眼光。封建文人甚至把媒妁列入诲淫诲盗的社会渣滓，即所谓的“三姑六婆，淫盗之媒”。[②]

综合以上因素，可以这样来描述媒妁，即媒妁是说合男女成婚配的中介人。起初，媒妁的职责是为了撮合男女交合，增加国家的生育率，促进人口的发展，国家设立官媒以主管此项事务，和生育的关系密切。先秦时期的媒妁地位较高，声望很好，受人尊重，唐宋以后，媒妁社会地位衰退，颇受鄙视。

2. 媒妁的起源

媒妁文化在中国文化史和社会生活史上源远流长且殊具特色。媒妁的出现，是为适应古代社会婚姻制度变革和人类文化进步的时代要求。媒妁的出现当在对偶婚向专偶婚过渡的父系氏族社会时期，而不是专偶婚（即一夫一妻制）形成之后。其起源阶段在考古学文化中大致相当于从山东大汶口文化晚期至夏文化早期，即在公元前 2500 年至公元前 2100 年之间。

大量史实证明，人类社会从古到今，主要经历了 3 种婚姻形态，即群婚、对偶婚、专偶婚。简要情况如下表所示。[③]

---

① 芮东莉．中国古代“媒”的嬗变[J].西南交通大学学报（社科版），2003,9(4-5):69-70.

② 方川．媒妁史［M］.南宁：广西壮族出版社，2000.

③ 卜亚丽．媒妁[M].北京：中国社会出版社，2009,3:23-24.

婚姻形态

阶段	名称	特征	历史时期
1	群婚	婚姻集团按照辈分来划分，同辈人间互为夫妻	旧石器时代的中期，距今约二三十万年。大概相当于我国古代传说中的伏羲氏时代
2	对偶婚	女子可在一群男子中选择一个做她主要的丈夫；男子也可在一群女子中选择一个女子做他主要的妻子，同时还有若干配偶。夫妻结合并不稳固，没有独立的经济基础	旧石器时代晚期到新石器时代中晚期，距今约五万年到五千年前。大概相当于我国古代传说的神农氏至炎帝和黄帝等五帝时代
3	专偶婚	从父系的一夫一妻制，“从夫居”，所生子女归男子，丈夫强制妻子保持贞操，而自己却可以和别的女子发生性关系甚至公然纳妾。夫妻关系具有排他性的稳固结合，并具有独立的经济基础	原始社会后期的新石器时代的晚期，仰韶文化向龙山文化进，距今约五千年到四千年之间

群婚、对偶婚，男女双方聚分自由，夫妻关系松散，无须媒妁撮合。专偶婚出现后，“社会内部充分发展着对立和矛盾”，此时，婚姻作为人类的自身生产，与人类物质生产一道，构成了社会生产的总体，并对整个社会起着制约作用，由婚姻而组成的家庭是社会最基本的细胞。因此，婚姻对每个社会成员来说，都是一件“终身大事”，并且在人际关系中占有特殊地位，所以人们不得不对“终身大事”谨慎考虑。这样，促成婚姻的“媒妁”应运而生。

乌丙安先生认为：“媒的产生在我国有悠久的历史，大约在父权制、私有制产生时，婚媾逐渐向专偶制过渡、私有制产生时期，媒就应运而生。大体上可以说，媒是由私有制的产生而萌芽的……”①

媒妁的产生与人们对生育认识的增加有密切关系，它的产生，有推动原始氏族父权制及其同姓不婚的积极作用和社会功能。虽然其在男女结合中起到了一定程度的“中介”作用，但“媒氏”在当时的最主要职能仍然是作为官僚机构执掌婚姻礼仪制度，具有显著的为促进生育服务的性质。

真正具有婚姻中介人性质的“媒”，是父系制确立、父权制发展到一定阶段的产物。伴随着对偶婚的长期实行，男性在生育中的作用逐渐被发现。到了父权制社会，男性为了确保后代在血缘上的纯洁，就必须做出种种规定以禁止婚前女子的性行为，未婚女子由此被剥夺了与外界男性交往的自由，这时婚姻中联络男女双方的中介人就登上了历史舞台，中国古代社会沿用时间最长、影响最大的聘娶婚制也随之形成。由于周代的“媒氏”主掌万民婚媾，到聘娶婚制时代，主掌婚制的官员就仍沿用“媒”的称谓。例如，《管子·人国篇》曰：“凡国郡皆有掌媒。”《三国志·吴志·薛综传》中写道：“为设媒官，始知聘娶。”“掌媒”和“媒官”都是由“媒氏”直接发展而来的早期官媒形式，但这个时候的“媒”，其职能的实质却从促进人口生育逐渐演变为确保父系血缘的纯洁性。“掌媒”和“媒官”仍然是国家官僚机构中一个不可缺少的组成部分，他们负责婚姻管理和执行婚礼中的各项礼仪制度。

在《礼记·昏义》中已有对上古婚礼仪式的记载，即嫁娶必须按6个步骤进行：纳采、问名、纳吉、纳征、请期和亲迎。“媒”逐渐在这些礼仪中扮演起与上层社会的“使”②相同的角色，从“纳采”到“亲迎”他都要往来于男女双方进行沟通和联络，成了缔结婚姻的中介。这样，真正具有中介意味的“媒”就以法律形式被确定下来，并被赋予了浓厚的礼仪色彩。一旦成为人们思

① 乌丙安．中国民俗学[M]．沈阳：辽宁大学出版社，1985：236.

②“媒”字出现以前的婚姻使者。

想中根深蒂固的观念时，“媒”效忠于父权制的实质就被掩盖起来，其存在被认为是天经地义的事情，反之则被认为是违背人伦纲常，因而在《孟子·滕文公下》中有“待父母之命、媒妁之言，钻穴隙相窥，逾墙相从，则父母、国人皆贱之”的言论，“父母之命、媒妁之言”从此成为男女婚配的必备条件。

总之，关于媒妁的起源阶段，多数学者关于媒人是在一夫一妻制形成之后（包括聘娶婚）的推断，似乎稍晚于其实际起源阶段。其起源当可追溯至对偶婚向专偶婚过渡时期的父系原始氏族社会，也就是从夫居取代从妻居的时代。

知识点 2　媒妁的发展流变

1. 先秦时期的媒妁

“父母之命、媒妁之言”是西周时期婚姻礼仪的一道程序。用当时的话来说，就是“娶妻如之何，必告父母……娶妻如之何，非媒不得。”(《诗·齐风·南山》)在人们的印象中，媒人是沟通男女双方的唯一媒介，“男女双方非媒不知名”(《礼记·曲礼下》)，为中国古代的通例。在先秦的典籍中，就有大量与此有关的记载，《礼记·曲礼》说“男女非有行媒不相知名”，《礼记·坊礼》说“男女无媒不交”，《战国策·燕策》说“处女无媒，老且不嫁”。《诗经·氓》说“匪我愆期，子无良媒”，《周礼·媒氏》说“媒氏掌万民之判。凡男女成名以上皆书年、月、日焉。……凡娶判妻入子者皆书之。”

虽然这些文献稍晚于西周，但从民风所反映的事实看，至晚于西周时，没有“父母之命”“媒妁之言”的婚姻会遭到讥讽和时俗的指责，另外也会使婚姻难以成功。《管子·形势解》说：“妇人之求夫家也，必用媒，而后家乃成。”还说：“求夫家而不用媒，则丑耻而人不信也。”前面提到，《孟子·滕文公》说：“不待父母之命、媒妁之言，……父母、国人皆贱之。”因为“选择妻子与其说是个人的事情，不如说是公众的或氏族的事务，因此，它仍然处于父母的绝对控制之下。”因此，西周初年乃至春秋前期的婚姻并非如氏族社会那样自由，其婚姻的大权一般为氏族长或村社首领所左右。足见在当时的婚姻生活中，礼的规范是比较严的。

西周的婚制，在周礼的旗帜下，为了其统治的需要，为了周人宗族的繁衍无穷，确实比春秋战国时要严格些，尽管有一些原始的遗俗还不能禁止。当时人们在宗法制的束缚下，凡婚姻的一言一行都被父母、媒妁所规矩，个人一概无权过问，也就不可能有现在这样的婚姻感情。实际上，作为婚姻对象的妇女也只不过是一架生育机器而已。

为了处理好人们的婚姻，周政府专门设置了“媒氏”机构。《周礼·地官·媒氏》一节说：“媒氏，掌万民之判。凡男女自成名以上，皆书年月日名焉。令男三十而娶，女二十而嫁”；“仲春之月，令会男女，于是时也，奔者不禁。若无故而不用令者，罚之”。《管子·入国篇》说：“取男女无家室者而和之，使成夫妇，谓之‘合独’，是乃媒管，所以执行婚姻政策者也。”“掌万民之判”，“判”即婚姻，也就是管理人们的婚姻，这就是媒氏的职责，类似现代的民政局结婚登记处，为因媒缔结的婚姻提供法律保障。他们的具体工作主要有以下几项：

① 记录新生婴儿的出生年月日和姓名（古代婴儿出生三月命名）。

② 通令三十岁的男子、二十岁的女子按时结婚，不可愆期。

③ 每年二月，即农忙之前，督促适龄青年及时结婚，在这个时候，婚礼不齐备的也可以结

婚；处罚那些在婚姻中不按规则办事的人。[①]

显然，从中可见媒氏权力之大。仅凭一花名册在手，便可主宰操纵国内男女婚姻。更值得注意的是，国家对男女婚姻的管理已制度化，且有律可循。《管子·人国篇》也说："凡国皆有掌媒。"这也可作为一个证明。

除官媒外，私媒也广泛地存在于民间。《战国策·燕策》中苏代曾对燕昭王说："周地贱媒，为其两誉[②]也。之男家曰女美，之女家曰男富。"这就是对私媒来说的。私媒虽因"两誉"而被人所看低，但男女婚配离了她们还是万万行不通的。"娶妻如何，匪媒不得"的观念早已深入人心。

先秦时期的媒妁多是官媒，婚姻无媒不可，此时除了占主体地位的官媒外，已出现了私媒。

2. 秦汉魏晋南北朝时期的媒妁

春秋战国以后，礼崩乐坏，小农经济发展迅速，封建文化思想逐渐深入人心，媒妁也随之发生变化。

秦始皇统一中国后，出于统一大业的考虑，继续倡导封建思想和礼教，努力使封建道德规范社会化，以维护其封建专制统治。这时自给自足的封建经济占统治地位，这种经济结构，使得那些没有血缘、姻缘甚至地缘关系的家庭之间，存在着自然的横向排斥性。男耕女织的人们，除了与本家族、亲朋、乡邻的交往外，与外界几乎是隔绝的。所以，一旦需要与不太交往的家庭集团建立姻缘关系时，就必须仰仗中介。即使是家庭集团内部缔结婚姻，同样也是少不了媒人的。这时的媒妁因袭了先秦，仍是婚姻范围内不可或缺的中介和担保。

《汉书·外戚传》记载：西汉武帝时，因宫廷发生大案，武帝的曾孙刘询无辜遭殃，被赶到太监居住的地方寄养，沦为庶人。和他同住的许广汉是因犯罪而受宫刑的人，家里有个十四五岁的女儿平君。有人对他说，刘询好歹是皇亲，将来封个关内侯还是有希望的，你把女儿嫁给他吧。许广汉一口答应。他妻子听说后大怒，这种事能这样草率吗?于是许广汉马上请人做媒，然后让刘询和平君结婚。一年多以后，皇帝驾崩，刘询被立为继承人，是为汉宣帝。尽管平君出身低贱，但因为她与汉宣帝的婚姻是请过媒人的，按习惯法理当获得保障。结果汉宣帝就成了中国历史上唯一的一个册立太监女儿为后的皇帝。由此可见，聘娶婚中"媒妁之言"与"父母之命"同样重要。

特别是东汉以后，男女无媒绝不能自由婚配的观念为人们普遍接受。班固说："男不自专娶，女不自专嫁，必由父母，须媒妁何?远耻防淫佚也。""夫自炫自媒者，士女之丑行"。这是对媒妁"别男女"的进一步发展。只有请媒妁出山，男女交往才合法化，如果婚姻自作主张，或者自己托媒求亲，那就是"淫佚"，是非常可耻的事情。不管男女当事人之间有多深的感情，如果没有父母之命和媒妁之言，他们的爱情是得不到承认和保障的。

男女私奔、自由成亲在汉魏时属于凤毛麟角的现象。瞿兑之说："汉代婚娶通以父母为主。故卓文君心悦相如恐不得当，必以夜亡奔也。"司马相如与卓文君的恋爱故事一直为人们津津乐道，恰好说明了人们对无媒不婚的一种逆反心理。

父母、媒妁操纵的婚姻，青年男女能找到如意伴侣的机遇很少，绝大多数在封建礼教的束缚下，以牺牲自己的感情和个性为代价，换得家庭安宁。一旦礼教也无法继续维护家庭和睦时，男

---

① 卜亚丽．媒妁[M].北京：中国社会出版社，2009:30-31．

② 誉，称扬赞美。

子便可行使自己的特权——休妻。在先秦，妇人就有七弃三不去之说。《公羊传·二十七年》何休注："无子弃，绝世也；淫佚弃，乱类也；不事舅姑弃，悖德也；口舌弃，离亲也；盗窃弃，反义也；嫉妒弃，乱家也；恶疾弃，不可奉宗庙也。尝更三年丧不去，不忘恩也；贱娶贵不去，不背德也；有所受无所归不去，不穷穷也。"最早出现了"媒人"称谓的汉代乐府叙事长诗《孔雀东南飞》就是因为休妻才酿成了一幕感天地泣鬼神的爱情悲剧。

《汉书·地理志》记载，在淮南王刘安的封国里，民家有女者，以待游士而嫁之，可认为是官方硬性主持的婚配。晁错《守边劝农疏》也记载："亡夫若妻者，由县官买予之。"汉末三国之时，统治者提出的"书录寡妇以配将士""录夺妇女""还以配士"也带有官媒的性质。

至两晋南北朝，官媒进一步发展，充当起皇族的婚姻中介。《二十四史九通政典类要合编》卷一一五上说："北齐，皇太子纳妃礼，皇帝遣使纳采，有司备礼物。会毕，使者受诏而行。……纳采、纳征则使司徒及尚书令为使。如纳采、亲迎则太尉为使。"一个皇太子娶妻，皇帝先亲自派使（媒人）联络，后调动了司徒、尚书、太尉这样的显贵，为其子完成六礼。

官媒的延续，私媒的兴旺，使得先秦大受尊敬的媒妁信誉开始滑坡。按照"媒"字的形体结构看，媒最初是由女性承担的，但孟子时代就已形成男为媒、女为妁的观点，所以男女皆可为媒，汉魏之际仍一如既往。魏晋时的门阀观念相当严重，"上品无寒门，下品无士族"是其真实写照，这样士族与庶族之间多不通婚。婚姻讲究的是门当户对，媒妁做媒这一点要看清。

3. 唐宋元明清时期的媒妁

唐代以前"男无媒不娶，女无媒不嫁"的婚姻制度，主要体现在一种礼制精神，甚或一种伦理规范、一种社会的约定俗成。早在西周，天子就开始以宫刑惩处淫乱；春秋时，越王勾践也曾下过"斩奸夫者无罪"的诏令；《晋书·刑法志》也明确规定"崇嫁娶之要，一以下聘为正，不理私约，峻礼教之防，准五服以制罪也"，但终究没有涉及媒妁在法律上对婚姻所承担的责任。进入唐王朝以后，媒妁的地位和作用发生了极大的变化，李唐政权将媒妁之言移入了法律条文，媒妁的作用得到了法制的认可。这样就将历史上媒妁作用的礼制软控性发展到了法律的强制性，这的确是一种"飞跃"。而追求婚姻幸福自由的青年男女们，又受到了更深层次的限制。

《唐律·疏议》规定："为婚之法，必有行媒。""诸嫁娶违律，祖父母、父母主婚者，独坐主婚未成者，各减已成五等，媒人各减首罪二等"。《唐律·名例》则规定："嫁娶有媒，买卖有保。"这样，媒妁不仅使婚姻得到法律的保护，同时，媒妁也应为其承担相应的法律责任。其后，宋元明清历代法律，都对媒妁在婚姻中的地位、作用及责任做出与唐律大致相同的明文规定，媒妁在婚姻缔结中的法律意义益加彰显。旧时媒人又有"保山""媒证"等别称，正说明他们是合法婚姻中必不可少的纽结。

媒妁在婚姻中不仅是礼制的需要，而且也是法律的需要。他们在婚姻中所扮演的也不仅仅是提亲、说合、牵线的角色，而且还要根据法律的规定，扮演买卖中的保人角色。但凡法律中有关婚姻的条文，都要先由媒妁斟酌执行，倘有疏忽，不但主婚人、当事人要受处罚，媒妁也不能幸免，所以，媒妁要处处小心。

媒妁在婚姻中的地位与作用，以法律的形式被确立下来。最早将其上升到法律地位的是唐代。唐代沿袭前代的礼制和婚制，如前所述，在男女婚配上有诸多禁忌。《唐律》规定：凡是违律为婚者，媒人要"徒一年"；即便婚姻事实没有成立，也要被"杖六十"。

自唐以降，历代封建统治者仍然把婚姻“必用媒”纳入法律的阈限内，其影响之深之远于此可见。《宋史·礼志》记载，熙宁十年，神宗下诏令：“嫁女则令婿召保，其冒妄成婚者（贵贱成婚），以违制论，主婚宗室与媒保同坐，不以赦降。”司马光制《书仪》时规定：“凡成婚姻，必先使媒氏往来通言，俟女许之，然后遣使者纳采。”

宋代，媒人已有专门行会组织。而行会是同行业的联合组织，有自己的行规。可见，宋代为青年男女做媒已成为一种固定职业，并非常兴旺。国家通过控制行会来管理媒人。据载，熙宁年间，“宗女既多，宗正立官媒数十，掌议婚”。

元代，国家对媒人的管理也按律而行。媒人大多由乡社推选而产生，然后官方登记造册，接着官方便给每位行媒之人颁发《至元新格》，让她们熟谙律令，然后按章行媒。同时，官媒还以“斧”“秤”作为职业标志。明代，行媒之人在生活上更是备受官府关照，当时的宛平、大兴二县竟准免媒人缴纳行业税银。

由宋到明，媒人职业较盛，且和其他行业一样照章纳税。

元代《刑法》规定：“诸男女婚姻，媒氏违例多索聘财，及多取媒利者，谕众决遣。”《明律》和《清律》基本沿用了唐宋法律，对嫁娶违律者同样治媒人之罪。

为什么媒妁问题在封建社会竟然上升到了法律的地位?康熙二十年（公元1081年）刻本的《上蔡县志》道出了一些原因：“……今上蔡风俗，动以片语投机，便即换钟为定，既无六礼，又无婚书，两家毫无凭据。至于年深日久，每以炎凉起见，或有先富后贫，始定而终悔者；或有许大易小，许小易大者；或有两女许两家，而一女死亡，两家争执现在之女者；或有并无影响，冒执换钟为名，希图诓骗者。种种不一，难以枚举。”可见，“凭媒聘定”不仅仅只是出于礼制的需要，的确还有不容忽视的现实因素，而这些现实因素在社会下层更是普遍存在。因而，以法律的形式规范婚姻程序和媒妁在婚姻中的作用，以免发生不必要的争执，就显得十分必要。当然，由这种无视男女两性自主选择权利的婚姻缔结方式所造成的婚姻悲剧，又另当别论。

以法律或乡约的形式规定媒妁在婚姻中的地位，并对他们的行为加以规范，这一做法一直延续到了民国时期。例如，北洋政府婚姻立法规定：“招婿须凭媒妁，明立婚书”；民国时期，风行于某些大都市的所谓“文明结婚”，在结婚仪式中，媒人仍然被安排到了重要的来宾位置。据《重修信阳县志》对“文明结婚”中与媒人有关的事项所做的描述说：“新郎、新娘同御车马，周历通衢。拣一公共地址饰作礼堂，植国旗，集齐主婚二人、证婚二人、介绍二人及来宾，行礼。……证婚人、介绍人、主婚人以次盖章签字。……谢介绍人（这时的媒人被称为“介绍人”）三鞠躬，介绍人退。”此时，媒人在婚姻仪式中被待为上宾，并非旧式婚姻中的单纯仪式性要求，它更多地包含了对介绍人的重视与尊敬。

婚书的出现，是法律对媒妁活动及婚姻规范化的一种体现。元代法律《通制条格》一字不漏地写上了朱熹《家礼·昏礼》中的一段话作为其条文：“男子年十六至三十，女子年十四至二十，身及主婚无期以上丧乃可成婚。必先使媒氏往来通信，俟女氏许之，然后纳采。”元八年条例上也有规定：“立媒妁婚书，为婚姻之要件。”如媒妁违反条例，将受到处罚。

“诸男女婚姻，媒氏违例多索聘财，及多取媒利者，谕众决遣”。媒人犯了法，官府就把他交给公众审判裁决。所以，元代以后约定婚姻的婚书大为盛行，一般习惯在定亲时将媒妁写入婚书。

明朝法律条文规定，有媒妁通报写立的为婚书，无媒私下议约者为私约，当然私约对订婚也还是生效的。明清其他的法律也有规定："凡嫁娶违律……若媒人知情者，各减犯人罪一等，不知者不坐。"清代，媒氏说合的婚姻还有媒券，媒券就像法律，有关事项写得很清楚，当事人不能随便赖婚。

这一时期官媒仍然存在发展着，有的地方甚至出现了媒人行会组织。《萍州可谈》记载，宋熙宁年间"宗女既多，宗正立官媒数十，掌议媒"。元代，媒人由乡社推选出来后在官府登记，由政府给他们颁发《至元新格》，使他们熟悉法律条文，以便禀律行事，在人们婚姻生活中，显得十分活跃。到了明代，媒人行会已成为社会行列的一个组成部分，一些地区的媒人在生活上还受到国家的照顾。《宛署杂记·铺行门》记载，河北宛平、大兴两县的媒人行会就曾得到了"皇上特赐宽恤"，准予"免其纳银"、免交行业税银的优待。至于地方官临堂做媒，或鉴于辖区内贫奴婢女婚嫁困难，由官员代为婚配，或由皇帝赠婚、赐婚，更是名副其实的官媒。

唐宋元明清媒人队伍庞大，而产生社会整体效应的不是官媒而是私媒，以至于演变成了社会上的一种职业，这当然属市井江湖的杂业，宋代即被列入"三姑六婆"的行当中了。陶宗仪《辍耕录》解释道："三姑者，尼姑、道姑、卦姑。六婆者，牙婆、媒婆，师婆（女巫），虔婆（妓院老鸨）、药婆（巫医）、稳婆（接生婆）也，盖与三刑六害同也。人家有一于此，而不致奸盗者，几希矣。若能谨而远之，如避蛇蝎，庶几净宅之法。"鄙视和厌恶之情溢于言表，可见媒婆都是身份低贱之人为之，被人瞧不上眼。

媒妁的社会声誉江河日下，这一时期的历史文献、稗官野史、白话小说、民间文学几乎都把批判的利剑指向媒妁，骗财、骗吃、骗喝、乱点鸳鸯谱，几乎无所不能，历史上的"骂媒歌"大都是这一时期出现的。

媒妁"形象"丑陋、声誉扫地的缘由主要在于一是违背当事人意愿，二是言语的虚假，但最终都是一个目的：为了谋利。钱财是造成媒妁千夫所指的最大原因。

从以上不同时期媒妁发展的状况可以看出，中国历史上的媒妁有一个从无到有、从寡到众、从礼制约定到法律规范、从受人崇敬到众口唾骂的发展演进过程，官媒由盛而衰，随后似隐又现，私媒则是甚嚣尘上，愈演愈烈。尽管媒妁在后期历史上声誉糟糕得一塌糊涂，但在中国几千年形成的礼法社会中，其作用也不是随便可以抹杀的。

辛亥革命推翻了帝制后，媒妁才从法律的地位被重新降格到礼俗价值的地位。

时至今日，人们都讲求自由恋爱，无须"父母之命""媒妁之言"，但婚介仍然存在，如婚姻介绍所、征婚启事、"玫瑰之约"，以至于出现"婚恋网"等。尽管它们形式各异、内涵有别，但万变不离其宗，婚介的实质仍在，可以说是当代的媒妁。

任务 2

喜轿铺与中国婚庆服务的雏形

喜轿铺是旧社会三百六十行中的一种，出现于清代的京城，专门为结婚提供服务的行业，可以说是今天婚庆公司的"原始版"。主要是为结婚的人提供花轿，并附带轿夫、锣鼓手、执事等。

知识点1 喜轿铺的历史渊源

现代人们结婚办喜事，大多委托婚庆公司承办。京城的婚庆公司，可以说至今已有近百年的历史。

当时京城的结婚还普遍采取传统的礼仪，迎娶新娘时，照例用花轿、旗锣伞扇、金灯执事、八面大鼓等。据《当代北京婚恋史话》记载：“当时的喜轿行业很兴旺，四九城都有喜轿铺，京城约有120余家。在这些喜轿铺中，可分两类，一类是满俗婚礼的喜轿铺，这类多在内城；另一类是汉俗婚礼的喜轿铺，这类多在外城。”

阅读材料

旧京喜轿铺①

旧式婚礼的重要设备就是喜轿，提供喜轿的就是喜轿铺。

旧北京的喜轿铺是个大行业，大约有一百二十余家。正阳门、宣武门、崇文门以北是内城，由于内城住户经济条件比较好，所以喜轿铺多些。比如，西单有道德升喜轿铺，东四有天合喜轿铺，交道口有蓬莱喜轿铺，朝阳门内大街有福和喜轿铺。大喜轿铺一般由东家出资，所以资金雄厚，设备齐全。不仅出租喜轿，而且出租办喜事用的炊事用具、桌椅碗筷；不仅可以应汉族人嫁娶的喜轿，而且可以应满族人嫁娶的喜轿。汉族人嫁娶，新娘坐八人抬的红缎子绣花喜轿，轿围子的图案有红喜字的，有“麒麟送子”的，有“富贵牡丹”的。送亲的、伴娘或者娶亲的亲眷一律坐四人抬的绿缎子小轿，红轿子在前，绿轿子在后，前面走的是锣鼓响器，各样执事。满族人嫁娶，新娘子坐八抬大轿，是素红卡叽轿围，迎亲、娶亲的，不分男女都坐轿车，轿前的执事一律是羊角灯，就是打执事的人拿红漆立杆，上面是个铜羊角，羊角环上挂一个西瓜似的玻璃灯，点着红蜡烛。汉族人娶亲在中午以前，满族人娶亲在黄昏以后，所以轿子前排列两行羊角灯，点起来犹如两条火龙，很是壮观。汉族人、满族人娶亲用的响器相同，但是演奏的乐曲不同，汉人娶亲发轿时演奏“花得胜”，路上演奏“续道德袍”，新娘上下轿都演奏“合乐”，满族人则只演奏“将军令”。

喜轿铺生意既是个一本万利的买卖，也是一年中多半时间没生意的买卖。说是一本万利，因为喜轿铺所用的物件，喜轿用的有轿厢、轿顶、轿杆、轿围，音乐响器有锣、鼓、唢呐、笙、笛、号桶，执事有旗、幡、伞、扇、金瓜、钺斧、朝天凳，都是不容易损坏的，只要加强管理，随时维修，可以一次投资，长期使用。喜轿铺平时也不用准备人手，只要结识几个靠得住的“应事头儿”，有了生意，找到他们就有人手干活。那时候专门有一批人每天在茶馆里等着应临时工，抬轿的、打执事的、扛肩的、抬送嫁妆的、吹鼓手，什么人都有。

同时还有一批人，人头熟，门路广，管理能力强，专门和常用临时人手的东家打交道，这就是各种行当的“应事头儿”，有了事情，找到他们交代清楚，到时候准误不了事。这种人，东家离不开他，找零活的巴结他，有“一呼百应”的本事，就指着这种本事吃饭。所以喜轿铺平时没什么开销。再加上有的有钱人家，办喜事花钱图吉利，不用别人用过的旧东西，要“全套新”。但是这些东西只用一次，过后就全归喜轿铺了。所以，喜轿铺是只赚不赔的买卖。但

① 戴凤春.旧京喜轿铺.[EB/OL].[2016-09-06].http://www.chinaqw.com/zgqj/qkjc_hnyhw/201108/17/178812.shtml.

是一年中的“黄道吉日”是有数的，大家都赶在这几天办事，那些制备的物件平时都用不着，准备多了占用资金，但是准备少了到时候又不够用。而且不但办喜事的日子是这几天，时辰也都赶在一起，买卖多了应承不过来，同时临时工也不好找，许多时候只能把到手的买卖推出去。所以，喜轿铺也是个不好做的买卖。

旧北京的喜轿铺虽然不少，但是分布在各处，都有自己的地盘。喜轿铺的掌柜平时和附近大户人家的管家和附近的媒婆都有联系，一是为了到时候有了生意可以照顾，二是因为办喜事的雇主为了吉利都会在正常开支之外单给赏钱，赏钱的数目是瞒不过管家和媒婆的，所以都会“利益均沾”，自然形成联盟。再就是办喜事要考虑吉日良辰，办事的人家都会考虑路程远近，找附近的喜轿铺办事，所以喜轿铺之间并没有什么竞争。但有时候也有凑巧，如果两家喜轿铺在大街上碰上了，就免不了要比试高低。如果一家名气大，一家名气小，自然是“以大压小”，小的让路。如果两家不相上下，就会“斗喜轿”。

那时北京马路窄，办喜事的又都赶在有数的几天，凑巧了就难免会“狭路相逢”。双方比的是谁家的轿子绣活鲜亮，谁家的执事整齐精致，谁家的轿夫年轻精神，服装整齐干净，谁家送亲迎亲的队伍庞大，人员齐整。总之只有发现自家有一方面比对方逊色时，才会加快脚步，放低声响，承认“败北”。资料记载，1930 年春天，有两家旗鼓相当的轿子队伍在东单路口相遇，一个由南向北，一个由北向南，谁都不肯让路，都把脚步慢慢挪动，几乎就是原地踏步。两家全部响器吹奏起来，锣鼓震天动地，双方都是三顶喜轿，十六面大锣，双分执事，路两旁站满围观的行人，吹鼓手卖力地吹奏，路人大声喝彩，交通足足堵塞了半个小时，但是观众却十分过瘾。

那时候办喜事还为了炫耀财富势力，这给了喜轿铺更多的赚钱机会。光绪二十四年东四牌楼和喜轿铺接了桩好买卖。婚事双方都是富贵人家，族人众多，要办一场风风光光的喜事。当日辰时，轿子亮出，大红喜轿轿围子绣的是富贵牡丹，金线银丝，闪闪发光，料子新，图案精致，让围观的人纷纷称赞。各样执事样样齐全，色彩鲜艳，响器是应有尽有，围观的人越聚越多。巳时发轿，本来男方住东四六条，女方住钱粮胡同，距离不远。但是，队伍出发后过了钱粮胡同东口一直往南，由灯市口往西，再折回向北，进钱粮胡同西口往东，来了个“大绕”，一路是锣鼓喧天，鞭炮齐鸣，尾随的观众更为娶亲队伍壮大声势，真为办事的人家脸上增光。天和不光赚了钱，还白得了三幅崭新的轿围子，宣传了铺子声望。

说大喜轿铺多数在内城，是因为外城也有具有特色的铺子，其中值得一提的是传奇式的阜顺轿子铺。铺子的主人姓卢，排行第三，人称“卢三”。卢三出身贫寒，不识字，也没正式工作。后来看到喜轿铺虽然生意好，但是有时候因为设备、人手的原因不得不推掉到手的生意，于是用自己的缝纫手艺干起了制作喜轿铺号衣的生意，他缝制一些吹鼓手、轿夫、打执事的人穿的衣服，供喜轿铺租用。由于他为人诚实，租金合理，喜轿铺平时不愿意多制备这些东西以免压占资金，所以也愿意来租用，生意还不错，逐渐发达起来，于是人们就尊称他“嫁衣卢”。

当时崇文门外三转桥有家合兴喜轿铺，本来生意很好，颇有声望，但是1920 年老掌柜死后子女不务正业，很快衰败了。

“嫁衣卢”看到合兴的地利条件，决心利用合兴的声望也开家喜轿铺，接下合兴接不了的生意。于是他收购了打磨厂一家关张的喜轿铺的全套家伙，在三转桥北边的南河槽路西开了阜顺轿子铺。卢家父子三人齐上阵，聘请了一位管账先生和一名伙计，他自己有缝纫手艺，能够及时赶制新鲜式样的轿围子、挂件、号衣，铺子用的各样执事、响器油饰一新，再加上他平时和轿子铺打交道积累的经验，结交的“应事头儿”，以及自己为人老实厚道、讲信用的长处，所以用人的时候从没遇到“为难事”，这样他就敢大胆接生意，阜顺很快就成为南城有名的轿子铺。现在合兴、阜顺的旧址都是民居了。

新中国成立后随着民俗改变，喜轿铺、杠房、棚铺等和红白喜事相关的行业都消失了，只是现在有些年轻人又喜欢上了旧式婚礼，觉得吹吹打打排场热闹，所以抬轿子的、吹鼓手等又重新出现了，因此引出了以上的回忆。

知识点 2　婚庆公司的雏形

随着 20 世纪的来到，旧的封建礼教被逐渐否定，特别是传统的结婚仪式因过于烦琐，且费时费事，浪费钱财，常常把结婚当事人弄得疲惫不堪，于是一些上层人士和知识阶层开始尝试新的结婚仪式，谓之“文明结婚”。即男女双方不再去“命馆”合婚，也不必许什么“龙凤帖”，而是买来两张印好的结婚证书，填上新郎、新娘的姓名、年龄、籍贯，举行婚礼时，由证婚人、介绍人和男、女双方主婚人印证就可以了。结婚典礼可以在家里举行，也可以在饭庄举行。新式婚礼逐渐受到社会各界的欢迎。为此有识之士看准“文明结婚”这个“商机”，在京城开办了供应新式结婚用品的服务商店。

据《北京民俗文化史略》记载：1915 年，骡马市大街开办了“喜庆婚礼用品租赁社”，专门出租文明结婚的用品。它原本是一家有着 30 多年历史的喜轿铺，掌柜是山东人，很精明，他将旧式的花轿、锣鼓手、执事等取消，改为备花车、司仪，同时向新郎、新娘出租结婚穿的礼服、花篮等。可以说“喜庆社”是京城第一家“婚庆公司”，所承办的事宜与今天婚庆公司所承办内容十分相近，只是所提供的服务项目较少，经营规模也不大。

1934 年 9 月，江苏无锡人郁炽昌在宣武门内绒线胡同开办了“紫房子新婚用品服务社”，为“文明结婚”的年轻人提供“一条龙”式服务。它专门出租“文明结婚”礼堂上用的各种陈设，新郎、新娘穿的西式礼服，新娘用的头纱、珠冠、头花、手花、花篮等，且代雇花车、乐队、司仪，甚至连结婚典礼的仪式单都给印好了。1937 年，北平市社会局积极提倡“改进习俗，提倡节约”的“文明结婚仪式”，受到许多年轻人的响应，由此促进了“紫房子”的业务蒸蒸日上，并使原店址已不敷应用，1938 年迁到六部口旁边，三间紫色的大门脸儿较前更为壮观。

此后，京城出现了多家为婚庆服务的行当，如东城的“福双新婚用品服务社”，西城的“金丽新婚服务公司”，南城的“美馨新婚服务所”“喜临门婚庆服务公司”等，各具特色。

为了争到客源，各婚庆服务社利用一切机会广泛宣传“文明结婚”的体面、省钱、省事等种种优点，同时扩大服务范围。一些婚庆服务社的老板还广为结交社会各界名流，争取他们的光顾与支持，以扩大影响。到 20 世纪 40 年代末，京城有婚庆公司近十家。

进入 20 世纪 50 年代后，京城的婚庆企业同其他私营企业一样，在“公私合营”的历史大潮中迎来了所有制的变革。有的停业，有的转行，有的参加了“公私合营”，其业务较为单一（有的改为照相馆、有的改为服装店）而婚庆服务的业务被取消了。

直到改革开放以后，随着年轻人对新事物的不断追求，婚礼的花样越来越多，京城的婚庆公司又如雨后春笋般发展起来。

任务3

我国婚姻庆典礼仪的变迁

中国古代婚俗文化封建聘娶婚的仪式一方面具有“时异俗迁，地殊习变”的变异性，另一方面也具有相对的稳定性。它既渗透了不少迷信、落后的内容，也保留着一些美好、健康的习俗。

知识点1　先秦时代的六礼

六礼即古代婚姻过程，从议婚至完婚所履行的6个环节，即婚姻礼仪，包括：纳采、问名、纳吉、纳征、请期、亲迎①。这一娶妻程式，周代即已确立，最早见于《礼记·昏义》：“婚礼者，将合二姓之好。上以事宗庙，下以继后世也，故君子重之。是以昏礼纳采、问名、纳吉、纳征、请期，皆主人筵几于庙，而拜迎于门外……所以敬慎重正昏礼也。”从实质上看，封建聘娶婚的仪式是作为 “父母之命”“媒妁之言”的表现形式而存在的，并贯穿于婚姻的全过程，从而排斥了男女青年本人的爱情，变成了他们履行的客观义务。

纳采，男家使人纳其采择之礼送给女家，表示想和女家提亲议婚。女家如果不承受，便不能进行第二步。

问名，主人具书，请媒人到女家，问清女子的出生年月日、时辰以及名字。

纳吉，男家问得女子的生辰八字后，就问卜算卦，或上宗庙求决于祖先神灵，根据男女双方的生辰八字，求问两姓结合是凶是吉，如果卜算不吉，便终止婚姻，另择一家。如果卜算得吉兆，则请媒人通知女方，确定婚约。

纳征，卜算得吉兆后，由媒人正式代表男家向女家送聘礼，至此，已算正式订婚了，女方不能再另许他人。

请期，就是定婚期。男家定下婚期吉日，备好礼物，带上书信，告诉女家，如果女家受礼，便是答应，否则，还须更改日期。

亲迎，结婚的日子，男子承父命先往女家，女父拜迎于门外，此时，女婿拜女家之祖，完毕后，新郎迎女入车轿，一起回自己家。

至此，整个聘娶婚仪式结束，迎亲以后，便可“合牢而食，合卺而饮”了。聘娶婚的具体内容和程序，历代均有所变更，或繁或简，但是，无论是古代、近代还是现代，这种婚姻形式的实质却大同小异。

“六礼”齐备，婚姻关系始告成立。新婚之夜，尚有“同牢”（新婚夫妻共用一个盛肉的牢盘进食），“合卺”（将一个瓠断为两半以酌酒，夫妻各饮其一，合起来仍为一瓠，表示夫妻共体）。婚后还有“见舅姑”“醴妇”和“庙见”等仪式，才算成了媳妇。然后，夫妻同回娘家拜见岳父母，称“归宁”。

知识点2　古代婚姻庆典礼仪的发展

《士昏礼》规定的婚仪是对汉代以前的婚姻仪式的综合。它由统治阶级全面推行，大约在汉

① 见本书项目1。

平帝元始三年（公元 3 年）诏刘向等制定婚仪。次年立王皇后，以“纳采”“问名”“卜吉”，及遣使持节迎（代表皇帝亲迎）而完成“六礼”的程序。及遣使持节迎（代表皇帝亲迎）而完成“六礼”的程序。东汉以后，社会动乱不已，地主阶级之家的嫁娶大多难以遵行“六礼”，往东汉以后，社会动乱不已，地三阶级的嫁娶难以遵行“六礼”，往往“以纱縠蒙女首，而夫氏发之，同拜舅姑，便成妇道”婚礼仪式大为简化。在魏晋南北朝以后民族大融合基础上建立的唐朝，婚姻仪式虽沿袭古礼，却又吸收了少数民族的婚俗，使婚礼的仪式增多，节目繁复，场面也更热闹。

据刘复的《敦煌掇琐》“婚事程式”，计有：通婚书（相当于“纳采”“问名”）、“答婚书”（相当于“纳吉”）、“女家受函仪”（相当于“纳征”）、“成礼夜祭先灵”（相当于“庙见”）、“女家铺设帐仪”（宋代称“铺房”）、“同牢盘、合巹杯”，“贺慰女家父母”等。封演《封氏见闻录》称：“近代婚家，有障车、下婿、却扇及观花烛之事，及有卜地安帐，拜堂之礼，上自皇室，下至士庶，莫不皆然。”这些记载对唐代的婚礼仪式做了较全的概括。

从男家向女家由媒人致通婚书，到女家受函仪是议婚、订婚期间的仪式。婚礼最热闹的场面以“亲迎”为开端。“亲迎”之前，男家要“卜地安帐”，即在屋旁设置青布幔，称为“青庐”，或称“百子帐”。《焦仲卿妻》（《孔雀东南飞》）诗说：“其日牛马嘶，新妇入青庐”。迎新妇于此交拜。“亲迎”前一天或三天，女家派人到男家给新房挂帐幔，展陈衾褥。

良辰一到，新郎在傧相陪同下到女家亲迎。新郎一行到女家门前，要受女方家属的戏弄（口头调笑以至扑打），称“下婿”，这是受少数民族“栏门”的影响。新娘出门之前，要梳妆打扮，迟迟不出，男方则咏诗催妆。新娘临行，父母赠言，并以“蔽膝”（又称“盖头”）复女之面，出门后乘幰车（用围幔妆饰的车子），新郎骑马绕车三匝。新娘喜车启程后，还有“障车”节目，阻止新娘动身。这起源于女家对新娘的惜别，后变为乡里无赖乘机勒索财帛的恶习。

唐代有“新妇入门跨马鞍”（《酉阳杂俎》）的仪式，这是来自北方鲜卑族的婚俗。唐代妇女多能骑马，当新娘靠近青庐时，还要跨过马鞍，意思是平安到达，日后可以过安稳日子。

新郎新娘在青庐中举行交拜仪式，称“拜堂”。由于男女结合而繁衍了后代，所以要拜天神地祇；从结婚以后，新娘成了男方家庭的正式成员，所以要拜高堂；结婚使夫妻百年偕老，所以夫妻要相互交拜。

在拜堂之前，要给新娘却扇，去盖头。新婚夫妻牵“同心结”入洞房，称“系指头”，宋代称“牵巾”。表示一对新人同心协力，永不分离。入洞房后，有“坐床”“撒帐”仪式，女向左坐，男向右坐。由家属的长辈妇女中选一名双全女亲，一边将托盘中的枣、栗子、豆、花生、金钱等，撒掷帐内，一边吟唱“撒帐”诗。据丁福保的《撒帐钱考》载，撒帐钱有“夫妻偕老”“福寿延长”“弄璋添喜”等吉祥字样。“合髻”是由新郎新娘各剪下一绺头发，用彩线系在一起，当作信物。如唐代女子晁采的《子夜歌》说：“依亦剪云鬟，郎亦分丝发”，就是对“合髻”的具体描写。此后，夫妻同牢盘、合巹杯（宋代已用双杯，以彩丝连杯足，称交杯酒）。饮酒后，“女以花遮面，傧相帐前咏除花、却扇诗三五首。去扇讫，……傧相、夫侍俱出，去烛礼成”。

从新人入洞房到去烛礼成，宾客不分长幼，争拾钱果相戏，专门给新娘出难题，甚至殴打新娘以为吉利，称“弄妇”，后世称“闹房”。第二天，新婚夫妻拜见公婆后，整个婚礼便告结束。

宋代政府的律礼和私家的礼书都对婚礼仪式提出简化的意向。如《宋史·礼志》称：“士庶人婚礼，并‘问名’于‘纳采’，并‘请期’于‘纳成’”。只保留“纳采”“纳吉”“纳征”和“亲迎”四项仪式。朱熹认为“纳吉”包括送礼币，不必在“纳成”之前再保留“纳吉”，所以他的

《家礼》、司马光的《书仪》只有“纳采”“纳成”和“亲迎”三项仪式。然而，现实生活受习惯势力的影响，其婚礼仪式要比书面上的律礼规定复杂得多。

宋代的婚俗与唐代相比，有 3 个突出的变化：

一是宋代统治区域大为缩小，城市工商业畸形繁荣。商品价值观念渗入婚姻领域。男方家长约定日子，带着子弟到园圃、酒楼，或直接到女家与之相聚，称“相亲”，俗称“相媳妇”。如果男方相中女子，便在女子发髻上插入一根金钗，称“插钗”，表示确立系属关系。若不中意，则给女子送彩缎两匹，表示婚事不偕，称“压惊”。在相亲时，青年男女虽然可以直接相见，但女子始终处于被动地位，任凭男方决定取舍。

二是嫁娶论财。在通婚书中除了写上男女名字和生辰，还要详细写明随嫁的田舍、资产及奁具数目。这种“娶妻不顾门第，直求资财”的风气，使买卖婚更加表面化，公开化。“明立要约，有同鬻卖”，造成严重的社会问题。三是“亲迎”时，新娘由乘车改乘轿子，俗称“坐花轿”，嫁娶用鼓乐。《清平山堂话本 · 快嘴李翠莲记》对此有生动的描写。

元代统治者强调家长主婚的权力，在“纳采”前增加一项“议婚”，把“同牢”“合卺”改称“传席”。余皆依《朱子家礼》。明清两朝的婚礼在名义上亦依朱熹的成法，但民间嫁娶之礼并不受它的约束。例如，婚后第三天新婚夫妻回岳父母家，称“归宁”，俗称“回门”，就是先秦时期留下来的遗俗。

虽然历史变迁，时至现代的中国婚俗礼仪，尤其是在乡村地区的婚姻形式，仍可见到“三书六礼”的痕迹。当然，在中国现代婚俗礼仪中，“三书六礼”的婚俗仪式已经化繁为简，一般遵循提亲、纳征（过大礼）和亲迎（接新娘）的几个仪式。在现代婚俗仪式中，“三书六礼”的纳征是保留比较完整和较受重视的传统礼仪。

知识点 3　清末“文明结婚”的兴起与民国时期“集团婚礼”的出现

1. 清末民初“文明结婚”的兴起①

中国传统婚礼，经历了从订婚到最后结合的烦琐礼仪程序（主要包括“纳采”“问名”“纳吉”“纳征”“请期”“亲迎”6 个步骤）。旧式婚礼具有稳定婚姻关系、追求生活幸福及家庭和睦等积极内容，表达了中国人追求幸福、吉祥、吉利的心态，具有维系家族、家庭稳定和社会稳定的功能；同时，它也是传统社会人际交往的必要方式，即通过儿女婚礼这种形式，不仅将儿女双方家族联结起来，发展了家族的交往，而且利用儿女婚礼，将亲友们召集在一起，使他们得以聚会，加强了联系，巩固了一个家族内部的关系，并可以利用这样喜庆的机会，化解既存的矛盾，对封建式大家庭的稳固起了很重要的作用。

然而，旧式婚礼也存在着不少的弊端。一是父母之命，媒妁之言，婚姻由父母包办，当事男女被剥夺了独立选择的机会,扼杀了青年男女的独立人格；二是结婚目的，多考虑家族或家庭的利益。即使一些开明的父母为儿女着想，也多是按照自己的幸福标准或择婚观念进行的，他们的观念和标准，未必就会被儿女认同；父母注重门第、财产等因素，忽视了作为婚姻基础的男女感情，从而使婚姻缺乏必要的感情基础，男女往往成为婚姻的牺牲品。至于其他方面，比如整个婚

① 佚名.谈民国时期婚俗的变化_simon_新浪博客. http://blog.sina.com.cn/s/blog_4d459cca0100nej9.html.

礼过于冗长、礼仪繁芜、浪费资财、婚礼有些封建迷信等，更是旧式婚礼不可避免的弊端。

正因为有着如此多的弊端，西方新式婚礼才能在清末在一些沿海大城市中流行起来。

新式结婚（即文明结婚），在清末已出现于东南沿海的大都会和商埠。从目前的文献材料看，中国人行西方新式婚礼，最早出现在 1859 年左右①。据王韬日记载："前日为春甫婚期。行夷礼。至虹口禅治文室,往观其合。西人来者甚众。禅妇鼓琴讴歌,抑扬有节。小异亦在。其法：牧师衣冠北向立，其前设一几，几上置婚书、条约；新郎新妇南向立,牧师将条约所载一一举问,傧相为之代答，然后望空而拜。继乃夫妇交揖。礼成即退,殊为简略。"②这是目前所见到的中国人行西式婚礼的最早记录。

当然，纯粹遵循西方人的礼仪举行婚礼，毕竟是少数中国人，对于大多数中国人并不适合。如何既能接受西方婚礼的"文明"方面，又去掉其浓厚的宗教色彩，这是许多接受了西方近代思想的中国先进分子所思考的问题。

到 20 世纪初，新式婚礼更多地为接受先进思想的中国人采纳，并逐渐形成了一种所谓"文明结婚"的婚礼形式。徐珂编撰的《清稗类钞》记载了当时"文明结婚"情况："迎亲之礼，晚近不用者多。光、宣之交，盛行文明结婚，倡于都会商埠，内地亦渐行之。礼堂所备证书（有新郎、新妇、征婚人、介绍人、主婚人姓名），由证婚人宣读，介绍人（即媒妁）、证婚人、男女宾代表皆有颂词，亦有由主婚人宣读训词,来宾唱文明结婚歌者。"③

这种"文明结婚"，无须父母之命、媒妁之言，男女青年经人介绍或自己相识，经过一段时间交往、恋爱，经双方家长同意而结婚，不仅大大简化了结婚礼仪，而且尊重了男女双方的意愿，因而日益受到社会各界的欢迎，清末有关"文明结婚"的报道日渐增多。

1905 年 8 月 17 日，《时报》发表了一篇《文明结婚》的报道，介绍了上海一对青年人举行新式结婚的消息："秀水张君鞠存、王女士忍之，于十一日三时假爱文牛路沈宅举行结婚礼。先由女士某某唱祝歌，次由介绍人报告结婚之缘由，次由主婚人陶君哲存宣读证书。两新人及介绍、主婚人签名毕，主婚人为两新人换一饰品，两新人相向两揖，复同谢介绍、主婚人，叩谒男女家尊长，男女又各同致贺。末由马相伯先生及穆君抒斋、沈君步洲演说，两新人各致答词。礼毕，拍掌如雷动。"

几乎与此同时，《时报》还报道了另外一对青年举行文明婚礼的情况："一、来宾入场。二、新人入场。三、新人行结婚礼，相对三揖。四、唱歌奏乐。五、证人曹君宣读证书。六、来宾祝词。七、来宾张君佑如、濮君仲厚、蒋君怀仁、张君曾璧等演说。八、唱歌散会。"

从当时大量关于"文明结婚"的报道来看，有几点值得注意：

① 初期文明结婚，多是以留学生和新式学堂学生为主体。这些最先接受了西方近代文明的中国知识分子，在婚姻观念上冲破了封建的束缚，接受了西方男女平等的婚姻观念，对传统的婚俗比较反感，力谋改良，对近代西方的婚礼非常向往，大胆仿效，因此成为清末新式婚礼的最早倡导者和实践者。

② 初期的文明结婚，多发生在沿海通商口岸及大都市，如上海、广州、天津等地，在内地的江西、北京也有少数人采纳，但多也是留学归来或接受新式教育者。这表明，新式婚礼首先是从与西方文明接触较多的沿海通商口岸及大都市开始的，是由这些大都市中的新兴的知识阶层倡

①②③ 佚名.谈民国时期婚俗的变化_simon_新浪博客. http://blog.sina.com.cn/s/blog_4d459cca0100nej9.html.

导并实践的。这样的情况，也说明清末婚姻观念的变化，最早也是从沿海大城市中的接受西方教育的知识阶层中开始的。正因如此，初期的文明结婚，虽然在清末渐成社会时尚，产生很大的社会影响，但无论是在地域上，还是人数上，它都仅仅是这些大城市中的“星星之火”，仅仅是大城市中的少数知识阶层中的先进者倡导并采纳，远未演成“燎原之势”。

③ 19 世纪 60 年代初已经有人采纳了西式婚礼，而直到 40 多年后才流行起来，除了清末沿海口岸城市的发展和新兴知识分子群的出现为“文明结婚”提供了必不可少的社会基础外，主要的原因有三：一是先进知识阶层对旧式婚姻弊端的揭露，人们婚姻观念发生了较大的变化；二是旧式婚礼中的烦琐礼仪不适合现代生活的要求；三是新式婚礼自身存在着一些“文明”的优点。

新式婚礼“文明结婚”与旧式婚礼相比较，有几个明显的特点：

① 新式婚姻“不以父母之命，媒妁之言，而取男女之同意”，淡化了婚姻是为宗族传宗接代的目的，增强了男女婚姻自主、平等的观念。新式婚姻是婚姻价值观转向以夫妇双方平等及小家庭为主的标志。

② 新式婚礼的形式趋于简单，所谓俭朴，整个婚姻过程中铲除了许多陋习。就婚礼过程而言，通常只分订婚与结婚二事，订婚为婚姻之准备，结婚为婚姻仪礼程式之完成。新式婚礼不仅剔除了坐花轿、拜天地、闹洞房等落后迷信习俗，而且删繁就简，就在院内假作礼堂，礼毕，在饭馆设席答谢，一日即可了事，至多不过二日。

③ 旧式婚姻聘财重于婚约；而新式婚礼的证婚人宣读订婚书、新人用印、主婚人训词、互致颂词和谢词等仪式，具有近代婚姻的法制性和契约性。

新式婚礼毕竟是一种与中国传统婚礼相冲突的礼俗，即使它在大城市部分知识阶层的狭小范围内流行，也受到了旧派人物的攻击和社会各界的怀疑和抵制态度。关于这方面的情况，当时的报刊曾有许多报道。例如 1909 年，清廷学部某郎以“现在都下结婚渐染欧习，动借自由名目，立异矜奇，实大为风俗之害”为由，请求“速定婚嫁之礼，以挽颓风”。旧派人物对新式婚礼中体现出来的“婚姻自由”观念，更是极力禁阻：“南海县属澜石附近绅士老伯华等，因邻近各乡女子皆染有自由气习，特联赴县署，呈请出示严禁。王令以‘男女婚姻，由父母之命，媒妁之言，岂能任听妇女自由择配。据禀前情，在女子固越礼逾闲，在父兄亦疏防失教，应候出示严禁。’”[①]

面对传统习惯势力的阻挠，当时人们较多的还是持折中态度：既要冲破“父母之命，媒妁之言”的封建婚礼束缚，又要根据欧美和日本的婚姻法，征求父母的同意。

民国时期，传统婚姻礼俗的变革再度成为人们关注的焦点。与人们婚姻自主意识的增强和婚姻自由观念的强化相适应，新式婚礼在沿海大中城市更加流行起来。当时有人以“五更调”的形式，介绍“文明结婚”的情况：“戒指为定，大媒作见证人，最要紧，结婚书呀，双方盖定”，“郎才女貌两情愿”。这位作者还认为新式婚礼“无啥希奇”，只有“顽固朋友说诧异”。

随着民国初期一些先进分子的呐喊和实践，开始倡于都会商埠的“文明结婚”，逐渐向中小城镇流传，采纳“文明结婚”的地域范围和人员有了扩大。不仅沿海的大中城市中越来越多的人们举行“文明结婚”，而且内地一些中等城市和县城也出现了“文明结婚”。例如，江苏的镇江、扬州举行新式婚礼，有证婚人演说，新人行三鞠躬礼，围观者有上千人，出现了“旧礼已不适用，敢用新礼，所谓文明婚礼是也”的新气象。

---

① 佚名.谈民国时期婚俗的变化_simon_新浪博客 http://blog.sina.com.cn/s/blog_4d459cca0100nej9.html.

如果说晚清“文明结婚”的兴起主要体现为一些接受新式教育的男青年的觉悟，民国初期“文明结婚”的流行，则体现了妇女婚恋观的巨大变化。可以说，它的流行与大中城市中许多女青年醉心自由结婚之说、执意解除包办婚约的观念有很大关系。有的女青年以“文明婚礼”为自豪：“无媒婚嫁始文明，奠雁牵羊礼早更。最爱万人齐着眼，看侬亲手挽郎行。”有的女青年主张“无夫主义”，终身不嫁，有的寡妇得到自由参加社会活动的机会，尝到自由恋爱的趣味。

然而，随着复古逆流泛滥一时，“文明结婚”受到旧派势力的抵制和阻挠。与此同时，社会上一般民众对婚姻自由观念也多持观望态度，很多人对新式婚礼和新式离婚等做法也比较反感。据天津《大公报》载：“盖今之请求离婚者，多出于自由结婚之夫妇，鲜出于旧礼结婚之夫妇，夫婚既结于自由，必其性情相结合，可以偕老百年者，从前巧妻拙夫之怨已无自发生，何以欢乐未几，辄赋终风，甚且数结数离，视夫如传舍也……是以自由结婚、自由离婚，曾不如名自由姘拆之为当矣”。

这种情况说明,即使在民国初期津、沪、穗等地区，新式婚礼也并未占主导地位，新的婚姻观念所包括的男女自由交往、自由结婚、自由离婚等未能为大多数人接受。这种情况也说明，婚姻制度、婚姻礼俗和婚姻观念的转变，是一个比较缓慢而复杂的过程，与政治的革新与经济的发展相比，婚姻礼俗的变化则相对缓慢与滞后。

2. “文明结婚”仪式的逐步规范化

作为一种西化的新式婚姻仪式，“文明结婚”体现了一套新的婚姻礼制和婚姻观念。举行“文明结婚”的男女双方不去算命馆合婚，而是到婚丧用品服务社买两张印好的结婚证书，填上新郎、新妇的姓名、年龄、籍贯，等到举行婚礼时，由证婚人、介绍人和男、女双方主婚人用印，就算成了。

证婚人是男、女双方共同邀请，一般是有一定社会地位，在群众中有威望的长者。主婚人则是新郎、新妇双方的家长。结婚典礼可以在家里举行，也可以在饭店里举行。事前由男、女双方家长出帖，邀请亲友前来参加婚礼。迎娶时，一般用红缎双喜字绣片装饰着的花马车，也有用扎了花红彩子和纸花的汽车。到达女家后，新娘由伴娘搀着，手捧鲜花束，由两个小孩拉着头纱，在乐曲声中踏过红毡子上车。到男方后，新郎向新娘三鞠躬。新娘下车后，来宾们即扬起“文明结婚五色纸”，表示庆贺和助兴。

迎娶过程及典礼时，新郎身穿黑色燕尾大礼服、白衬衣，系黑色领花，戴白手套，戴高筒礼帽；新娘身穿白色礼服长裙，肩披白色罩纱，头戴花冠、花环，由一位穿同样礼服的“伴娘”陪伴。礼堂正中为证婚人，右方为介绍人，左方为男、女主婚人。

结婚典礼仪式由司仪掌握进行，具体仪节为：

①司仪人入席,面北西首立；②赞唱；③奏乐；④男宾入席，面北东首立；⑤女宾入席，面北西首立；⑥男族主婚人入席，面南东首立；⑦女族主婚人入席，面南首立；⑧男族全体入席，面西东首立；⑨女族全体入席，面东西首立；⑩证婚人入席，面南居中立；⑪介绍人入席，面南分左右立；⑫纠仪人入席，面北东首立；⑬男女傧相引新郎新娘入席，面北并立；⑭男傧相入席，面北在新郎右首立；⑮女傧相入席，面北在新娘左首立；⑯奏乐；⑰证婚人读证书；⑱证婚人用印；⑲介绍人用印；⑳新郎新娘用印；㉑证婚人为新郎新娘换饰物；㉒新郎新娘行结婚新礼，东

西相向立，两鞠躬；㉓奏乐；㉔主持人致训词；㉕证婚人致辞；㉖新郎新娘谢证婚人，三鞠躬；㉗新郎新娘谢介绍人，三鞠躬；㉘男女宾代表致颂词，赠花，两鞠躬；㉙奏乐；㉚新郎新娘致谢词，两鞠躬；㉛女宾代表唱文明结婚歌；㉜证婚人、介绍人俱退；㉝男宾退；㉞女宾退；㉟新郎新娘行相见礼；㊱奏乐；㊲男女主婚及各尊长面南立，三鞠躬；㊳男女平辈面西立，晚辈面东立，两鞠躬；㊴男族、女族全体行相见礼；㊵男女傧相引新郎新娘退；㊶男女两家主婚人及两族男女全体退；㊷司仪退；㊸众傧相随赴茶点；㊹宴会。

这是“文明结婚”比较完整的仪式。实际上，在具体举行时,不一定要严格按照它所有的程序执行，往往有所简化。

清末民初的“文明结婚”礼仪仅具雏形，社会上传统的旧式婚礼仍在风行，而且占据上风。正因如此，产生于这样文化土壤文化氛围下的“文明结婚”，从婚礼形式到婚礼内容都不免新旧混杂、不甚规范。甚至到了三四十年代，东北各大城市的民间婚礼还往往新旧参半。在一些大城市的街头上经常出现这样的情景：一顶四人抬的花轿，前面却是一班西乐队做前导，由于乐器过于单调，活像是卖洋糖的；有的是一辆汽车前边弄几个传统式的吹鼓手，敲着一个鼓面直径不足半尺的单鼓，声音很脆，但十分滑稽。旧时，有人对此题打油诗，谓“某市结婚不论谱，大个喇叭小个鼓。半新半旧分不清，好像北京耍老鼠。”[①]据四川安县方志记载：“……新学家有行新式礼者，亦必请媒妁以为介绍，洗去从前一切合婚陋习，但礼仪形式诸多未备，而一般普通人周之者少。”这种情况说明，“文明结婚”从内容到形式都需做进一步改进。

到 20 世纪 30 年代初，“文明结婚”的礼仪逐渐改变了过去那种新旧杂陈、不伦不类的仪式而终于定型。以北平为例，新派人物既采取文明结婚，就决不将旧礼仪掺在里边；老派人采取传统的旧婚礼，也决不把文明结婚的某些形式和内容吸收过来。新旧婚礼可谓泾渭分明，各不相扰。民国初期那些新旧参半，不伦不类的婚礼基本绝迹。

3. 新式婚礼在全国各地的流行

20 世纪 20 年代以后，新式婚礼在全国各地大规模流行起来。其标志有三：第一，从地域上看，民国初期还主要集中在沿海一些大中城市，偶尔在一些中小城镇也出现，但 20 年代以后，文明结婚已经不限于沿海大众城市，而且推广到内地的一些大城市，甚至比较多地推广到了中小县城；无论是东北、中南、华南还是西南内地，文明结婚的报道不绝于耳，甚至一些县志都做了特别记载；第二，从参加的人员看，民国初期多是在知识阶层和大城市的市民中流行，20 年代以后，文明结婚已经推广到了内地大中城市的市民及县镇中的知识阶层中去；第三，从婚礼仪式的程度上看，民国初期那种新旧掺杂、不伦不类的礼仪不多见了，形成了一套规范化的文明结婚程序；第四，从婚姻观念上看，民国初期人们对文明结婚还抱有抵触和怀疑态度，20 年代以后，人们尽管由于习惯势力的影响自己未必真得敢行“文明婚礼”，但却对新式婚礼抱赞赏和同意的态度，对那些举行新式婚礼者抱羡慕态度。

由于中国地域辽阔，各地风土民情差异很大，新式婚礼推行的程度也不一样，很难将 20 年代以后全国范围内新式婚礼的情况作统一的概述。故依据各地方志材料，对全国各地推行“文明

---

① 邵先崇.近代中国的新式婚丧[M].北京：人民出版社,2006.

结婚”的情况作一一分述[①]。

（1）华北地区的新式结婚

华北地区举行婚礼的一般仪式是：奏乐，司仪员、男宾、女宾、主婚人、介绍人及新郎新娘入席，证婚人宣读证书，各方用印，新郎新娘交换饰物，相对行鞠躬礼，谢证婚人及介绍人，行见亲族礼，行受贤礼，来宾演说，唱文明结婚歌等。

据张北县志记载，该县的新式婚礼情况为：“近年来，社会进步，多趋简约，旧礼已不适用，改用新礼，所谓文明结婚礼是也。其仪式，设一喜堂，用证婚人、主婚人、介绍人、男女傧相、男女来宾，奏雅乐，济济一堂。礼毕，在饭馆设席答谢。一日即可了事，至多不过两日。城市内结婚多仿行之，乡间仍不多见也。”

中原地区的许多城镇，也盛行文明结婚。例如，在河南信阳，民国时期，男女自由结婚。新郎新娘同御车马，周历通衢。拣一公共地址饰作礼堂，植国旗，集齐主婚二人、证婚二人、介绍二人及来宾行礼；新郎新妇相向鞠躬，向主婚、证婚、介绍人三鞠躬，向来宾等均一鞠躬，分别致演说词、贺词，礼毕宴客。这种“文明结婚”的推行，使那些烦琐的旧式婚仪“一概免除”。

（2）东北地区的新式婚礼

据《奉天通志》记载，辽宁省各地虽然旧式婚礼占主流，但新式婚礼从晚清便开始出现，到民国时期更为流行。两家婚约既成，先以指环及饰物为聘。婚期多在上午。男女两家家长为‘主婚人’，并合亲族戚友萃于一堂，延年高望重者一人，曰‘证婚人’，通两姓之好者二人，曰‘介绍人’，即媒妁也。届行礼时，先由证婚人宣读婚书（书以彩笺印成，填注男女姓名、籍贯、年庚并主婚、证婚、介绍诸人及结婚年、月、日、地址）；自主婚、证婚、介绍诸人及新夫妇俱钤章讫，新夫妇交换指环，后相向行三鞠躬礼；依次向证婚人、介绍人、主婚人行礼毕，由证婚人、主婚人各致训辞，来宾致祝词，主人致谢辞。礼成摄影，新夫妇偕归男家。

（3）两广地区的新式婚礼

广东是经济比较发达地区，新式婚礼在广州比较流行；在一些偏远地区，旧的婚姻也受到冲击，出现了一些新旧混合式的婚姻仪式。广东的大埔县，婚礼有新旧之别。其新式婚礼，主要是融合新旧而成的。1935 年印行的县志记载：“新婚礼亦杂旧礼行之，纳采、过定、送日子等事，均多仍旧，惟结婚之日另设礼堂，礼节照现在规定之新礼行之。”

1933 年 7 月，当时的广西省政府颁布了《广西省改良风俗规则》，规定“凡婚嫁、丧祭、生寿如有奢侈行为及其他一切陋俗，悉依本规则取缔之。”其中有关婚姻方面的规定为：（1）订婚礼物最多不得超过 20 元，结婚礼物不超过 160 元，男女双方不得向对方强求财物；（2）来宾送礼不得过 2 元，婚家以茶会宴友，也可设宴，但每席不得超过 3 元，繁盛城市不得过 10 元。这个以“崇尚节俭、改良习俗”为主旨的《规则》，对改良广西婚嫁陋俗起到了一定的作用。新式婚礼开始在许多县镇推行。在广西武宣县，其新式婚礼参照旧式婚礼与文明结婚的许多长处，办得很有特点。其礼仪为：“服色：新郎新娘均着现定礼服。迎亲：花轿一乘。彩灯一对或迎亲旗两面（灯旗），上写‘某姓某堂亲迎’等字。新郎新娘各带绣花壹朵，或彩球一个于左襟。由介绍人导新郎至新妇家行奠雁礼。新郎向女宅祖堂行三鞠躬礼，向岳（丈、母）行三鞠躬礼。”在偏僻的平乐县，文明结婚在城镇也开始盛行。据 1940 年修订的县志记载：文明结婚是为了改良

① 邵先崇.近代中国的新式婚丧[M].北京：人民出版社,2006.05.

"盲婚之痛苦，礼文之繁缛，金钱之虚耗"而兴起的，"其结婚程序，始于男女相慕悦，禀告父母，请介绍人传述意见，双方许可，定期举行结婚仪式。新郎往女家拜见岳父母，迎新妇偕至设备之礼堂，预请有声望者为之证婚，男女家长及来宾济济一堂，或训话，或演说，新郎新妇致答词，交换金戒指，出结婚证书，证婚人、介绍人、双方主婚人及新夫妇次第署名盖章，乃奏乐鸣炮，礼成摄影，茶会而散……然提倡而踵行之者，大都学界中人，城居者间有效尤，乡村中仍墨守成规，莫之或易。"在广西其他各县，大体上也是如此。

（4）西南地区的新式婚礼

西南地区的四川、云南和贵州等地，旧式婚姻占绝对地位，更有许多少数民族的奇特婚俗，但"文明结婚"却也在许多地方逐渐流行起来，成为一种为民众欢迎的新婚姻礼仪。只要打开民国时期修订的云贵川各县的方志，便会发现，"文明结婚"的记载比比皆是。

四川华阳县志：近时，又有行文明结婚式之新礼者，其仪式或有临时酌定。长寿县志：新式婚礼传自西人，称'文明结婚'。内地亦间有仿行者，不过于成婚日略采仪式。武阳镇志：行结婚仪式时，新郎穿西服，新娘身穿旗袍，披白纱，双方胸前佩戴红花，行鞠躬礼；邀请地方知名人士作证婚人，双方家长为主婚人，媒人称介绍人。进行仪式中，亲友来宾要致祝词，由证婚人发结婚书。礼毕设宴招待宾客。此种文明结婚当时仅机关公务人员及教育人士举行，人数极少，一般人仍沿袭旧式婚礼。正因文明婚礼仪式简单，费用节省，并且尊重男女当时当事者的意愿，所以它越来越受到人们的欢迎。

应该指出的是，"文明结婚"尽管盛行于大中城市，并且日益波及广大的中小城镇，甚至一些偏远的乡村，但它在民国时期并没有占据主导地位。例如，在1930年时的河北乐亭县志记载："婚礼最重亲迎；婚事全由家长做主；而相沿不同婚书，用者反多以为耻。但因此也并不发生赖婚退婚等情事；至离婚之事，更是不经见了。"说明新式婚礼尽管已经传入，但旧式婚礼仍占绝对地位。在东北许多地方，男女婚嫁，一遵媒妁之言、父母之命。"婚姻之礼，多沿旧制"，"婚礼重父母之命，媒妁之言"，这类记载不胜枚举，说明"文明结婚"在全国仍然是沧海一粟，即使在上海一带，新式婚礼也只限于少数上流社会或商学阶层，一般下层民众遵旧俗居多。这种情况说明了社会风俗变革的艰难性和缓慢性。

4. 民国集团婚礼（集体婚礼）的出现[①]

民国时期，新式婚礼得到进一步的发展，但是对一般民众来说，新式婚礼仍有费时费钱费力之缺憾。为了弥补这方面的不足，一些进步人士致力于婚仪改革活动。于是，一种更新的婚姻方式——集团结婚，又称集体结婚或集体婚礼，在20世纪30年代的上海、北平等地应运而生。

1935年2月7日，上海市社会局公布了以简单、经济、庄严为宗旨的集团结婚办法。4月3日下午3时，全国首届集团结婚典礼在上海江湾的上海市政府大礼堂举行，参加者共57对新夫妇。按统一要求，新郎均着蓝袍黑褂，新娘均着粉红色软缎旗袍，头披白纱，手持鲜花，在军乐进行曲声中挽步入礼堂。司仪宣读新人名单，新郎新娘按照名单顺序，两对一次轮番登台，双方相互两鞠躬，向证婚人一鞠躬。然后，由证婚人赠送结婚证书和纪念品，致证婚辞。礼毕，新郎新娘在音乐声中步出礼堂，到广场摄影留念。

① 谈民国时期婚俗的变化_simon_新浪博客. http://blog.sina.com.cn/s/blog_4d459cca0100nej9.html

上海首届集团结婚这种隆重、热烈、简朴、文明的做法，给人以耳目一新的感觉，一时要求参加者甚众。上海市政府确定每年举行 4 次集团结婚，是年全市即举行了 5 届，参加者达 300 余对。

上海的集团结婚举行后，立即引起社会各界的关注。南京、杭州、芜湖、北平、天津等地纷纷仿办，甚至在一些边远省区也尝试举行集体婚礼。1935 年初，浙江救济院举办集团结婚，郁达夫曾写白话词《西江月》以贺："昔日章台弱柳，今日南国佳人。鸳鸯乱点谱翻新，太守名乔姓沈。红烛西行几对，春宵一刻千金。婚姻何必定条陈，缛礼繁文好省。"

在广西，1935 年 5 月，省政府颁布《集团结婚办法》，1936 年 1 月 1 日，邕宁县首先举行，以作示范。随后便开始在全省各县陆续推行。1937 年 2 月，广西省政府颁发集团结婚《须知》，指导各地实施。在云南，也举办了昆明集团结婚。其中，1937 年北平市政府举行的集体婚礼比较有代表性。

正当集团结婚这一新式婚仪在全国不断发展之际，抗日战争全面爆发。在沦陷区，除个别地方（如上海、北平等地）曾出现过一些集团结婚之外，集团结婚被迫中断。但在湖南、四川等地仍在继续推行，故此项活动不仅没有中止，反而有了进一步的发展。

1942 年 2 月，湖南省制定了结婚办法，其主要内容为：①集团结婚由湖南民政厅责饬各县新生活运动促进会暨县（市）政府举办，并督促各乡镇公所及其他机关普遍仿行；②结婚日期、地点由主办机关先期公告；③申请登记应向举办机关索取申请书，以墨笔正楷填写；申请人应各备 3 张两英寸半身照片，一张自行粘贴于申请书上，其余二张粘贴于结婚证书上；申请书填就，经家长或监护人及主婚人署名盖章后送往举办机关呈核；④举办机关对于申请人所填申请书经审查合格后，应将其姓名、年龄、籍贯登记公告；⑤新郎穿蓝袍黑褂或中山装，新娘穿长旗袍或短衣长裙；⑥结婚时，双方亲友均须凭观礼券入礼堂观礼。

1942 年 6 月 23 日，长沙举行了全面抗战以来全国首届集团婚礼。此后，湖南又举办了数届，各县也开始举办。

1942 年 11 月 1 日，在各省举办集团结婚及制定有关规定的基础上发布了《集团结婚办法》，其主要内容为：①集团结婚在城市举行者由市县政府或其所属机关主办，在乡村举行者由乡镇公所主办；②量次之日期、地点应参照当地习惯、环境酌定，并应于举行婚礼前 2 个月公告；③每对婚姻当事人应于规定期间向主办机关申请登记，未成年之婚姻当事人并应由法定代理人共同申请登记；申请书内应由男女双方之家长或监护人，双方之主婚人共同签印；④男女双方均应缴验合格医师所出之健康证明书，凡患有"花柳病、肺结核、精神病、麻风病及性器官尚未发育完全或有畸形而不能矫正者，暂不发健康证明书。"⑤主办机关于申请登记截止后，应将每对婚姻当事人之姓名、年龄、籍贯、住址、职业于举行婚礼前一个月公告；⑥在城市举行者由市县政府长官证婚，在乡村举行者由乡镇长证婚，主办机关发给结婚证书；⑦礼服依服制条例之规定办理；⑧当事人就缴纳费用，其数额由主办机关酌量；⑨当事人之亲友得凭券观礼。

内政部的《集团结婚办法》，与湖南省结婚办法有许多相似之处，但比湖南等省自拟的办法更为周详。

内政部对推行集团结婚十分重视，1943 年 12 月 31 日，内政部在致各省市函中要求："将办理集团结婚经过情形报部备查"。不久，各省陆续汇报所办情况。据初步统计，四川省的成都、江津、江北、万县、三台等市县先后举办了集团结婚。广西省桂林市举办了三次集体结婚；龙茗县、隆山县等各举办两次，罗城县、天保县各举办一次。新疆的迪化、柯坪、镇西、新知等县也举办集团婚礼；河南省的镇平县、邓县，广东省的韶关市，陕西省的西安，湖北省的光化县等地，都举办了集团婚礼。重庆市举办的集体婚礼最为热闹。1943 年以前，重庆已举办过 17 次集团婚礼，从 1943 年 2 月 19 日至 12 月 25 日，重庆又举办了第 18～21 届共 4 届集体婚礼，这 4 届的参加人数达 118 对之多。1943 年至 1944 年，江西省的黎川、宁都、上饶、南城、安福、金昌、永新、兴国、上饶、定南等县都举行集团结婚，次数达 40 次之多，159 对新婚夫妇参加了婚礼。1941 年 11 月和 1942 年 5 月，福建省也举办了两次集团结婚。

抗日战争胜利后，各地再次掀起了举办集团结婚的热潮。1945 年 12 月 25 日，上海市社会局举办了抗战胜利后第一届集团结婚,定名为“胜利纪念集团结婚”。接着又于次年 3 月 3 日、10 月 10 日、12 月 12 日、1947 年 4 月 4 日举行了 2～5 届集团结婚典礼。各区和一些团体也举办此类婚礼，就连市郊较为偏僻的浦东高桥之二十一区，也制定了《集团结婚简则》，报市政府批准后施行。1946 年 10 月 10 日至 1947 年 12 月，南京举办了 6 届集团结婚，参加者共有 700 多对。

此外，长沙、沈阳、北平、天津、武汉等地也举办了集团结婚。1945 年到 1946 年江西的宁都、安福、永新、万载、万安、峡江、寻乌、安远、赣县等地，共举办 12 次集团结婚，600 多对新人参加了婚礼。到了 1947 年 1 月 16 日，内政部致函各省市，要求报告 1946 年办理集团结婚的经过。结果，未举办集团结婚的只有河北、青海两省。可见，抗战胜利后全国大部分地区都举办了集团结婚，新式婚礼已得到社会各界的广泛支持。

任务 4

中西婚姻庆典礼仪的差异

中西文化的差异表现在很多方面，婚礼是其一。这主要是来自于中西不同的文化背景，在不同的思想和风俗的作用下，慢慢演化而成的。但不论在哪个国家，婚礼都充满了祝福。

知识点 1 中西方婚姻庆典礼仪的差异概述[①]

中国的传统婚俗有“三书六礼”“三拜九叩”这些繁俗礼节。所谓“三书”，就是指聘书、礼书、迎亲书。聘书，即定亲之书，男女双方正式缔结婚约。纳吉（过文定）时用。礼书，指过礼之书，即礼物清单，详尽列明礼物种类及数量。纳征（过大礼）时用。迎亲书，即迎娶新娘之书，结婚当日（亲迎）接新娘过门时用。而“六礼”如前面所言，是指纳采、问名、纳吉、纳征、请期、亲迎。而在这之间更有换庚谱、过文定、过大礼、安床等一系列的活动。在这些活动中有着大量的禁忌和礼俗，比如新娘嫁妆中要有剪刀（蝴蝶双飞）、痰盂（子孙桶）、尺（良田万顷）、片糖（甜甜蜜蜜）、银包皮带（腰缠万贯）、花瓶（花开富贵）、铜盆及鞋（同偕到老）、龙凤被、床单及枕头一对、两双用红绳捆着的筷子及碗（有衣食）、七十二套衣服，用扁柏、莲子、龙眼及利是伴着（丰衣足食）等物，每样物品都有其不同的含义。

同时，在婚礼进行时也有一定的顺序，按一般的情况，在整个婚礼过程中有：祭祖（男方在

① 陈洁梅. 透过中世纪中西方婚姻礼仪的比较分析其文化内涵[EB/OL].[2009-06-15].http://wenku.baidu.com/view/9a97b70ef12d2af90242e66f.html.

出门迎娶新娘之前，先祭拜祖先）、出发（迎亲车队以双数为佳）、燃炮（迎亲礼车行列在途中，应一路燃放鞭炮以示庆贺）、等待新郎（礼车至女方家时，会有一男童侍持茶盘等候新郎，新郎下车后，应赏男孩红包答礼，再进入女方家）、讨喜（新郎应持捧花给房中待嫁之新娘，此时，新娘之闺中密友要拦住新郎，不准其见到新娘，女方可提出条件要新郎答应，通过后才得进入）、拜别（新人上香祭祖，新娘应叩拜父母道别，并由父亲盖上头纱，而新郎仅鞠躬行礼即可）、出门（新娘应由福高德劭女性长辈持竹筛或黑伞护其走至礼车，因为新娘子在结婚当天的地位比谁都大，因此不得与天争大）、礼车（ 在新娘上礼车后，车开动不久，女方家长应将一碗清水、白米撒在车后，代表女儿已是泼出去的水，以后的一切再也不予过问，并祝女儿事事有成，有吃有穿）、掷扇（礼车起动后，新娘应将扇子丢到窗外，意谓不将坏性子带到婆家去，扇子由新娘的兄弟拾回，掷扇后必须哭几声，且在礼车之后盖“竹筛”以象征繁荣）、燃炮（由女方家至男方家的途中，同样要一路燃放礼炮）、摸橘子（迎新车队到达新郎家时，由一位拿着橘子或苹果的小孩来迎接新人，新娘要轻摸一下橘子，并赠红包答礼。这两个橘子要放到晚上，让新娘亲自剥皮，意谓招来长寿）、牵新娘（新娘由礼车走出时，应由男方一位有福气之长辈持竹筛顶在新娘头上，并扶新娘进入大厅。进门时，新人绝不可踩门槛，而应横跨过去）、喜宴（时下颇流行中西合璧式的婚礼，大都在晚上宴请客人同时举行观礼仪式，在喜宴上，新娘可褪去新娘礼服，换上晚礼服向各桌一一敬酒）、送客（喜宴完毕后，新人立于家门口送客，须端着盛香烟、喜糖之茶盘）、闹洞房（新人被调笑情况要看新人是否曾在其他的婚礼上戏弄别人，或平素待人够不够忠厚等）、三朝回门（在婚后第三天，新妇由夫婿陪同下，带备烧猪及礼品回娘家祭祖，甚至小住一段日子，然后再随夫婿回家）。由此可见，我国文化的烦琐，但不要以为烦琐是我国婚礼的特有特征，其实，不同国家虽然有不同的婚俗，但从繁复的细节与用品的寓意，都可见对婚姻的尊重和期许无分国界。

在西方国家中，婚礼时有旧（Something Old）、新（Something New）、借（Something Borrowed）、蓝（Something Blue）等习俗。旧是指母亲传下来之婚纱、头饰或首饰，代表承受美好的一切；新是指朋友送的礼物如裙子、饰物，象征新的生活；借是指可向任何人借东西回来，据说从富裕亲友借来金或银放在鞋内，象征带来财运；蓝是指新娘的一些小饰物或花束用蓝色，意味着新娘的纯洁及贞洁。而在进行婚礼时，西方也有大量的习俗。比如，在结婚时新娘总要带着一方手帕，西方人认为白手帕象征好运。根据民俗说法，农夫认为新娘在结婚当天所流下的泪能使天降甘露，滋润农作物。后来，新娘在新婚流泪，就变成她将有幸福婚姻的好兆头。而在婚礼典礼时，新娘总是站在新郎的左边，据说，古时候，新郎必须保护新娘子免得被别人抢走。在结婚典礼时，新郎让新娘站在自己左边，一旦情敌出现，就可以立即挥出佩戴于右边的剑，吓退敌人。由此可见，西方的婚俗并不比中方简洁。

西方人的思想比较开放，到礼堂去举行结婚仪式是整个婚礼最重要的环节，他们婚礼的高潮在礼堂中：随着神圣的《婚礼进行曲》步入鲜红的地毯，娇美的新娘手挽着父亲捧玫瑰慢慢向新郎走去，新娘的父亲将女儿的手放在新郎的手上，将女儿的一生托付给你，所有人的目光注视着这对新人，幸福洋溢在他们的脸上。在神圣的礼堂上空，他们的誓言在回荡，带上永结同心的婚戒，只到主持人说：“你可以亲吻你的新娘了……　结婚是一生的盟约，你要为之坚守一辈子的誓言……这一生一世的爱情，因为今天而完美。”主持人要求新郎新娘对对方做出一辈子的承诺。然后他们会在众人的祝福下，交换结婚戒指并亲吻对方。而新娘手中的花球也不是一般的装饰用品。在婚礼结束时，新娘就会抛给到场的女宾客，如果谁接到花球，谁就是下一个结婚的人，这就使整个婚礼在欢声笑语中结束了。西方的婚礼是属于浪漫型的，整个婚礼从开始到结束都充满了浪漫气息。

知识点 2　中西方婚俗庆典礼仪差异的原因

综观中西方婚俗庆典礼仪方面的差异，首先和中西方人在思想思维的差异有直接的联系。中国人比较保守，喜欢热闹，思维较古板，所以在中国历史几千年的时间里整个婚礼的习俗并没有多大的变化。直到近代西方的文化传入以后，中国的传统文化才开始向西方转化，但在很大程度上仍有中国传统婚俗的礼仪。

其次，造成中西方婚俗庆典礼仪方面差异的原因是中西方不同的婚礼仪式。中国传统的婚礼仪式主要是对祖先的拜祭。祖先被视为血源之本，祖先崇拜则是为了“报本”，祖宗祭祀是传统中国家庭重要的礼仪活动，在其婚礼中也有明显体现；而西方国家的婚礼仪中有新人宣读誓词、交换戒指、揭头纱、新人吻礼、抛手捧花、新婚舞会等环节，体现了西方婚礼的浪漫。

再者，中西方婚神[①]信仰的不同。在中国传统的婚姻观里，认为婚姻是五百年前上天注定的，是人力所不能更改的。中国古人最早的婚神是伏羲和女娲，相传伏羲和女娲结为夫妻而繁衍了人类，他们既是人类的始祖，又是“制嫁娶”和“置婚姻”的神仙，后世将他们奉为婚神。中国古人还相信“赤绳系足”的天命观，认为人一生下来，就被月下老人以红绳系足，姻缘早以天定。因而，尽管古代婚姻存在诸多不合理的地方，却很少有人会主动进行反抗。另外，中国古代的婚姻礼仪中也存在许多迷信的成分，例如议婚时“换八字”、撒豆以避“三煞”等；西方社会也没有祭祖习俗，也不许信众祭祖。在西方神话传说中，主持人间婚姻的爱神很多，古希腊神话中的爱神是阿芙罗狄德、维纳斯等，古罗马神话中的爱神则是维纳斯之子丘比特，丘比特手中有爱之神剑，当射出的金剑射中了青年男女的心，两人就会产生美妙的爱情，进而缔结成婚姻，但当射出的是银剑时，男女青年就不会有美满的结局。所以，他们的婚姻更多的是考虑“真爱”。

此外，中西方婚俗庆典礼仪的差异也反映出中西方审美情趣的不同。中国的婚俗崇尚喜庆、热闹，婚礼以红色为主色调。新娘穿着红绣鞋，身着红嫁衣，头盖红喜帕，坐着红花轿，来到新郎家。新郎也穿着红色的礼服，并在家中贴上红对联，挂上红喜字，欢迎新娘的到来。在中国传统婚俗中，红色不但令人感到喜气洋洋，吉祥如意，而且也预示着以后的日子会红红火火，幸福美满；西方国家的婚俗崇尚纯洁、浪漫，婚礼以白色为主色调。新娘子身穿白色婚纱，手戴白色手套，头顶白色纱巾，不但美丽端庄，而且也象征着新娘的纯洁高尚。西方人的婚礼喜欢用鲜花来装扮，很多人在婚礼鲜花的使用上，也偏爱白色，他们认为白色即纯洁无瑕，又浪漫温馨，与唯美的爱情正吻合。归纳起来，西方的婚礼神圣、庄重、浪漫，而又相对简洁；中国的婚礼隆重、喜庆，然而仪式十分烦琐，并且显得铺张浪费，因而现在许多中国的年轻人都选择西方的结婚仪式。

---

① 主持婚姻的爱神。

项目小结

① 媒妁是说合男女成婚配的中介人。起初，媒妁的职责是为了撮合男女交合，增加国家的生育率，促进人口的发展，国家设立官媒以主管此项事务，和生育的关系密切。先秦时期的媒妁地位较高，声望很好，受人尊重，唐宋以后，媒妁社会地位衰退，颇受鄙视。

② 人类社会从古到今，主要经历了 3 种婚姻形态，即群婚、对偶婚、专偶婚。群婚、对偶婚，男女双方聚分自由，夫妻关系松散，无须媒妁撮合。专偶婚出现后，“社会内部充分发展着对立和矛盾”，此时，婚姻作为人类的自身生产，与人类物质生产一道，构成了社会生产的总体，并对整个社会起着制约作用，由婚姻而组成的家庭是社会最基本的细胞。因此，婚姻对每个社会成员来说，都是一件“终身大事”，并且在人际关系中占有特殊地位，所以人们不得不对“终身大事”谨慎考虑。这样，促成婚姻的“媒妁”应运而生。

③ 关于媒妁的起源阶段，多数学者关于媒人是在一夫一妻制形成之后（包括聘娶婚）的推断，似乎稍晚于其实际起源阶段。其起源当可追溯至对偶婚向专偶婚过渡时期的父系原始氏族社会，亦即从夫居取代从妻居的时代。

④ 六礼即古代婚姻过程：从议婚至完婚所履行的六个环节，即婚姻礼仪，包括：纳采、问名、纳吉、纳征、请期、亲迎。这一娶妻程式，周代即已确立，最早见于《礼记·昏义》：“婚礼者，将合二姓之好。上以事宗庙，下以继后世也，故君子重之。是以昏礼纳采、问名、纳吉、纳征、请期，皆主人筵几于庙，而拜迎于门外……所以敬慎重正昏礼也。”从实质上看，封建聘娶婚的仪式是作为 “父母之命”“媒妁之言”的表现形式而存在的，并贯穿于婚姻的全过程。从而排斥了男女青年本人的爱情，变成了他们履行的客观义务。媒妁分“官媒”和“私媒”。

⑤ 综观中西方婚俗庆典礼仪方面的差异，首先和中西方人在思想思维的差异有直接的联系；其次造成中西方婚俗庆典礼仪方面差异的原因是中西方不同的仪式；再者中西方婚神信仰的不同；此外中西方婚俗庆典礼仪的差异也反映出中西方审美情趣不同。

能力检测

一、思考题

1. 简述媒妁的含义及起源。
2. 简述先秦时代六礼的内容。
3. 简述媒妁的发展流变。
4. 简述中西婚姻庆典礼仪的差异及其原因。

二、实训题

实训项目：课后阅读并写出读后感

实训目的：

1. 增加对传统婚礼的认同。
2. 对现代人青睐传统婚礼现象提出独特见解。

实训内容：

阅读本章所附的“推荐阅读”《福建传统婚礼受青睐 经营喜轿年赚 30 万》并写出 500～1 000 字的

读后感。

完成任务：

1. 撰写读后感。
2. 小组分享。

推荐阅读

福建传统婚礼受青睐 经营喜轿年赚 30 万①

春节过去，选择在这一中华民族传统节日期间举办婚礼的新人不在少数。而在福建福安市节日婚庆市场中，曾经一度式微的传统民俗婚礼已然回暖，受到越来越多的年轻人追捧。这个产业中的传统元素正焕发新生。

民风移易 复古成为新时尚

“起——轿！”春节前，中午吉时，随着一声悠长的吆喝，一支迎亲队伍在鞭炮声、锣鼓声、唢呐声中走上福安市中兴街。喜娘扭着秧歌在前开道，笙、唢呐、铜锣齐鸣，华盖伞、迎亲牌接踵而至，八抬大轿上的新娘凤冠霞帔，头顶红盖头、脚蹬绣花鞋……丰富的传统元素，吸引了不少市民的眼球。

在当地一家喜铺，家住福安阳头的钟小姐和未婚夫刚刚为婚礼订了八顶花轿，她说，每个人都希望婚礼独一无二，现在西式婚礼已司空见惯，两人都觉得中式传统婚礼更热闹、喜庆，所以选择回归传统。

“好心愿大花轿”喜铺负责人林华生表示，自己很早就从事传统婚庆行业，当初大家还十分崇尚西式婚礼，生意十分不景气，店里只有一顶喜轿，有顾客时才临时雇几个轿夫。从 2013 年开始，生意越来越红火，现在，公司已增加 60 个喜娘、8 顶花轿、5 个锣鼓班，共 100 多号人。

生意红火 喜轿年赚 30 万

2015 年新年第一天，张赛英正在福安市溪柄镇担任婚礼喜娘。她原在福安闽剧团扮演“喜娘”角色，20 世纪 90 年代剧团解散后，她偶然被一家喜铺相中，当上了真正的“喜娘”。她将戏曲表演元素加入现实，备受欢迎，短短几年就成了福安婚庆行业的“金牌喜娘”。

“节日期间我们特别忙。元旦到春节，基本上天天有活。”张赛英对记者说，这几年喜娘已成为婚庆文化的一道风景线，无论是知识分子还是乡间村民，都喜欢邀请喜娘为婚礼添彩。目前，仅福安就有五家经营传统婚礼的喜铺，业内喜娘近百人。

租喜轿、雇喜娘、请锣鼓班等需要花费近 4 000 元，尽管价格不菲，但每年从农历八月开始，传统喜铺生意都十分红火。作为福安中式婚庆行业的龙头老大，林华生的喜铺有时一天要租出 20 多台喜轿，还有周边县市的客户和商户专程前来预订、购买喜轿，聘请喜娘。仅经营喜轿一项，林华生一年的营业额就可达 30 多万元。

顺应市场 创意激活老产业

“传统婚礼的中式婚礼隆重古朴、礼节周全、个性突出、热烈张扬，我相信会有越来越多的年轻人钟情于这种婚礼仪式。”在林华生看来，虽然现在婚礼形式仍以西式为主，但是近两年越来越多的新人喜欢将传统元素融入婚嫁当中，传统婚庆行业未来一片光明。

---

① 吴旭涛.福建传统婚礼受青睐 经营喜轿年赚 30 万_热点资讯_影楼资讯_黑光网[EB/OL].[2015-03-03].http://www.heiguang.com/news/hydt/20150303/ 61472.html.

林华生还对中式婚礼传统仪式进行了细致研究，并结合当下生活方式进行合理改造，在保留传统婚礼仪式精髓的同时，增加喜娘戏曲化表演，重新设计新娘头饰装饰等，使其更简约时尚。这些细致又实用的改动，既满足了年轻人的需求，又让老一辈家长感到亲切满意。

为了吸引顾客，店里推出了一系列服务和道具，从喜娘、媒婆到喷呐队、管乐队，从花轿、服饰、礼柜到灯具、箩筐等应有尽有。林华生还介绍，他为喜轿制作了“穆桂英”“杨宗保”以及古代四大美女等栩栩如生的泥人，“一顶轿子投资近2万元，基本上一年就可以收回成本。”

下一步，林华生计划将中式婚礼文化向周边地区推广。“只要其他地方的人有意愿经营，我都愿意无偿传授。”他说。

项目 3

婚姻庆典服务心理

学习目标

通过本项目的学习，应该能够：

- 了解婚庆服务心理的概念和特征；
- 掌握婚庆服务消费者心理特征和心理需求；
- 掌握婚庆服务从业人员服务心理素质要求；
- 掌握婚庆服务过程客我交往心理特征、原则和沟通方式。

核心概念

婚庆服务心理　婚庆从业人员的职业心理素质　婚庆服务过程中客我交往原则　婚庆服务过程

导入案例

婚庆视频拍摄出质量问题 客户与婚纱店发生肢体冲突①

农历2017年春节第三天，本是该开开心心过大年的好日子，但在湛江市坡头区龙头镇某婚纱店，却发生了一起因摄影师技术问题导致新郎结婚当天跟拍的婚庆视频出现质量问题，婚纱店被客人投诉，双方理论时发生了肢体小冲突。

16时10分，笔者接报后，在龙头镇某婚纱店看到，一位约20多岁的男士正在和一位女士在激烈的争吵中。笔者了解情况后得知，原来男士是去年农历12月份结婚的一位新郎，女士是婚纱店的老板。

据了解，这位男士去年农历12月份结婚时，通过朋友介绍到龙头镇某婚纱店聘请一位摄影师，帮他婚庆当天跟拍视频，没想到的是那位摄影师由于技术问题，把新郎结婚当天的视频拍得不尽如人意，双方在理论时，由于各说各有理，情绪失控，从一开始的协商发展成轻微的肢体冲突。某婚纱店工作人员向笔者诉苦说："他是通过他的朋友介绍来我这里装饰婚车的，当时他说他的一位朋友也是在我这里请的摄影师，叫我安排一个'信得过的'给他，他没指定说哪一位，我就叫了一位长期和我合作的摄影师给他，现在他说我当时安排的摄影师技术差，拍得不满意。那时我问过他要什么样的摄影师，他说要便宜又要技术好，我就安排了一位和我合作的师傅去。具体我也不清楚什么情况，刚才他拿着光盘来这里就凶巴巴地叫我赔钱给他"。新郎对笔者说："当时我是说过要便宜又要有技术的，但拍的视频别说我，连我邻居都说看得头晕眼花的，如不信的话，记者同志可以叫她放一下"。

笔者看了一遍视频内容后，连笔者都看得糊里糊涂，视频的内容可以说是"看见什么拍什么"那种，站在笔者从事婚庆行业的所积累的经验角度来说，视频的拍摄者确实"没技术含量"。经过笔者一个小时苦口婆心的劝说，双方同意以当时所订的拍摄婚庆视频价格的双倍赔偿，至于发生的肢体冲突之事，双方都承认之前都过于情绪失控，互相赔礼道歉，不予追究，握手言和。

从事婚庆业内人士提醒大家：在一些圩镇的地方聘请摄影师是有风险的，有些婚纱店存在谋取暴利，所安排的摄影师不一定能达到顾客所要求的技术条件，所以在一些圩镇聘请摄影师时要谨慎。

任务1

婚庆服务心理概述

心理是人在生活活动中对客观事物的反映活动，是生物进化到高级阶段时人脑的特殊功能。心理是心理活动的简称，也叫心理现象。在物种演化过程中，心理仅有感觉、知觉、思维萌芽和意识阶段。

①莫华才.婚庆视频拍摄出质量问题客户与婚纱店发生肢体冲突.[EB/OL].[2017-01-30].http://zjphoto.yinsha.com/file/201701/2017013021312583.htm.

知识点1　心理与心理活动

心理是人脑的机能和属性，是客观世界在人脑中的主观映像和反映。心理活动[①]是通过大脑的神经生理过程而进行信息的摄取、存储、编码和提取的活动。人的心理活动包括认识活动、情感活动与意志活动三方面。心理活动的产生与进行离不开三要素，即人脑的正常机能、客观世界的存在和人的主观能动性。

知识点2　婚庆服务心理

服务[②]是指为他人做事，并使他人从中受益的一种有偿或无偿的活动。服务不以实物形式而提供活劳动的形式满足他人某种特殊需要，它具有无形性、生产与销售同一性、综合性、评估的主观性、易逝性等特征。服务心理学[③]是系统地研究消费者行为的科学，是普通心理学在市场营销活动中的具体运用。服务心理[④]不同于一般心理，它受服务供求双方的动机、需求、个性心理特征等因素影响。一般认为，服务心理主要包括：服务提供者——从业人员服务心理、服务消费者——消费心理、服务主客互动过程心理等。婚庆服务心理指婚庆服务人员在婚庆服务过程中的心理活动以及与潜在的消费者心理互动由此而产生的购买行为的心理活动过程，还包括各类婚庆从业人员的心理活动特点以及服务、管理过程中的心理学问题等。

1. 婚庆从业人员服务心理

婚庆从业人员服务心理[⑤]主要包括婚庆从业人员的职业心理素质、心理需求与满足、心理疲劳及其产生原因和心理疲劳调试等。分析婚庆从业人员心理需求，不仅有利于促进婚庆从业人员的身心健康，而且有助于创造顾客满意、提高婚庆服务管理效率。

2. 婚庆消费者心理

婚庆消费者心理主要包括婚庆消费者消费动机、决策过程、对不同类型婚庆服务消费者的心理需求及其影响因素。例如，影响婚庆消费决策的因素、婚庆消费者心理变化特点等。了解婚庆消费者消费心理有利于制定合理的婚庆服务销售方案或及时调整婚庆服务经营战略，有效组织婚庆服务活动，最大限度满足婚庆消费者需求。

3. 婚庆服务过程心理

从本质上看，婚庆服务过程也是婚庆消费者与婚庆服务提供者互动的过程。由婚庆服务生产与消费而引起的主客互动、交流过程的心理是婚庆服务心理研究的重点。研究婚庆服务过程心理有利于提高婚庆服务人员与婚庆消费者的沟通水平或者接触质量，从而提高婚庆服务质量与婚庆消费效率。

---

①② 佚名．心里活动[EB/OL]．百度百科，[2009-06-15].http://baike.baidu.com/view/1564617.htm.

③ 李小霞，刘剑．消费心理学[M]．北京：清华大学出版社，2010：20-21.

④ 魏乃昌．服务心理学[M]．北京：中国物资出版社，1999：40-41.

⑤ 魏乃昌．服务心理学[M]．北京：中国物资出版社，1999：42-43.

任务2

婚姻庆典从业人员服务心理

在心理学中，心理素质[①]是指个体在心理过程、个性心理等方面所具有的基本特征和品质。它是人类在长期社会生活中形成的心理活动在个体身上的积淀，是一个人在思想和行为上表现出来的比较稳定的心理倾向、特征和能动性，是一个包括能力、气质、性格、意志、情感等智力和非智力因素有机结合的复杂整体。其中，能力是指那些直接影响活动的效率，使人的活动任务得以顺利完成的心理特征的总和；气质就是一个人生来就具有的心理活动的动力特征；而表现在人的态度和行为方面的比较稳定的心理特征叫作性格；意志是自觉地确定目的，并根据目的支配调节自己的行动，克服各种困难以实现预定目的的心理过程；情感是人对客观事物是否符合需要、愿望和观点而产生的体验。

知识点1　婚庆从业人员的职业心理素质

婚庆行业是服务行业，它提供的服务产品是以婚庆从业人员的直接劳动为主体、以婚庆消费者满意为质量衡量标准的服务产品。婚庆服务行业从业人员所应具备的心理素质与一般行业不同，主要表现在：

1. 热情友好的待客心理

热情、友善、礼貌的待客心理是从事服务行业的服务人员的基本心理素养。婚姻庆典是人生喜事，热情待客能让婚庆消费者从中体会到自己的快乐和喜庆与他人分享，往往是获得顾客良好的第一印象、缩短客我距离、促进服务过程中客我互动和沟通的前提。

2. 积极主动的沟通心理

在婚庆活动中，婚庆消费者的需求是多层次、多方位的，但由于对婚庆服务产品信息的不完全了解或因各种原因而不便说出口，婚庆消费者并不会将自己所有的需求和欲望都事无巨细统统地向服务人员提出，从而影响到婚庆消费者的最终消费体验。婚庆服务人员只有细心观察、主动提供服务，引导顾客充分表达自己的需要，才能了解顾客的各种现实的、和谐的、潜在的需求，有针对性地提供使婚庆消费者满意的服务。

3. 灵活应变的心理素质

在婚庆服务运作过程中，客我交往的形式与内容总是复杂多样的、千变万化的，因考虑不周而产生冲突与矛盾或出现安全隐患在所难免。在这种情况下，如果服务员总是循规蹈矩、按部就班就很难处理许多突发的、复杂的事件，容易导致婚庆服务消费者的不满，甚至引发激烈的矛盾。因此，婚庆服务人员应具有灵活应变能力，能够妥善处理突发事件，为婚庆服务消费者提供灵活的、有针对性的个性化服务。

---

① 佚名．心里素质[EB/OL]．百度百科，[2009-06-15].http://baike.baidu.com/view/1564617.htm.

4. 良好的情感自制力

在婚庆服务行业，由于婚庆服务消费者的类型复杂多样、性格各不相同，而且具有明显的角色心理优势，作为直接面对面地向他们提供服务的从业人员来说，他们受到婚庆消费者无端的责难和感到委屈是不可避免的事，因此需要服务人员具有良好的情感自制力。

5. 诚实、敬业的职业品德心理

诚实、敬业是每一个从业人员所必备的、基本的职业品德，对婚庆从业人员来说，诚实、敬业具有特别的意义。婚庆服务产品的生产和消费是在婚庆消费者参与的情况下完成的，婚庆服务产品的消费效果在很大程度上取决于婚庆消费者与婚庆服务人员的情感互动，诚实和敬业的职业品德是这一互动的情感基础。只有诚实、敬业的婚庆服务行为才能赢得婚庆消费者的信赖。

知识点 2 婚庆从业人员的基本心理需求①

人本思想认为，婚庆服务行业仅仅提倡“顾客满意”是不够的，必须重视“满意的员工”，因为只有“满意的员工”才能创造出“满意的顾客”。因此，分析和研究婚庆从业人员自身的心理需求及其影响因素，对塑造满意的员工队伍具有重要意义。婚庆服务从业人员的基本心理需求包括：

1. 受尊重的心理需要

婚庆服务行业是服务行业。由于提供恭敬和热心服务易使婚庆服务人员产生自卑的心理而造成服务人员具有强烈的受尊重的心理需要。这种受到尊重的需求主要体现在以下三方面：

① 强烈地希望个人的人格受到管理者和婚庆消费者的尊重。

② 希望个人的意见或设想得到服务组织和管理者的重视，能得到婚庆消费者的赞赏。

③ 希望工作业绩受到服务组织和管理者的肯定。

2. 职业安全与发展的心理需要

婚庆从业人员具有职业安全与发展的心理需要，期望婚庆企业能给自己更多的发展条件和个人发展的空间，希望组织能提供职业培训和锻炼机会，提供职位晋升和提拔的职业发展空间。

3. 人本化管理的心理需要

人本化管理是现代文明发展的重要标志，是现代企业最有效的管理革新，也是婚庆服务行业服务管理的本质必然。婚庆服务行业的工作对象主要以人（婚庆服务消费者）为中心，作为消费群体，他们具有各不相同的性格倾向、爱好、消费心理、文化素质和审美能力等，消费行为具有综合性和差异性；作为消费个体，他们的消费行为常常随个人的情绪、消费环境、服务人员的服务行为的变化而变化，具有多样性和易变性。婚庆服务消费的这些特征，一方面要求婚庆服务必须以制度化、程序化、标准化作为基础和手段，以保证满足婚庆服务消费者的群体性消费需求；

① 郑向敏. 旅游服务概论[M].北京：旅游教育出版社，2007：48-49.

另一方面要求婚庆服务运作中要积极调动服务人员的主观能动性，有针对性地、灵活性地提供灵活的、个性的服务。在婚庆服务过程中，规范与灵活、标准化与个性化的矛盾和统一的困难，使婚庆服务人员产生工作和心理的冲突，期盼通过人本化的管理来解决这些矛盾。

知识点3 婚庆从业人员心理需求的满足①

对于婚庆企业来说，只有拥有充满活力、愉快、健康的员工，才能提供高质量的服务，从而招徕更多的回头客。从满足员工心理需求、培养优秀的员工队伍角度，婚庆企业应做好以下几方面工作：

1. 加强培训，促进员工转变观念，提高自身心理素质

影响婚庆从业人员心理的因素很多，员工自身因素是其中最重要的因素，促进婚庆从业人员心理的转变首先要从婚庆从业人员本身出发。员工自身因素除包括个性心理特征等不易转变的因素外，还包括价值观念、文化素质、服务观念、工作经历和专业技能等可以转化的因素。加强培训、促进员工转变观念，提高自身素质，有利于培养员工的新思维，挖掘员工的潜能，让员工意识到自己所处岗位是可以充分发挥自我、创造奇迹的地方。培训结束时，员工不仅了解了服务程序，而且体会到了进入岗位时的精神状态，工作热情普遍较高。

2. 建立科学的聘人和用人机制

选择合适的人才，将合适的员工安排到合适的岗位，不仅有利于提高婚庆服务企业的管理效率，也有利于发挥婚庆从业人员的积极性和才能。不同岗位有不同的要求，不同人员有其自身的个性特征、价值观念、特长与爱好。引进人才和用人机制不合理，职业心理要求与从业人员个性心理特征相矛盾，是造成婚庆从业人员心理负担的最大因素，不仅使员工本人产生挫折感，而且会降低婚庆服务企业对人才的吸引力。

阅读材料

婚礼策划师离职规定引争议 两年内不得再做婚庆②

楚天都市报讯 为了改变婚礼策划师年年跳槽、人员大量流失的局面，我省婚庆行业昨日首推《婚庆行业劳动合同》，其中规定策划师如果辞职，两年之内不得再在同行业内工作。此举引发不少争议。

“培养一个婚礼策划师需要两年时间，培养成本至少4万元，可他们平均每10个月就跳槽一次。”昨日，汉口一家高端婚礼策划公司的策划总监对记者表示，由于婚礼策划师工作起早贪黑，且起步时月薪不高，不少人在培养过程中吃不了苦，坚持不到1年就要走人；而一些成熟的婚礼策划师，月薪在6 000~9 000元之间，又频频跳槽寻找更大的平台，或者干脆自己另

---

① 郑向敏．旅游服务概论[M].北京：旅游教育出版社，2007：51-52.

② 佚名.婚礼策划师离职规定引争议 两年内不得再做婚庆_网易新闻中心[EB/OL].[2011-12-01].http://news.163.com/11/1201/09/7K692CK500014AEE.html. 2011-12-01 07:25:00

起炉灶开公司，这些人也留不住。

据了解，全省具备资质的婚礼策划师仅 150 人左右，明年资质考试后有望增至 200 人，但仍无法满足巨大的人才缺口。一家大型婚庆公司表示，今年一共培养了 8 个婚礼策划师，到 11 月底只有一个人留下。

武汉市千年法律事务所秦律师说，《劳动合同法》中，竞业限制主要是保护用人单位的商业秘密和知识产权，婚礼策划师虽然在婚庆公司属于核心岗位，但并不掌握太多商业机密，应该不在签订竞业限制协议的范围内。他认为，就算签订竞业限制协议，两年内不得在同行业企业内担任任何职务，显得过于严格。

他认为，婚庆公司推出这一劳动合同文本的心情可以理解，毕竟公司培养一名策划师要付出很大成本，但制定过于严格的竞业限制条款，可能让很多人对策划师望而却步，也不利于婚庆公司吸引人才，婚庆公司还是应该从福利待遇、企业文化、职业发展空间等方面留人。

3. 塑造良好的企业文化

企业文化是影响婚庆从业人员服务心理的最重要的外部因素之一。良好的婚庆服务文化具有激励、凝聚、约束和规范等功能，可以提升婚庆服务人员的服务意识，提高婚庆服务质量。良好的企业文化能激发从业人员的企业信念和为企业贡献的意志，形成具有凝聚力的服务组织和团队，弱化负面的、与健康的服务理念冲突的服务心态，强化健康的、积极的服务理念和心理。

4. 管理人员以身作则，上下同心协力，共创和谐的人际环境

婚庆服务管理者的表率作用与婚庆服务组织良好的人际氛围是激发服务人员服务状态的软环境。管理者的工作态度、工作作风与能力对服务人员有很大激励作用。

知识点 4　婚庆从业人员的心理疲劳与调适①

1. 婚庆从业人员疲劳与心理疲劳

疲劳是指人在劳动和活动过程中，由于能量消耗而引起的集体的生理变化。疲劳分为生理疲劳与心理疲劳两种。前者包括体力疲劳和脑力疲劳；后者一般指人体肌肉工作强度不大，但由于神经系统紧张程度过高或长时间从事单调、令人厌烦的工作而引起的疲劳。主要表现为精神紧张、注意力不集中、思维迟缓、情绪低落等现象。心理疲劳的持续发展可能导致头痛、目眩、心血管和呼吸系统功能紊乱、食欲下降、消化不良、失眠等症状。婚庆从业人员由于婚庆服务工作的性质，而较易产生心理疲劳。

2. 导致婚庆从业人员心理疲劳的原因分析

导致婚庆从业人员心理疲劳的因素包括员工自身的个性心理因素，也包括婚庆服务工作本身对婚庆从业人员心理的影响因素。

（1）个性心理因素

影响婚庆从业人员心理疲劳的个性心理因素包括不健康的心态、有缺陷的价值观、不成熟的

① 郑向敏．旅游服务概论[M].北京：旅游教育出版社，2007：56-58．

个性心理特征等，这些因素会使从业人员在对待工作、婚庆服务企业人际关系、挫折或委屈以及企业的管理行为等事件的过程中，情绪消极、内心焦虑、烦躁不安、紧张等，从而导致心理疲劳的产生。

（2）工作环境因素

工作环境因素包括工作本身、管理因素、工作中的人际关系等软环境因素和工作场所的布置、设施等硬环境因素。工作内容的多寡、工作责任的强弱等对婚庆从业人员心理疲劳具有较大影响；单调而没有挑战性的工作，会使员工感觉乏味，产生心理负担；责任太强的工作易使员工产生心理疲劳；人际关系紧张或不和谐也易使员工产生心理疲劳等。

3. 婚庆从业人员心理调适

婚庆从业人员心理调适可以从从业人员本身和工作环境因素两方面进行，具体包括以下几方面：

（1）生活方式调适

研究表明，睡眠、运动、饮食不仅可以消除生理疲劳，而且可以消除或减轻心理疲劳。鼓励婚庆从业人员保持充足的睡眠、适当的运动和科学的饮食对消除情绪低落、心理紧张、过度兴奋等易导致心理疲劳的因素具有减轻和抑制作用。

（2）个性心理调节

个性心理调节主要指对价值观念、心理素养、工作态度等方面的调节。鼓励和促进婚庆从业人员树立正确的人生观、形成乐观的工作态度，提高婚庆从业人员心理素养和处理各种事件的能力，可以消除或减轻婚庆从业人员的心理疲劳。

（3）工作调节

工作调节包括工作丰富化、工作培训、有效的管理等方面。通过轮岗、换岗、参与管理等措施丰富工作内容，提供更多的培训机会，从而提高员工的工作能力，实施科学有效的管理，可以使员工工作更加积极、轻松，有利于预防或减轻工作中的心理疲劳。

（4）沟通调节

强化婚庆服务从业人员之间的沟通也能减轻从业人员的心理疲劳。良好的沟通不仅可以减少员工之间、员工与管理者之间、员工与顾客之间的隔阂，也可以营造快乐、和谐的工作环境，从而减轻和消除员工的心理疲劳。

知识点 5 婚庆服务人员行为激励与约束[①]

1. 婚庆服务人员正面服务行为的激励与引导

（1）正面服务行为与服务积极性的关系

婚庆服务的质量主要取决于服务人员的服务态度与服务技能。在婚庆服务服务过程中，服务态度主要表现为服务的积极性。研究表明，婚庆服务人员的正面服务行为的表现频率与其服务积极性成正比。

① 郑向敏．旅游服务概论[M].北京：旅游教育出版社，2007:62-63.

服务积极性是婚庆服务人员服务动机的表现。从心理学的观点来看，人的积极性来源于人的需要，而环境所提供的诱因能把它引导到一定的方向。调动婚庆企业服务人员的服务积极性就是把满足其自身需要的积极性引导到服务上来。

管理者强调调动婚庆服务人员的服务积极性主要有以下两方面的原因：一方面，婚庆服务人员只有在服务积极性很高的时候，才能把自己的服务能力充分发挥出来；另一方面的原因是婚庆服务人员只有在服务积极性很高时，才会求知若渴，在努力学习和努力服务中不断提高自己的服务能力，而服务能力的提高，又能促进服务积极性的上扬。所以，婚庆服务企业的管理者应把如何按照人的心理活动和行为规律来调动服务人员的服务积极性当成首要任务来抓。

（2）婚庆服务人员服务积极性的激励与引导

服务积极性问题属于心理学中的动机问题，服务积极性的有无和高低是服务动机有无和强弱的表现。根据需要—内驱力—诱因理论，人尚未满足的需要产生行为的内驱力，而环境所提供的诱因使内驱力转化为动机，动机是驱使人们行为的直接原动力。可见，婚庆服务人员的服务积极性来源于他们的需要，需要是服务积极性的源泉，管理者只有了解服务人员的需要并通过服务来满足他们的需要，才能有效地调动服务人员的服务积极性。

（3）婚庆服务人员正面服务行为的引导措施

要使服务人员能积极主动地完成服务工作，表现出正面的服务行为，婚庆企业必须对服务人员实施必要的引导措施。这些措施包括：

① 科学合理的培训。培训是一种非常重要的服务引导措施，它对于树立服务样本、提高服务人员正确服务的素质和能力有着非常基础性的作用。在实践运作中，为提高培训的效果，必须通过建立科学的培训体系，通过系统的、有计划的培训，有序地去促进服务人员的正面服务行为。

② 确立婚庆服务人员的主人翁地位。理论与实践已经证明，婚庆服务管理的服务重点必须放在动员和组织广大服务人员参加到服务的生产与经营管理中，让服务人员在服务组织中的主人翁地位得到体现，才能使服务人员与婚庆企业共存共荣，从而增加婚庆服务组织的凝聚力，取得经济效益和市场竞争优势。

③ 培养共同的价值观念。共同的价值观念是指组织的价值观得到组织成员的认可，组织内个体的价值与组织的价值相一致、相融合。培养婚庆服务人员的组织价值观，努力使服务组织内的服务人员的个人价值与组织价值相一致，才能使服务人员表现出正面的服务行为，自觉做到规范服务、优质服务，并在服务运作中树立良好的企业形象。

2. 婚庆服务人员负面服务行为的约束与控制

婚庆服务组织不仅需要调动企业服务人员正面的服务行为，并提高服务效率，而且需要预防和矫正服务人员的负面行为。负面服务行为即有害的和消极的服务行为的统称，指企业服务人员在服务运作过程中出现的对服务组织、服务消费者和服务人员个人造成一定影响和危害的服务行为。

（1）负面服务行为类型

从心理学角度考虑，可把负面服务行为分为两大类，即攻击性负面服务行为和退缩性负面服务行为。

攻击性负面服务行为通常表现为：服务人员公然违反规章制度，冒犯客人，顶撞领导，在同事间惹是生非，破坏公共财物，对其主观认为不对的一切采取敌对态度等。攻击性负面服务行为具有明显的破坏性，属于外向型行为。管理者应对有此种行为倾向的服务人员加以特别的防范和教育。

退缩性负面服务行为通常表现为：服务人员对服务、领导、同事、客人、环境和事物采取消极、冷漠和疏远的态度。此种服务行为没有任何破坏行为，能照常完成服务，但影响婚庆服务运作过程的客我互动，阻碍服务组织的发展，属于内向型行为。这种行为因为没有明显的破坏性，容易被管理者所忽视。管理者也应重视有退缩性负面服务行为的服务人员，找机会接近他们、了解他们。

（2）婚庆服务人员负面服务行为产生的原因

心理学认为，人的负面行为和其他行为在产生原因方面有着某些共性：人的行为是由人的动机引发的，而需要是动机产生的基础。从根本上说，有什么样的需要就能引发为满足此种需要而必须采取的行为。人的需要的多样性决定了人的行为会随着需要的变化而发生相应的变化，这种变化受外在和内在两方面因素的影响。分析服务人员的负面服务行为，应一方面从服务人员本身找原因，另一方面从他所处的社会环境找原因。

① 婚庆服务人员负面服务行为产生的个人心理原因。导致服务人员负面服务行为的心理因素主要有两种：一种是服务人员采取不合理、不正当的手段来满足自己的需要；另一种情况是服务人员受到挫折时不能正确对待，采取了非理智的挫折反应。服务人员用不合理、不正当的方式来满足自己的需要往往是一种广义学习的结果。广义的学习主要指尝试学习和模仿学习。当一个人不知道用什么样的方式才能满足自己的需要时，就要通过尝试学习来学习。服务人员的负面行为有时也会通过模仿学习而产生，即不加以辨别是否合理、是否正确就模仿别人的行为方式来满足自身的需要。

② 婚庆服务人员负面服务行为产生的社会环境原因。可能引起婚庆服务人员负面服务行为的环境因素大致包括以下几方面：政治方面包括入团入党、提职晋升、表扬奖励、批评惩罚、领导信任、同事尊重等。服务方面包括服务环境、服务内容、任务分配、奖金分配、退休问题等。生活方面包括工资收入、福利待遇、工伤疾病、恋爱婚姻、文化生活等问题。家庭方面包括经济收入、对待长辈、教育子女、夫妻关系、邻里关系等。社会方面包括形式变化、社会治安、市场物价、政策趋势等。

（3）婚庆服务人员负面服务行为的约束与控制方法

管理者必须正视负面服务行为。负面服务行为虽有危害性，但并不是不可避免、不可解决的，它和其他人的行为一样，是广义学习的结果，是可以预防和矫正的。因此，管理者不能对婚庆服务人员的负面服务行为置之不理、掉以轻心。管理者要看到负面服务行为的危害性，要做到及时发现、正确分析、恰当处理，激发和强化合理的、正当的、对国家和企业有力的正面行为，帮助后进婚庆服务人员，保护他们的自尊心，把他们负面行为转化为正面行为，切忌对婚庆服务人员的负面服务行为和有负面服务行为的服务人员采取简单化的做法，一味否定。婚庆服务人员负面服务行为的约束与控制方法如下：

① 实事求是，全面分析。对待婚庆服务人员的负面服务行为不能简单化，因为婚庆服务人员的不同负面服务行为是由不同因素引发的，服务人员相同的负面服务行为引发的因素也可能不同。所以，管理人员应本着实事求是的态度，了解负面服务行为产生的原委和始末，分析产生负

面婚庆服务行为的各种影响因素，实事求是地处理，才不会激化矛盾，使具有负面服务行为的婚庆服务人员认识其危害性，转变观念，变负面为正面，并在婚庆服务人员中起到学习教育作用。

② 全面关心，以预防为主。对待婚庆服务人员的负面服务行为，应当防重于治。根据负面服务行为产生的原因进行分析，一个人如果能用合理的、正当的方式来满足自己的需要，就不至于出现负面服务行为。所以，管理者强调以预防为主不仅仅是完善规章制度，组织服务人员学习，遵守服务规则，更重要的是要全面关心婚庆服务人员的工作、学习和生活，了解并尽可能帮助他们解决所遇到的各种问题和困难，相信婚庆服务人员并帮助其用合理的、正当的方式来满足自己的需要。

③ 关注员工，提供发泄途径。婚庆服务人员在婚庆服务过程中往往承受许多压力，包括客人的误解和不良对待、工作的压力、管理者的压力、发展的压力等，这些压力会在婚庆服务人员心中累积、沉淀，如果找不到合适的发泄途径，他们就会因不能承受压力而导致负面服务行为的发生。因此，婚庆服务组织应关注婚庆服务人员的各种心理压力，通过建立畅通意见的上诉通道、设置意见箱和举办意见征求会等方式为婚庆服务人员提供压力发泄的途径，让婚庆服务人员发泄心中的不满。

④ 规章制度，惩罚得当。各种规章制度有减缓和矫正负面行为、惩罚负面行为的作用，婚庆服务组织应通过各种规章制度的规范来达到对婚庆服务人员负面服务行为的预防和矫正作用。惩罚作为预防负面服务行为的手段，目的是为了让婚庆服务人员免受惩罚而不犯错误，并不是在婚庆服务人员犯了错后去体验受罚的痛苦。因此，管理人员只有在负面服务行为处理中利用惩罚手段时慎重、得当，才能有效发挥惩罚的作用。

（4）服务人员负面服务行为的约束与控制手段

① 群体规范。群体规范是由群体成员建立起来的行为标准，它起着约束成员行为的作用。群体规范包括成文的规范标准，如各种规章制度等；不成文的行为约定，如微笑服务等。婚庆服务组织应通过群体规范标准来约束组织成员的行为。服务组织的规范标准包括：服务人员手册；各部门、各岗位、各项操作的服务程序与标准；企业管理制度，如职工考核与任免制度、奖惩制度、质量管理制度、成本管理制度、利益分配制度等。服务组织建立群体规范时，应注意服务人员的参与性、内容的科学性和执行的严肃性；同时，还应考虑这些规范是否有利于调动服务人员服务的积极性，是否有利于提高服务质量和宾客满意度，是否有利于企业效益、形象和长远发展。

② 群体压力。群体压力是指群体规范对其成员所具有的无形约束力。这种约束力会使个体成员在心理上难以违抗，从而产生自我约束的心理。一个群体对其成员施加的压力，一般有 5 种类型：理智压力，即摆事实、讲道理，“晓之以理”、以理服人，使群体成员心服口服、接受群体规范；感情压力，采用“动之以情”的方法，用真情打动人；舆论压力，正面的舆论能促使群体成员坚持正确行为，惩戒性的舆论可以使群体成员抑制错误的行为；心理隔离，即群体断绝其成员心理上的沟通和行为上的接触，使之形影孤独；暴力压力，即采用强制手段使其成员遵守群体规范，或对其进行解雇、开除等。

实践证明，群体成员只有在压力不大也不小的情况下，积极性最高，服务效绩水平最好。压力太大，群体成员会产生焦虑，从而约束和限制了人的积极性；压力太小，群体成员松散，激发不起积极性，二者都会影响服务效绩。因此，企业管理者应针对不同服务人员采取不同的压力策略。

③ 群体的内聚力。群体的内聚力指群体对成员的吸引力及成员与成员之间的吸引力。它含有“向心力”和“内部团结”双重意义。群体内聚力受诸多因素影响，包括群体的领导方式、群体的社会地位、群体的沟通方式、群体的外部影响以及群体内部的奖励方式等。

任务3
婚姻庆典消费者消费心理

婚庆消费主要是一种现场体验，婚庆消费者的消费行为是在其消费心理支配下发生的。探讨婚庆消费者消费心理的发生与发展变化规律，了解婚庆消费者心理需求和消费特点，对提高婚庆消费者心理体验水平具有重要意义。

知识点1　婚姻服务消费概述

婚庆服务消费主要指婚庆消费者在婚庆活动中利用各类婚庆服务来满足自身各种物质和精神需求的过程。婚庆服务消费既是婚庆消费者主动寻找、购买甚至是参与婚庆服务产品的生产而满足自身婚庆需求的过程，也是婚庆服务企业与员工针对婚庆消费者的需求生产与提供服务产品、创造顾客价值的过程。一般来说，婚庆服务消费可以分为婚庆功能性服务消费和婚庆心理性服务消费两部分。

1. 婚庆功能性服务消费

婚庆功能性服务消费又称婚庆“机能性”服务消费，指在婚庆活动中婚庆消费者对婚礼策划、婚礼主持、婚礼化妆、婚礼花艺、婚礼摄影和婚礼摄像等方面的实物产品或劳务消费。它以解决婚庆消费者在婚庆活动中的实际问题为目的。婚庆功能性服务是以“物对人”为中心，其服务效果的好坏很大程度上取决于婚庆服务庆典策划设计和现场仪式流程的质量、婚庆服务人员的专业技能、婚庆服务管理等因素。婚庆功能性服务以标准化、规范化为特征，是婚庆服务的基础。在婚庆服务过程中，婚庆功能性服务消费质量，主要通过强调专业知识的充实与服务技能的培训来提高。

2. 婚庆心理性服务消费

婚庆心理性服务消费可称婚庆“情绪性”服务消费，指婚庆消费者在婚庆活动中利用婚庆服务满足自身的现实和潜在心理需求的过程。它以婚庆消费者在婚庆服务过程中的客我交往与互动中获得良好的心理感受为目的。婚庆心理性服务消费是以“人对人”为中心的，其服务效果的好坏与婚庆服务人员的态度、意识、技能、服务消费环境气氛，领导者的管理方式，组织的人际氛围，婚庆的服务文化等因素密切相关。婚庆心理性服务以个性化、灵活性为特征，是婚庆服务的关键。婚庆心理性服务质量的提升，强调员工职业素质的培养与心理素质的提高。

婚庆功能性消费是服务消费的物质载体；而婚庆心理性服务消费是服务消费的灵魂。只有婚庆功能性消费与婚庆心理性服务消费有机结合，既符合规范又富有人情味的服务，才是能满足婚庆消费者物质与精神需求的、真正的优质服务。

导入材料

婚庆增值服务 提供准夫妻婚前情感咨询服务[①]

小李、小黄恋爱谈了7年多，决定2011年6月结婚。一切准备就绪，可就在收拾新房的时候，双方因为装修的风格和投入资金的“预算”意见不统一，产生了矛盾。一对情侣谁都要坚持自己的意见，之后，双方父母也加入了“战争”。最后，双方在婚礼前的半个月决定取消婚礼、宣告分手。

记者从众多婚庆公司了解到，因为新人双方突然分手而取消婚礼的，2011年上半年已经达到5%左右，甚至有的公司可以达到10%。

引入情感训练全国首创

“给新人们提供情感服务，实在是逼出来的一个主意。”做了10多年婚庆工作的逍遥是天津的“婚庆达人”。“准夫妻情感训练营”这种新的婚庆服务项目也是他的创意。逍遥说：“我每年操办的婚礼有数百场，在近一两年，在婚礼前闹分手的年轻人太多了，真的很为他们可惜。”所以，他要送给新人们一份“爱的礼物”，包括：科学权威的婚姻家庭测评告诉新人们，自己爱的能力强势和欠缺在哪里；专业心理专家为新人们量身订做“准夫妻心理游戏时间”增强新人爱的智慧等。在新人们准备结婚的过程中，如果有需要，自己的婚姻情感指导师会出现，给予最实际的情感调适，这样的服务在全国婚庆业内的引进可以说是开了先河。本市一些新人已经得到了这样的礼物。

有趣科学有用服务目标

“爱的礼物”的具体实施者，是从事了多年婚姻情感研究的心理专家刘青老师。据刘老师介绍：年轻人开始预订婚庆服务的时候，心理状态和生活中的具体事务已经不同于谈恋爱了，这个时期也是比较容易出现矛盾和情绪不稳定的一个阶段。而且，与失恋相比，在决定要结婚后又提出分手，对双方的伤害更大。提前进行干预和指导，是非常有效的方法。婚庆机构在服务中为准夫妻开展“情感训练营”，这不同于前几年流行的婚姻性格体检，是通过一些情景和游戏来让新人真切地了解自己的性格特点并提高自己爱的技能。整个服务突出“有趣、科学、有用”，不讲大道理，让新人们放松心情迎接新生活。

3. 婚庆服务消费特征

与一般产品消费相比，婚庆服务消费具有以下特征：

（1）不可逆性

婚庆服务消费往往都是一次消费，是不可逆的消费。婚庆服务消费活动总是与特定的顾客、时间、地点、服务提供者相对应，婚庆消费者消费完后，相应服务产品及婚礼庆典服务的使用价值就不复存在了。此外，婚庆服务消费的不可逆性还表现在，由于婚庆服务产品具有一次性体验消费为特征，如果婚庆消费者对婚庆服务产品不满意，不但不能像一般商品一样进行更换或维修，即使能获得婚庆企业提供的服务补偿，对婚庆消费者来说，有可能产生终身遗憾。

① 来源：北方网 http://www.enorth.com.cn。

（2）差异性

婚庆服务消费是一个多层次、多内容的消费活动，具有差异性的特征。首先，婚庆服务消费者具有差异性，婚庆服务消费者通常来自不同的地域，文化程度、审美能力、性格特征等也各不相同。其次，由于不同的婚庆消费者在文化程度、能力素质、收入水平、性别年龄、性格气质等方面存在差异，他们对婚庆服务需求往往存在不同的要求，对婚庆服务档次、价位高低、服务项目的多寡各有侧重，对于同样的婚庆服务产品所获消费感受不同，对于同样的服务评价也不一样。

（3）消费与生产同一性

婚庆服务产品具有无形性和不可转移性，它决定了婚庆服务产品不能事先生产出来经过库存、转运等环节后供婚庆消费者再消费，只有当婚庆消费者接受婚礼庆典服务后才开始进行，并且婚庆服务的生产与消费是同时进行的。

（4）高需求弹性

婚庆服务消费是一种满足非基本需求的享受性的消费，因而婚庆服务需求量容易受传统、经济、观念、外界等各种因素影响，具有一定的需求弹性。婚庆服务产品项目内容、产品质量、婚庆消费者收入水平、婚庆消费者个性特征、婚庆消费者消费时的种种感受等都对婚庆服务消费质量和消费的内容产生很大影响。

知识点2　婚庆消费者消费心理与行为特征

1. 婚庆消费者消费动机类型

在心理学上，动机[①]一般被认为涉及行为的发端、方向、强度和持续性，是引发或维持人的活动并使活动指向一定目的的心理倾向。在组织行为学中，动机主要是指激发人的动机的心理过程，是人们产生一种内在驱动力，使之朝着所期望的目标前进的过程。消费动机[②]是推动消费者行为的驱动力，有需要但未被满足而存在的不舒适紧张状态所引起的。它以认知为前提，当需要被强化到一定程度、客观上又存在满足需要的对象和条件时，消费需要才会转化为消费动机。消费动机对人的消费行为具有激发、指向和强化功能。

婚庆消费者消费动机可以分为习俗性和公示性消费动机和心理性消费动机。一般认为，在婚庆活动中，生理性动机和心理性动机常常同时发生作用，生理性动机有时影响心理性动机，但是心理性动机往往起主导作用。

2. 习俗性和公示性消费动机

举办婚礼是中华民族传统习俗，习俗的影响是人们举办婚礼的重要消费动机，同时向人们公示婚姻成立也是举办婚礼的消费动机之一。

3. 心理性消费动机[③]

由认知、情感、意志等心理活动所引起的消费动机称为心理性消费动机。婚庆消费者的消

① 佚名．动机[EB/OL]．百度百科，[2009-06-15].http://baike.baidu.com/view/1564617.htm.

② 佚名．消费动机[EB/OL]．百度百科，[2009-06-15].http://baike.baidu.com/view/1564617.htm.

③ 郑向敏．旅游服务概论[M].北京：旅游教育出版社，2007：38-39.

费行为与其内在的心理活动密切相关，尤其在面对多样化的选择时，心理感受往往成为婚庆消费动机产生的决定因素。心理性消费动机引起的消费行为具有多元化、偶然性、差异性与可变性等特点。

知识点 3　婚庆消费者基本消费心理需求

在婚庆活动中，婚庆消费者的婚庆服务消费需求因人、因时、因地而异，且呈现多元化发展。与人类的一般心理需要对比，婚庆消费者的消费心理具有层次性、多样性、发展性、主观性等总体特性。首先，婚庆消费者在文化程度、能力素质、收入水平、性别年龄、性格气质等方面的差异，其对婚庆服务内容、方式的需求存在着多层次与差异性的特点。其次，婚庆消费者行为是满足婚庆消费者的服务需要，因此，随着社会时尚的变迁、消费观念的更新、文化氛围的改变，婚庆消费者对婚庆服务消费内容、形式等也随之发生改变。最后，婚庆消费者需求主要是满足婚庆消费者的心理需求的享受性需要，婚庆消费者对婚庆服务质量的感受与评价受婚庆消费者个人的心理特征、审美能力、文化背景等制约，具有较大的主观性。

一般来说，婚庆消费者的基本消费心理需求包括以下几方面：

1. 吉祥喜庆的氛围需求

古语有云：“人生四大喜：金榜题名时，洞房花烛夜，久旱逢甘露，他乡遇故知。”婚姻庆典是人生之大事，亦是人生之美事，受中国传统文化影响，新婚夫妇都希望在人生最美好的日子里得到祝福，婚姻庆典更是讲究选择良辰吉时，营造喜乐融融的氛围，因此，吉祥喜庆的氛围应该说是婚庆消费者最首要和最重要的需求。

2. 受尊重的心理需求

尊重需求是人类较高层次的需求，也是婚庆消费者的心理需求之一，它常常伴随于婚庆消费者的整个婚庆服务消费过程。例如，在婚庆服务中，婚庆消费者相对婚庆服务人员，在经济条件、工作性质所折射的社会地位等方面都处于强势，婚庆消费者往往希望从受到尊重中得到验证或满足。

3. 安全的需求

安全的需求是人类的基本需求，在婚庆活动中，往往会有燃放爆竹表示庆祝，组建车队迎娶新娘等一系列活动，在此过程中存在的安全隐患，若不认真准备，防患于未然，造成的后果不堪设想，尤其是在婚姻庆典这一特殊的日子里，若有意外发生往往会被视为不吉利。因此，安全需求也是婚庆消费者重要的心理需求之一。

4. 真诚、友好的心理需求

获得真诚、友好的服务是婚庆消费者最基本的消费心理需求，一方面，在人生最美好的日子里，婚庆服务人员是否真诚、友好直接影响着婚庆消费者的服务体验质量；另一方面，婚庆消费者也常常从服务人员是否真诚、友好的服务态度中，评判其购买行为是否正确、是否安全。因此，婚庆消费者在评价一项婚庆服务体验时，总将服务人员是否真诚、友好放在首位。

5. 服务审美的心理需求

婚庆服务消费既是一种高层次的消费，也是一种享受型的消费体验。貌美如花的新娘，美轮美奂的婚庆殿堂，曼妙的婚庆音乐，构筑了如诗如画的婚庆场景。而这一切带给婚庆消费者的正是愉悦的内心体验和美好的人生回忆。

任务4

婚庆服务过程心理①

婚庆服务过称实质上是婚庆消费者与婚庆服务人员心理与行为的互动过程。婚庆消费者与服务人员的互动主要体现在婚庆服务过程中的客我交往方面。客我交往指婚庆服务消费者与婚庆服务人员之间的信息沟通、意愿表达、感情交流互相影响的过程。在婚庆服务过程中的客我交往涉及员工与顾客的交往、员工之间的交往以及顾客之间的交往。

知识点1　婚庆服务过程中客我交往的特点

在婚庆服务运作过程中，客我交往属于婚庆服务工作角色为主要载体的交际形式，而区别于日常生活中的一般交往形式。其特性主要表现为：

1. 角色不等性

客观而言，婚庆服务人员与消费者在交往过程中扮演的角色是不完全对等的，这种角色和社会地位的不对等，容易在婚庆服务中出现婚庆服务人员不能正确看待而将之联系到人格、社会地位等方面，从而产生不平衡心理、自卑心理。

2. 服务主动性

客我交往以婚庆消费为桥梁，以婚庆服务人员主动服务为特征。顾客是婚庆服务的消费者，对婚庆服务内容不熟悉，也无须更多关注婚庆服务过程中的过多信息；婚庆服务人员是婚庆服务的生产和提供者，服务性质需要婚庆服务人员主动地了解客人、介绍产品，并根据顾客的需要提供服务。

3. 交往的公务性

交往的公务性指客我交往的内容与方式只涉及婚庆服务消费的范畴，不涉及个人隐私。在婚庆服务过程中，客我交往无须也没有必要了解交往双方与服务消费没有联系的各种个人信息和情况。因此，婚庆服务人员在热情、亲切、友好的服务接待中，应对消费者的隐私与癖好给予充分尊重。

① 郑向敏．旅游服务概论[M].北京：旅游教育出版社，2007：62-63．

知识点 2　婚庆服务过程中客我交往原则

在客我交往中，服务人员应遵循以下基本原则：

1.“顾客至上”原则

婚庆服务是一种商品，婚庆服务企业的社会价值在于为婚庆消费者生产和提供满意的服务产品。婚庆服务企业的本质特征决定了在婚庆服务运作过程中客我交往的“顾客至上”原则。从法律意义及个人价值上而言，交往应该是人人平等；从双方承担的社会角色而言，婚庆服务过程中的客我交往不可能完全平等；服务人员必须以顾客需求为中心，尊重顾客、关心顾客，充分满足顾客的合理要求。

2. 双赢原则

在婚庆服务过程中，客我交往存在着双赢的利益关系，以经济利益为中心的各种利益是维系交往双方关系的纽带。它首先表现在婚庆服务消费者享受到热情、友好的服务，而服务人员通过劳动和情感的投入获得合理的经济补偿与情感肯定。此外，由于服务工作本身是商品的性质，婚庆消费者具有基于其自身价值和审美观念的价值评判权利和挑剔权利，服务人员在客我双方就“服务本身”发生矛盾时，应巧妙地避开直接冲突，从而使顾客获得美好经历。

3. 兼顾原则

员工面对的既是具有消费相似性的消费群体，又是具有个性消费心理差异的消费个体。因而，婚庆服务既要遵循群体心理的基本规律，满足群体消费需求，又要在服务中了解个体心理特征，满足个体消费需求，在婚庆服务过程中的客我交往中要注意群体特征与个体特性的兼顾，处理好共性需求与个性需求的关系。

知识点 3　婚庆服务过程中客我互动效应

婚庆服务过程中客我双方在给对方施加影响，目的在于解决共同关心的问题。客我互动在婚庆服务过程中通常会产生 3 种效应，即说服效应、提示效应和诱导效应。

1. 说服效应

说服效应是指在婚庆服务的客我互动过程中，通过道理、有关知识和具体事实的分析和阐述，使对方形成新的态度，改变其原有的某些观点和行为。

2. 提示效应

提示效应是指在婚庆服务的客我互动过程中，通过简单的语言或手势，或通过模型影响的施加，使对方信服和接受。

3. 诱导效应

诱导效应不强制对方去接受，而是让对方主动、自觉地去选择。例如，在婚庆服务过程中，诱导客人进行婚庆消费，选择企业希望客人选择的产品，就需要用到诱导效应。

知识点4　婚庆服务过程中客我沟通

沟通是指两个或两个以上的人或群体，通过一定的信息传播渠道或媒介，交换各自意见、观点、思想、愿望等，表达情感，从而达到相互了解、认知的过程。良好的沟通既是相互传递信息的有效方式，也是消除疑虑或隔阂、促进相互了解、增进友谊和情感的有效方式。

1. 客我沟通的类型

客我沟通是婚庆服务过程中的客我互动的最重要形式。在婚庆服务中的客我沟通按照沟通的表现形式，可以分为言语沟通和非言语沟通两类。

（1）言语沟通

言语沟通是指通过口头语言表达的一种沟通形式，包括婚庆服务中敬语的使用、服务产品介绍、就消费者的需求进行交流以及与语言表达相关的语调等。婚庆服务过程的言语沟通是婚庆服务消费者与服务人员之间互动交往最主要的形式之一。从一般的敬语到回答消费者的询问、介绍服务产品、处理服务过程中的各种需求，言语沟通伴随婚庆服务过程的始终。

（2）非言语沟通

非言语沟通是指通过身体动作、面部表情、穿着打扮、交际中的礼节礼貌仪式、书面语言、装饰布置、婚庆服务的有形展示等，传达信息、表达情感、促进了解的一种沟通形式。非言语沟通尽管没有直接表述，但是却能在客我之间传递非常丰富的信息，是客我之间言语沟通的有效补充。

言语沟通具有直截了当、能产生互动、具有感染力、不易产生误解的优点，但是，有时言语沟通的信度不是很高，婚庆消费者常会习惯地从言语表达中揣测“言外之意、话外之音”。非言语沟通主要通过间接途径进行，可能会出现信息传播不全、易失真产生误解等缺点，但是在一般婚庆消费者心里，非言语沟通所传达的信息，是最真实的、最能信任的信息，他们总是通过非言语媒介来验证言语沟通所传递信息的真伪。因此，在婚庆服务过程的客我沟通中，言语沟通和非言语沟通缺一不可，两者之间有效结合才能产生最好的效果。

此外，婚庆服务过程中的客我沟通，按照沟通的过程划分，还可以分为单向沟通和双向沟通；按照沟通的内容划分，可以分为工作沟通和情感沟通等。

2. 客我沟通的障碍

认识客我沟通的障碍是实施有效沟通的保证。一般来说，造成婚庆服务运作过程中客我沟通障碍的因素主要有以下几类：

（1）主体能力与素质障碍

沟通主体的能力与素质是影响婚庆服务过程中客我沟通的最主要因素之一。知识面宽、反应灵活、善解人意、表达能力强的婚庆服务人员，不仅能准确地抓住婚庆消费者的心理、营造愉快的交流气氛，而且能够有效地出传递婚庆服务信息，满足婚庆消费者的各种需求；反之，如果婚庆服务人员知识面窄、理解能力不强、反应迟钝，则易导致正常的沟通活动难于顺利完成，甚至导致客我双方误解的沟通效果。

（2）组织结构障碍

婚庆服务组织结构不合理，婚庆服务信息传递不畅、不全、失真、前后矛盾，是导致婚庆服务运作过程中客我沟通障碍的重要因素。

（3）沟通管理障碍

有效沟通的基础总是建立在沟通双方相互了解的基础之上。在婚庆服务过程的客我沟通中，婚庆消费者一般是从不同的婚庆服务者和不同渠道中接收和传递婚庆服务信息，内容多而杂；而婚庆服务人员一般是从某一部门的范围了解婚庆消费者，获得的信息少而不足。因此，如果没有对婚庆服务信息进行科学的规划，并对婚庆服务人员掌握消费者的信息渠道进行合理的整合，常常会使婚庆消费者接收的信息混乱，从而造成误解；婚庆服务人员因为信息不足，难于有效地为消费者提供服务，从而造成沟通的障碍。

（4）个性因素

个人的主观心理因素在一定程度上影响着沟通的效率。性格开朗、积极乐观、心胸开阔的婚庆服务人员总能主动与婚庆消费者进行交流；反之，个性孤僻、心胸狭小的婚庆服务人员则很难获得婚庆消费者的认可和进行有效的沟通。

（5）态度与品德因素

态度与品德因素主要指婚庆服务人员的态度、职业道德、品质等因素。如果婚庆消费者在婚庆服务消费中从婚庆服务人员的表情、语言、行为等表现看出其缺乏诚意与友善，就会产生抵触情绪，客我沟通就会出现障碍。

知识点5　婚庆服务过程中客我互动心理与行为分析

婚庆消费者在进行服务消费前，往往都抱有一定的期望，可以说婚庆服务期望是促使婚庆消费者产生购买行为的最重要的心理因素之一。婚庆服务消费的结果往往是为了缓解或者平衡婚庆消费者因事先需要而产生的矛盾状态，婚庆服务消费过程事实上是婚庆消费者实现或者验证婚庆服务期望的过程。

在婚庆服务消费中，婚庆消费者从服务提供者的服务行为、服务设施乃至服务环境等因素中寻找服务质量符合自己期望的证据，以证实自己的选择没有错误。然而，在现实的服务消费中，婚庆消费者的期望往往与现实并不一致。一方面，婚庆消费者的期望本身常常十分抽象，有时抽象得连婚庆消费者本人也说不清楚自己到底需要什么样的服务；另一方面，如果现实不能满足期望或低于期望，婚庆消费者经常会寻找一些可以解释的理由为婚庆服务人员开脱，或者降低服务期望，或者将婚庆服务期望部分转移到在自己的主动要求下、婚庆服务人员的应对行为中。因此，在婚庆服务过程中，婚庆消费者的心理十分活跃，除了不断地印证自己的判断和选择外，还会主动向婚庆服务人员提出一系列的要求，将自己的期望寄托于婚庆服务人员实际服务的应对行为上，以求内心的平衡。一旦这些要求不能得到满足或者使自己不满意时，婚庆消费者便觉得十分失望，甚至是愤怒。

对婚庆服务人员来说，服务过程既是按照既定的服务标准和程序执行任务的过程，也是利用已有条件揣摩或应对服务消费者需求的过程，因此，婚庆服务人员的心理活动往往集中在对自己服务行业的适当性的考虑角度上。一方面，考虑自己的服务工作是否符合服务规范的要求，包括相关服务标准、服务程序、相关的服务管理制度等；另一方面，应对婚庆消费者因上述原因所提出的种种要求，考虑采取什么样的服务方式可以最有效地满足婚庆消费者的需要，并使顾客满意，或至少不会提出抗议。当然，不同服务人员的服务心理不同，关注的焦点就不同。一些服务人员可能集中心思在服务标准、服务程序上，应当关注可能会对消费者期望产生影响的多种因素。

项目小结

① 婚庆服务心理指在婚庆活动过程中现实的和潜在的消费者心理活动及其规律性、各类婚庆从业人员的心理活动特点以及服务、管理过程中的心理学问题等。

② 消费心理主要包括动机、决策过程、婚庆消费者对不同类型婚庆服务的心理需求以及与之相关的一些问题，如影响婚庆消费决策的因素、婚庆消费心理变化特点等。

③ 婚庆服务消费主要是一种心理体验经历，婚庆消费者的消费行为总是在其消费心理支配下发生的。婚庆服务消费主要指婚庆消费者在婚庆活动中利用各类婚庆服务来满足自身各种物质和精神需求的过程。一般来说，婚庆服务消费可以分为功能性服务消费和心理性服务消费两部分。

④ 婚庆服务消费特征：不可逆性；综合性；消费与生产同一性；高需求弹性。

⑤ 婚庆消费者基本消费心理需求：受尊重的心理需求；安全的需求；真诚、友好的心理需求；服务审美的心理需求。

⑥ 婚庆从业人员的职业心理素质：热情友好的待客心理；积极主动的沟通心理；灵活应变的心理素质；良好的情感自制力；诚实、敬业、自重的职业品德心理。

⑦ 婚庆服务过程实质上是婚庆消费者与婚庆服务人员心理与行为的互动过程。婚庆消费者与服务人员的互动主要体现在服务过程中的客我交往方面。客我交往指婚庆服务消费者与服务人员之间的信息沟通、意愿表达、感情交流互相影响的过程。

能力检测

一、思考题

1. 婚庆服务过程中客我交往有哪些特点？
2. 婚庆服务消费有哪些特征？
3. 婚庆从业人员应该具备哪些职业心理素质？
4. 婚庆从业人员如何面对心理疲劳？

二、实训题

实训项目：模拟一次婚庆服务的谈单过程

实训目的：体验婚庆从业人员和顾客在婚庆服务过程中的心理状态。

实训内容：分别扮演婚庆从业人员和顾客角色，然后互换角色。

项目 4
婚姻庆典服务市场

学习目标

通过本项目的学习，应该能够：

- 掌握婚庆服务市场的含义、发展、特征和趋势；
- 掌握婚庆服务市场营销的基本策略与方法；
- 了解与婚庆服务相关的产业。

核心概念

婚姻庆典服务市场　婚庆服务营销　婚庆服务营销策略 婚礼消费产业

导入案例

婚礼的钟声、收银机和戒指在中国①

随着2016年6月的临近，婚礼的钟声即将在美国各地此起彼伏。我以往一直对婚庆行业的这门生意有多大规模不甚了解，直到我的大女儿萨拉从耶鲁大学毕业去《现代新娘》杂志工作后，我才略知一二。她向我讲述新娘及她们的母亲如何精心筹划婚礼，这在令我大开眼界的同时也多少感到一丝惊愕，至少对我这个有两个女儿的父亲来说是如此。

几年之后，当我们在位于新泽西州的农场上举办萨拉的婚礼时，我终于实实在在地感受到，当年轻人结婚时，有多少行业会因此而生意兴隆。我的妻子卡琳和萨拉似乎很快就与该地区的每一位婚纱设计师、酒席承办商、花店、蛋糕店、婚礼帐篷商、摇滚乐队、摄影师、婚礼策划师、酒店、餐馆、运输公司、电工、水暖工成为好朋友！难怪美国婚庆行业目前的市场规模估计高达400亿美元。然而，甚至这样的估计似乎也有些偏低。据对美国2011年结婚的18 000名新娘进行的一项调查显示，她们的平均婚礼费用为27 021美元。如果是这样，那么2015年美国进行的约210万场婚礼将给婚庆行业带来近600亿美元的收入。无论你如何界定婚庆行业，婚庆在美国都可称得上是门大生意。

有一个庞大的年轻人群体，随着国家的逐步富裕，想要成为当今世界全球化的一分子，而他们的父母也很愿意为各自的独生子女倾尽所有。在互联网的推动下，我们应该对西式婚礼在中国也正成为一门规模庞大的生意丝毫不感到惊讶，说中国婚庆行业正蓬勃发展都显得有些保守。虽然中国的平均费用较低，但中国婚庆行业的规模早已和美国的一样大。中国的总人口远远超过美国，每年办的婚礼超过1 000万场，比美国高出四倍多。虽然不同机构对中国婚庆行业规模的估计略有差异，但诸如《中国广告时代》等杂志的许多专家表示，中国婚庆行业的年产值早已达到570亿美元。

随着中国的许多新婚夫妇舍弃传统中式婚礼而选择西式婚礼，转向白色婚纱、摄影师以及昂贵的珠宝，中国婚庆行业势必会增长到更大的规模。这就是为什么诸如弗吉尼亚州专门从事婚礼策划师培训的美丽婚礼国际（Weddings Beautiful Worldwide）等美国公司目前纷纷把各自的目光瞄向中国市场的原因。2011年该公司在中国设立了一家合资企业，试图把自己在婚礼策划师培训方面拥有的专业知识引入中国。在中国，新婚夫妇在结婚时都会收到庆贺他们婚礼的巨大红包，他们都希望学习如何利用这些钱来筹划婚礼。这家名叫美丽婚礼中国（Weddings Beautiful China）的合资公司的总裁劳尔·瓦斯克斯（Raul Vasquez）曾经在北京表示："随着中国经济的快速发展，消费者趋向于选择更加独特而且更具个性化的婚礼，这将推动中国婚庆行业的发展。"

该合资公司的中方合伙企业本身也是一家美资高端婚礼咨询公司，根据该公司网站公布的资料显示，其创始人致力于"为如今生活在中国的现代、优雅、时尚的新娘提供婚庆策划咨询服务。"该公司的办公地址位于北京市东部著名的三里屯。该合作项目的双方显然都相信，中

---

① PERKOWSKI J. Wedding Bells, And Cash Registers, Ring In China. [EB/OL].[2016-08-18]. http://www. forbes.com/sites/jackperkowski/2012/05/30/wedding-bells-and-cash-registers-ring-in-china/#4c4895b139aa.

国的婚礼开销将继续攀升且越来越昂贵，而婚庆市场有望急剧增长。他们计划通过一系列的培训课程，使学员能够成为“注册婚礼师”（Certified Wedding Specialist），从而打造新一代的婚礼策划师。

每当有人问现在进入中国是否为时已晚，我总是回答说，正相反，现在仍属于初级阶段。虽然中国早已成为世界第二大经济体，但目前婚庆行业仍处于起步阶段。中国在产品、技术及服务方面需要弥补的差距显而易见，其中每方面的差距都意味着一个新的商机，只要你认识到这些机会，并且有能力和远见制定及实施一项策略来填补差距。其中，有些机会可能由中国企业或企业家来填补，但其他一些机会可能由西方国家的公司获得。不过，无论哪种方式，这些差距最终都将得以填补，并且在此过程中创造出许多规模庞大而且有吸引力的公司。论及中国婚庆行业的发展前景，我认为以下三方面特别令人鼓舞。

第一，与许多其他行业不同，婚庆行业往往具有地方性，由许多小公司组成。在婚庆行业占据主导地位并且提供所有相关服务的大型企业寥寥无几，而一场成功的婚礼往往需要许多具有不同专长的公司通力协作。婚庆行业规模如此巨大，为许多创业者及小企业提供了发展空间。

第二，中国婚庆行业近年来的发展变化令人惊叹，这表明新观念在中国被人们接受的速度非常快。如果有人在 2007 年（更不用说在我第一次来到中国的 1992 年）告诉我说中国人会在西式婚礼上花这么多钱，我压根儿就不会相信。

第三，上述情况表明，中国的经济增长和各项发展不仅对中国的企业家和公司来说是一个机遇，对于其他国家的所有参与者也都是一个机遇。美丽婚礼国际及其合作公司就是在其中发现了具有吸引力的利基市场并把自己的专业知识引入中国的公司之一。其他美国公司也能做到这点。

任务 1

婚姻庆典服务市场的含义、特征

从一般意义上讲，市场就是商品交易关系的总和，主要包括买方和卖方之间的关系，同时也包括由买卖关系引发出来的卖方与卖方之间的关系以及买方与买方之间的关系。市场类型的划分是多种多样的，按产品的自然属性划分，可分为商品市场、金融市场、劳动力市场、技术市场、信息市场、房地产市场等；按市场范围和地理环境划分，可分为国际市场、国内市场、城市市场、农村市场等；按消费者类别划分，可分为中老年市场、青年市场、儿童市场、男性市场、女性市场等。

知识点 1　婚姻庆典服务市场的含义

婚姻庆典服务市场就是婚姻庆典服务供求双方交换关系的总和，即在婚姻庆典服务交换过程中所产生的各种经济现象和经济联系。从微观角度看，婚姻庆典服务市场是由那些具有特定需求或欲望的新人，愿意通过交换来满足这种需求或欲望的全部的潜在新人顾客所构成。

按照上述的 3 种观点，婚姻庆典服务市场包括以下几层含义：

① 有一定量的婚姻庆典商品或劳务，这是人们进行交换的物质基础。

② 存在婚姻庆典商品的不同所有者，彼此又需要对方的商品，使婚庆商品交换成为可能。

③ 有参加交换活动的当事人。当事人是指婚姻庆典服务的生产者、婚姻庆典服务的消费者、中间商、个人、企业和其他组织。

知识点 2 婚姻庆典服务市场的发展

中国人的婚礼既有浓厚的传统因素，又具备强烈的时代特征。

古代的中国婚礼遵循的是“三书六礼”，婚姻庆典服务局限于媒妁等形式，尚无专门从事婚姻庆典服务的行业，因此其市场不是显性的，而是隐含在供需之间。其服务形式也更多的是坚持一种文化传统，比如红盖头这样的婚礼道具及其他形式，都没有任何个性可言。

新中国成立初期，烦琐、冗长的传统婚礼转化为简单、简朴的仪式。在那个整齐划一而又充满对幸福生活憧憬的年代，人们举办婚礼就跟举办联欢会相似，领导讲话，散发瓜子和糖果，介绍恋爱经过。而结婚双方走到一起的原因和渠道，基本上还是传统的居间做媒、甚至领导意见、父母期望等等，这和新中国成立初期的政治、经济、社会环境也是相符的。

20 世纪 90 年代，是人们婚礼发生重要变化、婚姻服务业快速发展的十年。第一家收费的婚姻介绍机构的出现，陆续成立的一批民营的婚庆公司，都预示着婚姻庆典服务市场开始蓬勃发展。人们越来越多地接受由专门的婚庆服务机构办婚礼的形式，越来越多的个体公司涌入到婚姻庆典服务市场。婚纱照、迎亲车队、喜糖、婚宴服务等，这些成为 90 年代人们结婚的必备程序。

进入 21 世纪，婚庆服务又出现了一系列明显的变化，具体表现在婚姻庆典服务行业的专业化方面。婚庆公司操办所有事项，而事项是事先设计好的产品，如化妆、摄像、司仪、婚宴、会场布置、蜜月旅行等，都是作为产品的形式出现的。并且，人们开始越来越注重婚礼的“仪式感”，新人们开始考虑婚礼的风格、婚礼的样式，开始讲究婚礼中的色彩、音乐、鲜花、装饰等，婚礼不仅是一种仪式，而且还是追逐时尚、表达个性、彰显能力的舞台。因此，婚姻庆典服务也推陈出新，满足不同新人的需求。对很多新人来说，婚礼时的迎新车队仍不可或缺，但对有些新人来说，迎亲车队已经越来越短，甚至取消；商家们颠覆了新娘“耳环、项链、戒指”黄金三件套的观念，推出一系列“钻石、铂金”首饰；喜糖则从单一的水果糖变成更加高端更加多样的巧克力糖、牛奶糖、软糖等；婚庆公司推出各种主题婚礼，婚礼逐渐与婚宴“脱钩”，从酒店向户外拓展。婚礼服务越来越成为时尚都市社会生活中一道靓丽风景线。人们对婚礼的需求，从吃（饭）、喝（酒）、抽（烟）、（花）车等物质层面的关注，明显地转变为对婚礼文化层面及精神层面的关注，婚姻庆典服务机构也越来越注重婚礼的文化内涵，注重婚礼的创新。

婚姻庆典服务行业已经成为一个庞大的产业链。婚礼策划师、婚礼督导师、婚礼顾问、新娘秘书等全新的婚礼服务概念正在逐步丰富那些传统的以司仪、化妆师、摄像师为主的婚礼服务职能。婚庆服务机构已经从过去简单、低端、模式化的初级阶段进入到日趋专业化的婚礼文化创意领域。30 多年来的经济改革与社会开放，给我国人民生活的各个方面都带来了翻天覆地的变化，而人们举办婚礼方式的变化，婚姻服务行业的发展变化，正体现了这个过程。从上文的案例也可以得知，中国的市场规模已经引起了国外婚庆行业的高度重视。

知识点 3 婚姻庆典服务市场的现状和趋势

近年来，随着我国国民经济的快速增长、城乡居民生活水平的日益提高、人民群众对生活品质要求的不断升级，以及人们对现代社会时尚的追求，大众婚庆习俗在不断发生变化，从而诞生了有一定规模并符合我国国情的婚姻庆典市场。

据民政部《2021 年民政事业发展统计公报》显示，2021 年，全国民政部门和婚姻登记机构共依法办理结婚登记 764.3 万对，比 2020 年下降 6.1%，结婚率为 5.4‰，比 2020 年下降 0.4 个千分点。2021 年 25 至 29 岁办理结婚登记的人占结婚总人口比重最多，占 35.2%，比 2020 年提高 3 个百分点。2023 年 1 至 6 月仅半年时间，各级民政部门和婚姻登记机构共依法办理结婚登记 392.8 万对，全国每年因结婚产生的消费总额已达至少几千亿元。巨大的消费额不但催生了影楼、婚宴、婚庆用品、婚庆服饰等行业，许多配套行业如摄影摄像器材、美容美发、珠宝首饰、家居用品、餐饮，甚至装饰材料、汽车、房产、银行贷款、保险理财等也相继进军这一领域。

同时，据另外一份民间调查报告的数据显示，目前每对新人花销平均为 22.3 万元，2021 年全国有 764.3 万对新人登记结婚，可测算出因结婚产生的消费总额约达 1.7 万亿元。近年来，新婚人群对于结婚的消费需求已由过去的模式化、单一化需求逐渐转变为个性化、多样化需求。我国婚庆产业从放量增长向精耕细作阶段转型，行业前景依旧看好。据测算，我国婚庆产业年均复合增长率约为 10.94%，至 2025 年行业市场规模将突破 4 万亿元。不管数据的统计口径和方法如何，都大致描述了中国婚姻庆典市场的规模和现状。

随着二胎政策的实施以及城镇化进程的加快，未来人口可能会再一次出现加速增长的趋势，婚宴开支逐渐走高，婚庆市场前景非常广阔，婚庆产业已成为目前我国一个新兴的、充满巨大商机和前景的朝阳产业。

婚姻庆典服务需求的增长，源于我国经济飞速发展，人们生活水平整体提高和适龄结婚人口的激增，这三者共同促成了婚庆市场的繁荣。1978 年，我国开始将“计划生育”定为国策，20 世纪 70 年代末到 80 年代初中期出现了一次大的人口出生高峰。目前，第一代独生子女早已经整体跨过了结婚时代，95 后、00 后一代也已经进入适婚年龄。据调查显示，2006 年以后结婚登记人数开始以较快的速度上升。近些年，我国随着国力的强盛，奥运会的举办、世博会的召开等大事喜事增多也使得结婚人数激增，奥运期间更是掀起了结婚登记的高潮。中国的传统习俗是重视婚礼，由于目前新人往往是独生子女，护犊之情使得两家父母往往倾囊而出支持子女的婚事，从而使现在新人的消费能力普遍较强。加之婚礼庆典机构推出的婚礼服务项目的不断增多，带来相关消费的显著增加。毫无疑问，婚庆经济已经成为中国经济高速发展的增长点之一。

知识点 4　婚姻庆典服务市场存在的问题与发展方向

尽管具有前述的发展潜力与趋势，但是近几年我国婚庆行业在发展中也面临着一些尴尬的问题，可谓喜忧参半。婚庆行业企业经营模式仍影响行业整体发展水平，婚庆企业和从业者仍以“单打独斗”为主，行业协同很少。在激烈的市场竞争环境中，2021 年全国婚庆行业服务营业额达到 30 000 亿左右规模，婚庆行业整体利润率水平略趋于走低并可能持续。纵观婚庆市场的发展脉络，可以发现有以下需要引起重视的问题。

1. 市场发展受到行业发展水平的限制

婚庆市场的模仿式消费阶段已经基本结束，个性化、多样性消费逐渐成主流。开发婚庆服务产品品种，充分满足新人消费者需求，才是有待开发的“新蓝海”。按普遍结婚年龄规律推算，今后结婚的新人主力人群是95后甚至00后。这批新人大多具有自主性强、随意性强、接受新事物快、更新知识快、不愿随大流的个性特点，因此，定制婚礼服务，将受到市场更多青睐，“私人订制”的婚礼形式将成为婚庆服务的新选择和新潮流。

另一方面，简单的婚庆服务已无法满足新人的消费需求，多元化婚庆服务、婚礼宴会设计、婚礼礼服定制或婚姻生活咨询等专业化婚庆服务呼之欲出。多媒体技术的运用和婚礼微电影拍摄是婚庆行业流行趋势，也将成为婚庆企业服务的重要拓展和延伸。更多新人消费者会选择旅游景点或景区拍摄婚纱照、举办婚礼仪式和完成蜜月旅游。蜜月定制服务、目的地婚礼等将融入全套婚庆服务。如果把婚庆、婚纱摄影及各个有关的行业加入到婚庆旅游产品中，就能创造出多方面的价值，包括市场价值和文化价值。

此外，婚庆消费投诉有走高迹象，投诉热点主要为婚庆企业与酒店捆绑、设置霸王条款、强制收取高额费用以及婚庆企业之间的恶性和低价竞争。凡此种种，既损害了消费者的利益，同时也阻碍了婚庆行业的健康发展。那些只会以转包加价，甚至是欺诈手段违规、违法牟利的婚庆“杂牌军”“游击队”将面临生存困境，直至出局。

“作坊式”的婚庆服务企业将受到挑战，取而代之的将是规模化、专业化的婚庆服务机构。由于婚庆行业具有很强的地域性特点，真正的全国性的婚庆产业品牌尚未形成，一批婚庆服务类企业仍然会注重婚庆服务的品质、市场占有率和品牌推广力提升，从而可能取得地域性知名婚庆服务品牌的美誉。有专家认为，未来由优势婚庆企业主导的行业内的整合，将提升婚庆市场的集中程度和婚庆行业的整体盈利水平，但也使这些企业面临新的运营、管理、营销和财务等方面的课题。

2. 突出文化的多样性与包容性才是发展方向

对中国人来说，“以礼立人，以婚载礼”的传统婚俗一直凸显出婚嫁礼仪庆典的重要性。结婚乃人生之大事，婚礼是全世界都高度认可的特殊礼仪，我国婚俗文化作为中华传统文化的重要符号，因其具有的鲜明的民族性、地域性，产生了广泛的国际影响力。我国婚庆行业正站在中西优秀婚礼文化的交汇点上兼收并蓄，努力形成具有鲜明时代特色，为广大新人消费者所喜闻乐见的当代中国式婚礼文化。就婚庆仪式的内涵而言，谁最能挖掘出优秀传统婚庆礼仪的文化精髓，谁最善于吸收西方优秀婚礼文化的元素，并将当代审美元素糅合其中，谁就最有市场竞争力。

中国婚庆产业品牌成长还处在蹒跚学步阶段。市场良莠不齐、诚信缺失，各种负面消息经常见诸媒体，使许多新人对婚庆服务机构不够信任，甚至有些戒备心理。因此，从行业规律和周期来看，婚庆市场洗牌在即。对于日益壮大的婚庆市场，婚庆行业要把握好市场脉搏，提升文化内涵，开发出符合市场的商品。相关部门固然应加强管理，行业自律组织自身也要树立品牌意识，增强整个产业链的吸引力，推动婚庆行业发展，树立行业整体信誉形象。

任务2

婚姻庆典服务市场营销

市场营销（Marketing）又称为市场学、市场行销学，简称“营销”，我国台湾地区常称作“行销”，是指个人或集体通过交易其创造的产品或价值，以获得所需之物，实现双赢或多赢的过程。它包含两种含义：一种是作为动词来理解，指企业的具体活动或行为，这时称之为市场营销或市场经营；另一种是名词式理解，指研究企业的市场营销活动或行为的学科，称之为市场营销学、营销学或市场学等。

美国市场营销协会下的定义是：市场营销是创造、沟通与传送价值给顾客，及经营顾客关系以便让组织与其利益关系人受益的一种组织功能与程序。菲利普·科特勒（Philip Kotler）下的定义强调了营销的价值导向：市场营销是个人和集体通过创造并同他人交换产品和价值以满足需求和欲望的一种社会管理过程。本书将婚姻庆典市场营销定义为是婚庆服务机构的组织职能，同时也是为了实现利益而创造、传播、传递客户价值，管理客户关系的一系列过程。本节学习的是营销的总体策略，包括市场细分、目标市场的选择与营销定位。

知识点1　婚姻庆典市场细分

市场细分的概念是美国市场学家温德尔·史密斯（Wendell R.Smith）于1956年提出来的。按照消费者欲望与需求把因规模过大导致企业难以服务的总体市场划分成若干具有共同特征的子市场，处于同一细分市场的消费群被称为目标消费群体。

1. 市场细分的标准与变量

消费品市场的细分标准可以概括为地理因素、人口统计因素、心理因素和行为因素四方面，每方面又包括一系列的细分变量。

① 地理因素：地理位置、地形、地貌、气候、交通状况、人口密集度等。

② 人口统计因素：年龄、性别、职业、收入、民族、宗教、教育、家庭人口、家庭生命周期等。

③ 心理因素：生活方式、性格、购买动机、态度等。

④ 行为因素：购买时间、购买数量、购买频率、购买习惯（品牌忠诚度）、对服务、价格、渠道、广告的敏感程度等。

2. 有效的细分市场的条件

企业进行市场细分的目的是通过对顾客需求差异予以定位，来取得较大的经济效益。众所周知，产品的差异化必然导致生产成本和营销费用的相应增长，所以，企业必须在市场细分所得收益与市场细分所增成本之间做一个权衡。由此，得出有效的细分市场必须具备以下特征：

① 可衡量性。可衡量性是指用来细分市场的标准和变数及细分后的市场是可以识别和衡量的，即有明显的区别，有合理的范围。如果某些细分变数或购买者的需求和特点很难衡量，细分市场后无法界定，难以描述，那么市场细分就失去了意义。一般来说，一些带有客观性的变数，如年龄、性别、收入、地理位置、民族等，都易于确定，并且有关的信息和统计数据，也比较容易获得；而一些带有主观性的变数，如心理和性格方面的变数，就比较难以确定。比如，把婚礼细分为汉族婚礼和满族婚礼，这是可以衡量的，但是若要分为高个子婚礼和矮个子婚礼，这样的标准就是毫无意义的。

② 可进入性。可进入性是指企业能够进入所选定的市场部分，能进行有效的促销和分销，

实际上就是考虑营销活动的可行性。一是企业能够通过一定的广告媒体把产品的信息传递到该市场众多的消费者中；二是产品能通过一定的销售渠道抵达该市场。如果细分出一个火星人婚礼，就不可能进入这个市场。

③ 可营利性。可营利性是指细分市场的规模要大到能够使企业足够获利的程度，使企业值得为它设计一套营销方案，以便顺利地实现其营销目标，并且有可拓展的潜力，以保证按计划能获得理想的经济效益和社会服务效益。比如，设计一个篮球运动员婚礼的细小市场，或许还有一定规模，但是设计一个 2 m 以上高个儿的婚礼，这个市场就太小了。

④ 差异性。差异性指细分市场在观念上能被区别并对不同的营销组合因素和方案有不同的反应。因为如果两个市场没有明显差异，那就没有必要分开了。

⑤ 相对稳定性。相对稳定性指细分后的市场有一个相当长的稳定期。细分后的市场能否在一定时间内保持相对稳定，直接关系到企业生产营销的稳定性。如果今天根据细分标准进行了产品的设计，明天市场就变化了，那么这样的市场细分是没有价值的。特别是大中型企业以及投资周期长、转产慢的企业，更容易造成经营困难，严重影响企业的经营效益。

此外，市场细分的基础是顾客需求的差异性，所以凡是使顾客需求产生差异的因素都可以作为市场细分的标准。由于各类市场的特点不同，市场细分的条件也有所不同。

知识点 2　婚姻庆典营销的目标市场

研究婚姻庆典服务市场营销，就必须对目标市场进行研究。

1. 目标市场的含义

目标市场是企业为满足现实或潜在消费需求而开拓的特定市场。一个理想的目标市场必须具备下列 3 个条件：一是要有足够的销售量，即要有尚未满足的现实需求与潜在需求，也就是有利可图的空间；二是企业必须有能力满足这个市场的需求；三是企业在这个市场中必须具有竞争优势。对企业来说，如果没有或很少有竞争者，或有竞争但不激烈，有足够的实力击败对手，这个市场即可作为目标市场。

2. 婚庆服务目标市场的选择

（1）婚庆服务无差异市场营销

婚庆服务无差异市场营销，是指婚庆服务机构以整个大市场为统一整体，不作细分，不考虑市场的个性，用同一种婚庆服务，运用单一的婚庆服务市场营销组合进行营销，力求满足尽可能多的顾客需要。这种营销的优势在于，提供的婚庆服务或产品的品种、规格统一，有利于大批量、标准化提供产品或服务，同时也可以大量节约市场开发、广告宣传、产品或服务创新开发、促销等费用。但这种无差异市场营销通常忽视不同顾客的需求，不能同时使不同层次、不同年龄、不同背景的顾客都获得满意。从短期来看，婚庆服务机构可能获利，但从长期来看，不利于市场份额的持续增长。

无差异市场营销策略只考虑消费者或者用户在需求上的共同点，而不关心他们在需求上的差异性。可口可乐公司在 20 世纪 60 年代以前以单一口味的品种、统一的包装、价格，统一广告主题将产品面向所有顾客，就是采取这样一种策略。例如，在互联网上，出现门户网站主页的旗帜广告的目标就是吸引整个互联网市场。

这种营销策略一般耗资巨大，所针对的市场区域为全部互联网市场并且是主流消费品，如果不是资金充裕或者产品市场容量广度不深的话就不适合使用。

（2）婚庆服务差异市场营销

婚庆服务差异市场营销是指婚庆服务机构对市场进行细化，针对每一个细分市场，设计、生产或经营不同的产品或服务，并在销售渠道、促销和定价方面都具有针对性，力求满足各类顾客的需要。这种营销策略的优势在于可以提供多种类的婚庆产品或服务，满足不同顾客需求，从而增加销售额。婚庆公司在进行婚礼策划时，针对不同经济能力、婚礼需求的顾客，会设计私人定制的策划方案，会提供不同品质的服务。比如，婚礼摄影摄像，就可以分为单机位和双机机；婚礼花艺中可以采用时令鲜花或绢花等。通过差异市场营销，婚庆服务或产品提供的针对性更强，风险分散。但是，这种营销方式可能导致过于细分该市场，使得服务或产品提供的成本不断增加，最终使得服务或产品的价格上涨，影响销量和利润。

阅读材料

中高端用户的私人定制婚礼策划

各大婚庆公司中，对于一般消费水平的客户，一般是按照套餐的价格进行婚礼的策划，虽然也会将新人的一些观点和建议加入到婚礼策划当中，但是使用的道具和场地一般还都是通常的，比较传统。而在私人定制婚礼策划中，服务的是高端用户，一般在婚礼开始前就要沟通相当长的一段时间，主要是为了了解新人的一些故事，利用她们之间的感情发展，将整个婚礼做成属于两个人感情故事的婚礼，从表达形式上与一般的婚礼也会有不小的区别，因为是定制，所以享受的将是独一无二的服务和效果。

私人定制婚礼策划中，为了达到更加绚丽的效果，将会是将声、光、电淋漓尽致地展现。所谓的定制，就是专门制作的，对于新人的任何要求，都会有策划人员用专业的角度来进行展现，因为有个性化，所以受到人们的追捧。其实并不是私人定制就要花费更多的费用，主要是带来新颖的感觉。精心的策划，是为了给现场带来更多的惊喜，一些婚庆公司更是从求婚、婚礼两方面来进行策划，感受到的是越来越温馨、浪漫的氛围和效果。

在私人定制婚礼策划中惊喜是层出不穷的，更注重的是创意策划，特别是在婚礼现场制造出浪漫和惊喜。在婚礼中，会让人们融入气氛当中，带来的更多的是对两个人幸福开始的祝福。选择一家良好的婚庆公司，更多的是看起策划的能力，只有拥有良好创意的公司，才会给客户带来更多的惊喜，也才会在未来的发展中迎来更多客户的信赖。不管婚礼现场在何处，作为婚庆公司能够给的就是客户幸福美好的开始。

（3）婚庆服务集中市场营销

婚庆服务集中市场营销是指婚庆服务机构选择一个或少数几个细分市场作为目标市场开展营销活动的一种策略。这种营销方或适用于服务对象比较集中，对一个或少数几个特定市场有较深入的了解，可以比较容易地在这一特定市场取得有利地位的婚庆服务机构。比如，北京的某家公司，由于对北京通州地区的市场了解比较深入，于是该公司提供的婚庆服务定价、促销策略等都是针对北京通州地区进行的。

3. 选择婚庆服务目标市场应考虑的因素

（1）企业资源

婚庆企业需要考虑自身的资金情况、规模、设备情况、风格偏好等。如果婚庆服务机构具有较强的竞争力，就可以采用如“肯德基”等知名品牌多用的差异化营销策略；如果婚庆服务机构尚处于起步阶段或实力较弱，则可以运用无差异市场营销或集中市场营销策略。

（2）产品的同质性

这是指产品在性能、特点等方面是否差异较大，是否具有可替代性。对于差异较小，具有较强可替代性的婚庆产品或服务来说，如婚礼摄影像服务，可以采用无差异营销策略。对于差异较大，基本不具有可替代性的婚庆产品或服务，如婚礼策划、婚礼主持，则可以采用差异营销策略或集中市场营销，从而树立婚庆服务机构的鲜明特色。

（3）市场需求特点

如果市场上消费者的需求在同一时期趋同，并且对市场营销方式的接受程度相似，如 20 世纪 90 年代我国刚刚兴起婚纱摄影时，大家对婚纱摄影的偏好大同小异，此时可以采用无差异市场营销。反之，市场需求的差异较大，如婚礼服务发展到现在，新人们对婚礼的要求已经个性化，就必须采用差异市场营销。

（4）产品或服务的生命周期

当婚庆服务机构开发出新的产品或服务时，适宜采用无差异营销策略，以利于测试市场反应；当产品或服务进入成熟期时，宜采用集中营销策略，提升品牌知名度。

（5）竞争者状况

如果婚庆服务机构在某市场上的竞争较为强烈，竞争者的实力较强且采用无差异营销策略，那么本婚庆服务机构可以采用差异营销，以示区分；如果婚庆服务机构面临较弱的竞争，可采用无差异营销，以扩大市场占有率。

知识点 3 婚姻庆典服务市场定位

1. 市场定位的概念

随着市场经济的发展，企业之间的竞争越来越激烈，没有任何一家企业提供的商品或服务能实现“独此一家、别无分店”。因此，市场定位就显得尤为重要。市场定位即取得目标市场的竞争优势，赋予企业提供的产品或服务某种特色，从而树立企业产品或服务在目标消费群体心中的形象，使顾客心中形成一种稳定的认知，最终获得稳定的市场销售额。

2. 婚庆服务机构市场定位的策略

目前，婚庆服务机构蓬勃发展，面临的竞争也愈加激烈。只有制定适当的市场定位策略，才能不被市场淘汰。根据不同的竞争地位，企业自身的定位方法主要有以下几种：

（1）直接对抗式定位

直接对抗定位也叫针锋相对定位，是指婚庆服务机构为获得较佳市场位置，选择与自己实力相当，产品或服务、价格、风格都趋同的竞争者争夺同样的顾客。比如，“周大福珠宝”“周生生珠宝”“谢瑞麟珠宝”都是珠宝首饰的知名品牌，他们之间的实力相当，差异不大，为了争夺市场，互相之间采用的就是直接对抗式定位。但实行这种定位策略一定要实力雄厚，不亚于竞争者，并且该产品或服务的市场容量能吸纳足够的竞争者。

（2）补缺式定位

这是指不直接与竞争者冲突，而是开发并销售目前市场上潜在需求的产品或服务，开拓新的市场领域。或者是去开发与主流产品及服务相关的，但又是竞争对手所忽视的那些产品。

（3）另辟蹊径的定位

当企业意识到自身实力与竞争者存在较大差距，无法抗衡时，可突出自身的特色，在某些有价值的产品或服务属性上取得领先地位。例如，某婚庆公司，着重强调公司老总就是专业主持人出身，公司提供的金牌婚礼主持人都是播音主持科班出身，又有丰富经验，突显与其他公司不同的“专业”特点，得到顾客的信任与青睐。

任务 3
婚姻庆典服务市场营销策略

市场营销策略是企业以顾客需要为出发点，通过市场调研，获得顾客需求量以及购买力的信息，有计划地组织各项经营活动，通过相互协调一致的产品策略、价格策略、渠道策略和促销策略，为顾客提供满意的商品和服务而实现企业目标的过程。

知识点 1 婚姻庆典服务营销要素

20 世纪 60 年代，是市场营销学的兴旺发达时期，其突出标志是市场态势和企业经营观念的变化，即市场态势完成了卖方市场向买方市场的转变，企业经营观念实现了由传统经营观念向新型经营观念的转变。与此相适应，营销手段也多种多样，且十分复杂。1960 年，美国市场营销专家麦卡锡（E.J.Macarthy）教授在营销实践的基础上，提出了著名的 4P 营销组合理论，即产品（Product）、定价（Price）、渠道（Place）、促销（Promotion）。4P 是营销策略组合通俗经典的简称，它奠定了营销策略组合在市场营销理论中的重要地位，为企业实现营销目标提供了最优手段，即最佳综合性营销活动，也称整体市场营销。

20 世纪 80 年代以来，世界经济走向滞缓，市场竞争日益激烈，政治和社会因素对市场营销的影响和制约越来越大，作为一般营销策略组合的 4P 不仅要受到企业本身资源及目标的影响，而且更受企业外部不可控因素的制约。一般市场营销理论只看到外部环境对市场营销活动的影响和制约，而忽视了企业经营活动也可以影响外部环境。于是，为克服一般营销观念的局限，大市场营销策略应运而生。1986 年，美国著名市场营销学家菲利浦·科特勒教授提出了大市场营销策略，在原 4P 组合的基础上增加两个 P，即权力（Power）和公共关系（Public Relations），简称 6P。当然，针对具体的营销策略来说，最核心和需要掌握的内容仍然是 4P，这是基本的方法。

1. 产品策略

婚庆服务产品是一个多种有形和无形服务的集合。一个完整的婚庆服务产品分为核心服务、期望服务和辅助服务三个层次。核心婚庆服务是顾客购买婚庆服务时所追求的最基本权利。例如，婚庆公司为顾客提供婚礼服务时，必须包括的婚礼策划、婚礼督导、婚礼花艺、婚礼化妆、婚礼影像等服务，以达到举办婚礼的根本目的。期望婚庆服务是为了让顾客能使用核心服务而提供的便利，并且符合消费者的基本预期。例如，婚庆公司为策划婚礼而提供的婚礼策划师服务，在婚礼当天为新娘提供的新娘秘书服务。辅助服务则是增加服务的附加值从而与其他竞争者区分开，例如免费赠送的优惠券等。

2. 定价策略

定价方面需要考虑成本、产品质量、折扣、付款方式和信用。由于服务产品具有不可储存性，因此，婚庆服务定价要随时因市场需求变化而变化，在淡季时使用优惠或折扣的方式，以充分利用剩余的生产能力。

3. 分销策略

分销策略主要是指企业以合理的选择分销渠道和组织商品实体流通的方式来实现其营销目标，其中包括对同分销有关的渠道覆盖面、商品流转环节、中间商、网点设置以及储存运输等可控因素的组合和运用。就婚庆服务市场来说，分销的特点与传统产品完全不同，这一点需要特别注意。

4. 促销策略

婚庆服务促销是指为了提高销量，或者加快新服务的引入，加速人们接受新服务的沟通过程。

促销最重要的两点是人员推销和营业推广。婚姻庆典服务机构的工作人员在顾客看来其实也是服务产品的一部分。因此，营销管理者必须重视工作人员的筛选、训练、激励和控制，从而保证服务质量。由于婚庆服务具有无形性，婚庆服务机构需要借助一系列的有形证据向顾客传递信息，从而影响消费者和客户对服务机构的评价。例如，婚庆公司会将本公司策划的优秀的婚礼、花艺作品、现场布置场景等制作成图片、照片、视频；婚纱影楼会将模特照片展示给顾客。

知识点 2　基于营销各要素的具体营销策略

婚姻服务市场营销的根本是让自己的婚庆产品或服务能顺利快速地销售出去，并在市场上占有稳定份额。目前，很多婚姻庆典服务机构的营销还停留在简单地做一些广告、搞一些促销、宣扬一些概念来吸引顾客的初级阶段。但未来的激烈竞争需要婚庆服务机构建立起婚庆市场研究的科学体系，去寻求婚庆行业和产品还没有满足消费者的价值或利益点。通过研究消费者未被满足和未被激发的价值点调整自己的产品组合，让婚庆产品具有新的卖点。

1. 科学定价

定价科学合理可以反映出产品是否物有所值或者物超所值，也可以反映出产品的精神价值，比如档次等。所以，价格体系的建立与制定也是属于消费认知或者说传播的一个点。婚庆服务机构希望价格越高越好，利润空间越大越好，而渠道商和消费者则希望价格越低越好。定价的基本方法有以下这几种：

① 成本定价法。作为商家，无论采取什么样的定价策略，最终目的都是赚钱，这就要求价

格的制定必须以成本为基础，不可能低于成本去销售。所以要保持价格竞争的优势，就要从源头做起，大批量直接采购，减少中间环节，提高经营效率，千方百计降低成本，实行薄利多销，以低价取胜。

② 渗透定价。以低价吸引顾客大批购买自己的某种产品，同时，以相关系列产品获利。现行许多“婚纱影楼、婚庆公司”都把一些婚庆服务项目的价格定得很低，以吸引顾客，而在各种辅助设备上赚回利润。

③ 心理定价策略。针对消费者的消费心理，很多婚庆服务机构在制定价格时会在价格上留下一个小尾巴，在其所销售的商品中，尾数为整数的仅占 15%左右，85%左右的商品价格尾数为非整数，而在价格尾数中又以奇数为主。例如，新娘化妆定价 199 元，新娘会感觉比 200 元便宜，定价 201 元新娘则会感觉太贵，较之 199 元价格仿佛又上了一个台阶。利用心理定价策略会给新人服务价格在整体上都很低的印象，从而达到吸引并留住新人的目的。

2. 建立婚庆服务信息传播系统

建立传播系统的目的，是让消费者知晓并了解有价值的婚庆商品和有价值的服务。婚庆服务的商品或服务本身也是一个传播媒介，也是传播婚庆服务机构塑造的价值的载体。从其基本的包装到功能、使用价值，从渠道流通到物流服务，从前期的咨询、了解到售后服务，每个环节都是在塑造和传播价值，每经过一个环节就为本身的价值再次加分。

比如，有些婚庆公司会在婚礼当天使用印有公司名称、地址的便笺制作成手工艺品，摆放在每一桌酒席上，吸引大家注意；有些婚庆公司会精心策划婚礼游戏环节，每一位游戏获胜者除礼物外，还获得了婚庆公司提供的优惠券，通过这种公关，婚庆公司在无形中获得潜在顾客；再如婚庆市场上的各个糖果公司不仅在糖果品质上追求高品质，在包装上也精心设计，根据年轻人追求个性、追求时尚的特点，不断推出吸引眼球的喜糖。正是由于他们的精耕细作，婚庆行业打破了中国传统的糖果销售理念，以特色产品加专卖渠道，迅速打造出国内糖果行业的个性知名品牌。

3. 综合利用各种社会资源和促销手段

人们熟知的促销形式主要有以下几种：

① 广告宣传。很多婚庆公司都会采用广告宣传的形式。一般而言，公司会在像《新娘》《时尚》这样相关联的杂志，或者在一些知名网站上刊登广告，吸引顾客注意。

② 在婚介机构、婚检机构、婚姻登记处、婚纱影楼等相关场所开展品牌和产品宣传，免费提供价格不高、纪念意义很强的纪念品，镌刻或印刷品牌和产品的信息。由于这种方式既没有增加上述部门的负担，同时还能为他们的服务或产品增加附加值，因此能获得他们的配合和支持。婚庆机构也能提高知名度，获得潜在顾客。

③ 增加婚庆产品或服务的附加值。有些婚庆机构会为每一对消费的新人登记新婚消费者婚礼日，以后每周年结婚纪念日都可以邮送祝贺卡片（比如在一、五、十周年）。这样既能促进该对新婚消费者对品牌的认同，还有利于形成良好的口碑。

4. 把消费者的使用过程当作营销的一部分

对消费者来说，婚庆商品或服务是一个使用体验的过程。当新人从售前、售中、售后的每一个环节，都能体会到婚庆服务机构在想办法为消费对象增值时，那么消费对象对该品牌的回报也是增值的，会忠诚于这个品牌，会向人推荐这个品牌，会不由自主地传播该品牌。

很多婚庆公司都是靠老顾客之间的口口相传来获取口碑。新人举办婚礼，亲朋好友观礼的同时，也是婚庆公司向大家宣传自身形象的良好契机。另外，某些新人的婚姻庆典会将自己的婚礼晒上博客，这也客观上为婚庆公司作了宣传。

有些喜糖企业，会根据品牌特色，针对地区婚俗特点推出不同的品种和包装，采用不同的营销政策。例如，在宁波，新人结婚流行大包装的喜糖，每包 150～200 g，而上海地区比较流行小包装的喜糖，一个喜盒中放两颗、6 颗、8 颗不等。企业会根据这些地区的不同特点推出适应性的产品，甚至可以根据不同客户的要求酌情生产所需的产品。另外，有些公司还尤其注意客户的消费心理，如果客人选择的糖果本身包装就很漂亮、够档次，则选择透明玻璃包装，让糖果一目了然；如果客人的糖果较一般，就用漂亮的包装纸把它衬托出来；如果客人是准备给老人的金婚之喜，就搭配一些无糖型糖果，以防老人患有糖尿病、高血压等。

5. 与其他行业联合推广婚庆服务品牌

这也可以视为一种特殊的分销方法。

① 婚纱影楼推广：某些婚庆公司会与婚纱影楼合作，比如北京的一家婚庆公司主要采用优惠券的形式吸引顾客，凡在影楼消费满 8 000 元以上，就会赠送一张该公司婚典的 3 000 元免费优惠券，上面包括三点式花门，时尚背景一套，新娘手捧一套，摄像一名，泡泡机一台及各项相关策划方案。

② 旅行社推广：与旅行社挂钩是许多婚庆公司都普遍运用的方法，很多婚庆公司在营销宣传过程中以“选择婚庆，选择某某蜜月之旅”的类似口号进行推广，专门为婚侣安排全程蜜月之旅。

③ 婚庆消费贷款推广：有些婚庆服务机构选择同银行合作或者自行建立贷款部门，它能够为更广泛的适婚人群提供优质婚庆服务的保障，消费者会因为婚庆消费贷款的资金帮助而感到温暖而新鲜。当然，涉及金融行业的营销方式，必须注意国家的金融政策与法规，擅自进入只有金融机构才有资格开展的服务是不允许的。

④ 婚博会推广：婚博会是婚庆服务机构最常见的推广方式。在主题公园内开展的一年一度的婚博会，极大地刺激市场对婚庆用品的关注度，并且婚庆用品会因婚博会增加知名度与美誉度，进而获得在消费者心中的地位。

此外，还有诸如一对一婚礼策划师、婚侣后续跟踪服务、整合美容美发这样的营销服务方式，也对婚庆服务机构建立品牌、宣传品牌起到一定的推动作用。

6. 建立合格的营销团队

如果婚庆服务机构的从业者觉得自己只是赚钱吃饭，那么他不可能做好这件事情，而且其职业行为与目标也不可能和企业同步，乃至和产品所要塑造的价值同步，更不可能具有工作热情。从业人员只有意识到自己的价值和所做的事情的价值的时候，才可能全身心地投入到婚庆事业中。反过来，从人力资源工作的角度看，一个婚庆企业要稳定团队，保持战斗力，就必须建立从业者认可的企业文化，而不是简单地裁员和换人。同时，也要注意所开展的业务或塑造的价值，有没有相匹配的人。无论利用怎样高明的策略，最终决定营销策略效果的依然是人的因素。

任务 4
婚姻庆典服务的相关消费产业

婚庆市场已经成为消费市场的“大蛋糕”。婚庆相关的消费市场，包括婚纱礼服买卖租售、婚纱摄影、婚礼庆典策划、婚车租赁、婚宴酒席、珠宝首饰等行业，以及在广义上与新婚消费相关的其他行业。这些其他行业比如家电、家具、床上用品、室内装修、房地产、汽车等正逐步形成令人瞩目的婚庆产业链，潜在商机巨大。据不完全统计，我国目前每年大约有 800 万对适龄青年结婚，婚庆综合消费能力将达数千亿元。

知识点1 婚庆消费产业的含义及特征

婚庆消费产业，又叫婚庆产业，是为处于家庭生命周期中的新婚阶段的相关人群提供系列产品和全面服务的各种行业的集合，是传统意义上仅注重婚庆典礼的婚庆行业的延伸与扩充。①

婚庆产业链属于以产品与服务结合的需求拉动型产业链，并且产品与服务比较多样。婚庆产业的核心活动是新建家庭，其产业链主要是围绕着婚前准备、婚礼庆典及婚后蜜月 3 个不同阶段而形成。婚庆产业链是在一定的地理区域内，以新人消费需求为导向，相关企业部分或完全围绕新婚消费主题，以产品、服务为纽带结成的一种具有价值增值功能的战略关系网络。

婚姻庆典习俗自古就有，但当时社会的总体经济水平比较低，并且自给自足的农业经济不可能给婚姻庆典经济留下成长的机会。随着经济水平的不断提高，婚姻庆典消费逐步成了大众消费的一种，从而在现代经济中成为一种崭新的经济现象。随着婚庆市场的快速发展，现已经形成了“五一”“十一”两个大的婚庆市场消费旺季，各地的婚纱摄影、婚礼服务、婚宴场所、蜜月旅游等企业早在每年的 2、3 月份和 7、8 月份就开始为这两大结婚旺季策划筹备。目前，我国的婚庆产业主要具有以下特点：

1. 产业链逐步形成

我国婚庆产业在婚礼服务、婚纱摄影、婚纱礼服生产、婚宴服务四大行业龙头企业带动下，76 个关联行业相互连接，逐步形成了以结婚消费产品和服务为核心的行业集群。婚庆消费市场的婚礼服务、婚宴、珠宝首饰等行业的发展也日趋成熟，并与新婚消费的其他行业如家电、家具、室内装修、房地产、汽车、银行保险等 40 多个关联行业，逐步形成令人瞩目的婚庆产业链，充满了巨大潜在商机。

2. 总量规模越来越大

婚庆产业正逐渐成长为一个新的朝阳产业，根据 2019 年的民间统计数据，中国每年因婚庆产生的狭义消费高达 3.742 万亿元人民币，广义市场规模达到 22.45 万亿。2019 年 3 月 2～3 日在北

① 我国婚庆产业发展现状与前景分析[EB OL].中国产业研究报告网.[2009-06-16].http://www.chinairr.org.

京国家会中心举办的春季中国婚博会在展会第一天便取得了可喜成绩，首日成交额达到了 3.61 亿元，两天下来，婚博会总成交额达 8.53 亿元，其中珠宝 2.23 亿元、摄影 0.96 亿元、婚庆 1.25 亿元。

新中国成立以来最大的生育高峰期即 20 世纪 80 年代中后期出生的人群于 2007——2012 年进入婚龄，今后几年，90 年代甚至千禧年后出生的人群也将逐步进入适婚年龄。据此预计，婚庆消费额有望在上述基础上再翻一番。毫无疑问，婚庆经济已成为中国经济最引人注目的增长点之一，中国的婚庆产业将迎来一个前所未有的市场高峰期。

3. 企业规模较小

大部分企业的规模较小，从业经营者水平参差不齐，从平均人数来看，全国各城市婚礼服务企业平均每家从业人员 10 人左右，婚纱摄影企业平均每家 40～60 人，一些“作坊式”的婚庆公司甚至只有一间办公室便到处联系分项服务。尽管婚纱礼服生产企业中有一些大中型企业，但除中国潮州、厦门等大型生产基地外，手工定制和家庭作坊式的小型企业还是占大多数。

4. 区域市场结构特点明显

婚庆行业消费的区域性特点非常鲜明。根据历史统计数据来看，结婚消费差异明显，基本上是华北和华东地区高于其他地区。例如，华北地区在婚纱摄影、婚礼服务、珠宝首饰、蜜月旅游和新居价位方面居首位；华东地区则在婚宴服务、新居装修和新居家电方面具有优势。另外，在一项对婚礼费用的调查中发现，在城市举办婚礼的平均费用为 62 620 元（农村为 16 100 元），这里不包含新婚房屋装修、家电家具购买等。在新婚时，对房屋新居装修的费用平均为 56 998 元，购买家用电器平均 16 680 元，家具为 17 494 元。有 88.4%的新人认为结婚时要拍婚纱照，78.7%认为要在酒楼举行宴席。

婚庆产业的区域性特点也很明确，在全国各地区都有自己知名的婚庆策划公司、婚纱摄影公司，在当地市场已经形成了一定的知名度和良好的口碑。企业产品销售和服务区域性很强，很少出现跨地区经营的大型连锁企业。服务企业主要集中在北京、上海等发达城市，生产企业主要集中在沿海及发达的大中城市，在小城市分布较少。

5. 地域性的行业品牌正在形成

由于结婚产业是一个新兴的服务行业，除原来相关行业的迁移品牌外，真正全国性婚庆品牌尚未形成，但一批在当地市场份额大、具有竞争优势的行业领先企业，正在逐渐形成行业品牌。未来，优势企业主导的行业整合将提升市场集中度和行业整体盈利水平。近年来在北京、上海、广州、深圳等新婚消费能力很强的地区，已经出现了连锁经营的服务企业，涉及婚纱礼服、婚纱摄影、婚礼服务等方面。少数知名影楼已经实现了全国连锁、本地分区布点的格局。

知识点 2　婚庆产业结构

目前，市场上提供的婚姻庆典相关服务产业主要有以下几项：

1. 婚礼服务

婚礼服务分工越来越细，服务范围越来越广，内容越来越丰富，包括婚礼咨询、婚礼策划、婚礼化妆、MV 设计拍摄、婚车出租等。婚礼服务水平已经全面提升，向着高文化层次、多样性、个性化、注重服务质量的方向纵深发展。

但是，婚礼服务尚无严格的行业标准，缺少规范，缺少创新，各地区各自为战，出现大范围低价低质的恶性竞争。例如，某地区注册的婚庆公司很多，而有执照并且能够提供婚庆服务的机构大约只有 40%左右，能够保证长期规范经营的婚庆服务机构实际不足 10%，这其中真正有品牌、有一定规模和实力的大型婚庆服务机构更少。

2. 婚纱摄影服务

相关资料显示，婚纱摄影占整个婚庆支出的比例约为 15%。与婚宴、喜糖消费等项目相比，婚纱摄影的利润率一般在 30%～40%。据商务部前些年的统计，全国目前各类人像摄影企业已达 45 万多家，婚纱影楼、摄影公司、图片社和摄影工作室从业人员 600 多万人，年营业额 900 多亿元。年营业额达到 5 000 万元以上的企业曾经非常普遍。

婚纱影楼大都脱胎于以前的传统照相馆，作为时尚、新潮的新兴服务行业，该行业的纯利润一度高达 200%。但进入 21 世纪以来，婚纱摄影业的市场状况却不容乐观，经营利润已跌落到 70%，甚至更低。

1979 年以前国内仅有几家比较专业的婚纱影楼。婚纱影楼在南方大部分地区是从 1994 年开始发展，沿海及大型城市要稍微早些，其中主要以台湾地区影楼发展较好、较快，并且利润丰厚，导致很多懂影楼和不懂影楼的台商也蜂拥而至。此时大陆的照相馆也看到了影楼行业的丰厚回报，纷纷斥资跟进。虽然当时影楼的管理水平，服务水平都不是很好，但是由于当时影楼少，竞争小，所以很多影楼通过不断学习和改进，在 2000 年基本成熟起来，管理和服务也达到了较高的水平，树立起一定的品牌，形成一定的市场。近年来，由于数码技术的横空出世并受到广大消费者的热烈追捧，婚纱摄影行业的“数字化”基本完成。但是，摄影技术发展到今天已经非常成熟，影楼的竞争主要是服务的竞争，设备本身不能创造价值，而且当大家都“数字化”之后，数码设备的所谓优势已不存在。

综合婚纱影楼行业的现状做横向比较，可以对未来影楼业发展趋势做出以下判断：

① 婚纱摄影行业将从“暴利时代”走向“微利时代”。

② 影楼市场高度细分化，市场份额向少数品牌集中。未来市场上将只有少数品牌影楼在全面发展，而多数影楼则只是在做部分优势资源的营销，靠特色和个性生存。

③ 连锁化经营、个性化经营将成为必然趋势。

④ 婚纱影像将成为未来的市场主流。

3. 婚纱礼服

在 20 世纪 90 年代以前，婚纱礼服价格高昂，婚纱消费基本上都以租借为主，近年来随着婚纱售价的下调以及对婚纱卫生和个性化的要求，引发了购买婚纱的热潮，婚纱礼服的消费量猛增。目前，婚纱“以买代租”的消费时尚已经为多数新婚人群所接受。目前租用婚纱的价格高档的要上千甚至几千元，而买一件新婚纱的费用也不过如此，而且对新人来说还有永久的纪念价值。

据粗略统计，全世界 80%以上的婚纱都是在中国国内贴牌生产的，由于事前签有协议，这些婚纱并不能在国内销售。目前中国婚纱礼服业中，具有一定规模、档次和效益的婚纱礼服生产企业主要集中在广东潮州、中山、深圳、广州、江苏苏州、福建厦门和泉州等地，他们主要从事贸易加工。中国的婚纱批发市场已形成广州、苏州两大集散地，国内从事婚纱礼服生产销售的经营体超过1 500家，从业人员超过3万人。目前，国内婚纱的质量仍有待提高，而大品牌的产品又过于昂贵。

4. 婚宴服务

前文提到，有78.7%的新婚消费者认为要在酒楼举行宴席，这个数字近年来略有下降，但基本平稳。

近年来由于公务消费大幅度减少，酒店业更加重视婚宴的经济收入。婚宴利润相对比较高，即使酒店免费提供一系列新人蜜月套房、喜庆蛋糕、鲜花等优惠，婚宴的利润率也达30%～40%，部分酒店50%以上的利润来自承办婚宴。

5. 婚宴酒产业①

21世纪的前几年，婚礼酒消费额每年达120亿元，这像一块巨大的磁石吸引着众多酒企业的目光。我国白酒文化源远流长，早在公元前12世纪，商王武丁和他的大臣就有“若作酒醴，尔维曲蘖（酒曲）”的言论，后来更有曹操的《短歌行》：“对酒当歌，人生几何？何以解忧，唯有杜康”。婚庆用酒中，白酒历来是重中之重，凝聚着对新人的祝福与对幸福生活的期盼。越来越多的白酒企业觊觎婚宴用酒市场，无论是国内高端白酒品牌，还是地方白酒企业都纷纷涌入婚庆用酒市场。

在名酒阵营中，驰名品牌五粮液推出了中国首个以“婚宴”为注册商标的白酒，打造系列“婚宴酒”；历史悠久的国酒“茅台”则推出“贵州喜酒”“茅台百世良缘酒”“茅台百世情金钻等婚宴酒”等；另外，贵州醇的“贵州醇喜酒”，山东兰陵的“喜临门”，剑南春集团的“剑南春·珍爱喜酒”，也纷纷进军婚宴酒市场。

红酒由于酒度低、形象好等特点，再加上优雅、尊贵和时尚的广告定位，在婚宴上也越来越受到人们的欢迎。而啤酒适合大众口味，因此在婚宴上同样占据了不小的份额。

6. 喜糖产业

喜糖产业是婚庆的传统产业。喜糖的甜味象征着结婚小两口甜甜蜜蜜，白头到老。向宾客分撒喜糖一直是我国婚礼习俗中不可或缺的一环。最早的喜糖包装只是简简单单用红色的纸。后来，人们开始买回塑料袋，自己在家里加工，在袋上印上大大的喜字制作成喜糖袋。喜糖的种类也从新中国成立初期的水果糖，发展到现在品种繁多的巧克力糖、奶糖、软糖等。

目前的喜糖市场主要集中于华东和华中两大地区，尤其以华东地区的喜糖消费量最大，也涌现出许多知名品牌。

随着人们生活水平的提高，婚礼糖果市场将会越来越广阔。在这个充满创新和甜蜜商机的市场，糖果商只有尽快转变传统的经营理念，在糖果质量、品种、包装、营销等各方面不断地进行创新，满足日新月异的消费需求，才能获取更多的市场份额。

---

① 婚庆业已成中国新兴产业[EB/OL].中国产业研究报告网.[2009-09].http://chinairr.org.

7. 婚庆首饰产业

黄金历来是婚庆首饰的主流。自远古时代人们发现黄金以来，精美的黄金首饰不用于装饰，而且还是财富和权力的象征。目前的婚庆首饰市场中，黄金仍然占据着主要地位。

钻石，被商家定位于“忠贞爱情的象征”，“钻石恒久远，一颗永相传”的广告语深入人心，口口相传。在20世纪60年代，80%的美国人订婚时都赠送钻石戒指作为信物。20世纪90年代初期，商家开始将钻石引入中国，经过多年经营，钻石首饰也开始占据了很大一部分市场份额。目前，中国大城市中有一半的妇女、上海和北京有五分之四的新娘选择用钻石来纪念她们的婚礼。

在中国，还有一种重要的首饰就是珍珠。珍珠素有“珠宝皇后”之称，使用珍珠的历史最早可以追溯到公元前2 000多年。在春秋战国时代就已有将珍珠作为珍贵礼品互送往来的记载，秦汉以后有关珍珠的传说、典故的文字记载更是比比皆是。在西方，珍珠首饰已成为欧洲贵族们最为推崇的装饰品。

8. 蜜月旅游产业

传说中，蜜月是来自古代欧洲日耳曼民族的一支——条顿人的生活习俗。公元前四世纪时，条顿人居住在欧洲易北河河口近北海沿岸一带。条顿人的青年男女在结婚时有一种习惯，从举行婚礼那天开始，每天都要饮几杯用蜜制作的糖水或酒，用来象征幸福美好。同时他们还要出外旅行，旅行时间为30天，恰好是一个月，因此他们就把婚后的第一个月福称“蜜月”。这种习俗后来逐渐传遍了欧洲各地，并很快风行世界。如今，蜜月旅行成为新时尚。随着中产阶级数量的增长，他们也开始进行婚纱之旅，但这时的蜜月之旅时间稍短一些，大概是数天或一周。随着汽车、火车乃至飞行时代的到来，新婚夫妇开始增加他们的蜜月行程，并寻求异国情调。到20世纪中叶，各种热带旅游风景地区已成为普遍的蜜月目的地。在进行经济改革开放后的中国，蜜月旅行也逐渐成为一种时尚，国内的西双版纳、海南岛等风景名胜，国外的欧美、东南亚乃至拉丁美洲等地，都成为新人的蜜月胜地。

知识点3　婚庆产业的商业模式

前面讲到过，新兴的婚庆行业其实就是传统意义上仅注重婚庆典礼仪式的婚庆行业的延伸与扩充，这是商业模式的演进。它不仅是一个涉及行业面极广的服务综合性产业，而且是一个消费高峰期相对集中、某种程度上具有非理性消费色彩且消费额较高的产业。

目前，婚庆产业的商业模式主要有三类：[①]

① 独立产品服务型模式，如独立的婚庆产品生产销售商、婚庆服务提供商等。

② 品牌型商业模式，如品牌连锁、网络营销。

③ 整合型商业模式，如婚博会、结婚展等。

项目小结

① 婚姻庆典服务市场包括三层含义：有一定量的婚姻庆典商品或劳务，这是人们进行交换

① 我国婚庆产业发展现状与前景分析[EB/OL].中国产业研究报告网.http:www.chinairr.org.

的物质基础；存在婚姻庆典商品的不同所有者，彼此又需要对方的商品，使婚庆商品交换成为必要；有参加交换活动的当事人。当事人是指婚姻庆典服务的生产者、婚姻庆典服务的消费者、中间商、个人、企业和团体组织。

② 婚姻庆典市场营销定义：既是婚庆服务机构的组织职能，同时也是为了实现利益而创造、传播、传递客户价值，管理客户关系的一系列过程。

③ 婚庆服务机构市场定位的策略有 3 种：第一类，对抗定位；第二类，补缺式定位；第三类，另辟蹊径的定位。

④ 营销策略组合的基本要素：4P。

⑤ 婚庆服务机构营销策略有以下几方面：确定婚庆产品或服务的科学定价；建立婚庆服务信息传播系统；综合利用各种社会资源和促销手段；把消费者的使用过程当作营销终端的一部分；与其他行业联合推广婚庆服务品牌；建立具有价值行销观念的营销执行团队。

⑥ 婚礼消费产业，又叫婚庆产业，是为处于新婚阶段的广大人群（新人）提供系列产品和全面服务的各种行业的集合，是传统意义上仅注重婚庆典礼的婚庆行为的延伸与扩充。

⑦ 婚礼消费产业包括婚庆公司、喜糖产业、婚庆首饰产业、婚宴酒产业、婚纱影楼产业等。

能力检测

一、简答题

1. 简述婚姻庆典服务市场的特征。
2. 简述婚庆服务机构的营销策略有哪些。
3. 谈谈什么是婚礼消费产业。

二、实训题

实训项目：设计婚庆服务营销方案

实训目的：

1. 加强对婚庆服务营销策略的感性认识。
2. 掌握婚庆服务营销的主要内容和婚庆服务营销策略的具体方法。

实训内容：

教师提供假设的服务对象、各项婚庆服务，学生设计婚庆服务营销策略。

实训步骤：

（1）教师提出基本要求并提供某项婚庆服务基本素材。

（2）学生设计营销方案。

（3）完成后教师随机抽查学生设计的营销方案，并要求在班级汇报。

（4）学生提出问题。

（5）教师进行点评、总结。

完成任务：

1. 设计婚庆服务营销方案。
2. 在课堂上汇报。
3. 将设计的方案交给教师。

项目 5

婚姻庆典服务运作

学习目标

通过本项目的学习，应该能够：

- 掌握婚姻庆典服务市场的特性；
- 掌握婚姻庆典服务运作程序；
- 了解和掌握婚姻庆典服务的具体内容。

核心概念

婚姻庆典服务业　婚姻庆典服务公司　婚礼策划　婚礼主持

婚礼摄影摄像　婚礼化妆造型　婚礼场地布置和舞美设计

婚礼花艺　婚礼督导　婚礼元素

导入案例

婚庆创意岗位竞争激烈

如今，“85后”“90后”主导了婚庆市场，个性和新意为这个市场创造了极富有想象力的商业机会，它既让商家看到了前景，也暴露出人才不足的短板。（来源：青岛日报 2016-04-12）

婚庆行业缺少专业人才

两位足球运动员，一场足球婚礼，这是近期岛城一家婚庆公司策划的婚礼，公司负责人告诉记者，这场婚礼的新郎曾是国青队主力，新娘是河北女足球员，针对新人的经历，公司给婚礼的命名为“球婚记”，整个婚礼充满了足球元素。该婚庆公司曾给一位火车工程师用火车零部件及英国工业革命时期的资料举办过“火车婚礼”，还举办过哈利·波特主题和魔兽世界的游戏主题的婚礼。

该负责人说：“现在的新人都追求个性和创意，要满足新人需求，就必须有专业的人才，就以策划方案为例，以前给新人看的策划方案就是简单的拼图，现在必须是非常精美的效果图，要将手绘、计算机制作融合在一起，甚至有的策划方案是3D视频效果的。”他告诉记者，创意婚礼在行业中不但起引领作用，同时也代表着整个行业的高度，价格更是一般婚礼的一倍甚至数倍。创意婚礼需求的增加给他们带来丰厚收入的同时，也让他们感到专业人才的短缺。专业人才短缺已是目前整个婚庆行业所面临的问题。“目前青岛大约有800多家注册与婚庆相关的企业，但这些企业的专业从业人员缺口很大。”青岛婚庆协会副会长田军告诉记者，现在主要是缺少策划师，目前青岛婚庆市场对策划师的需求大概有近千人的缺口，高端婚庆企业面临好策划师重金难求的局面。

据介绍，策划师就如同婚礼的“总导演”。在婚礼前期，策划师会帮新人一起挑选吉日、挑选酒店、挑选婚礼服装、寻找婚礼场地、场景布置以及确定背景音乐和喜烟喜糖，并为新人设计一套适合他们个性的婚礼方案。同时，还要组织婚礼当天各项工作，比如安排好结婚现场的灯光、舞美、音乐和主持人等。

专业人才为何留不住

今年25岁的小崔在一家婚庆公司做策划已经一年的时间，不久前刚刚辞职。一方面是不断出现在人们视野中的婚庆招聘广告，另一方面则是有经验的策划师选择离职，为什么会出现这种现象？

小崔告诉记者，之所以辞职，原因之一是他觉得收入偏少。据了解，青岛市场上策划师都是兼营销的，刚刚入行时策划师底薪1 000~1 500元，再加抽成，如果干得好，一般年薪3~5万元，这样的薪酬要拿至少2年。而有经验有思想的策划师的年薪大概能拿到10万元左右，甚至更多。小崔觉得自己换家公司应该能拿到更多薪酬。

“在行业内，婚礼策划人才流动性一直都很大，除了薪酬的原因，还有一些策划师是想到大型婚庆公司实现更多创意，”有多年策划经验的策划师蓝秀秀告诉记者，婚庆策划是个很美好的职业，但有时因为企业的限制，很多策划师的创意无法实现，才使得一些策划师选择跳槽。

“有了一定的经验和积累后，一些策划师会选择自己干。”自由策划师李梦说，“现在的年轻人有想法但也怕吃苦。大型婚庆企业的策划师一般都是连轴转，很辛苦。”李梦说，她就是出来和朋友合伙单干的，现在的年收入可以拿到15万左右。

策划师和一般的工作不同，既需要经过专业培训，又需要用1~2年时间的行业内实习，才能将自己学习的内容沉淀下来。因为策划师的实战经验非常重要，所以实习的时间内他们的薪酬不会太高。田军告诉记者，多年来婚庆协会一直注重对人才的培养，截止到目前仅策划师培训班已经开始20余期，培养出专业人才160多名，但这些人才对于青岛婚庆市场是远远不够的。“现在很多企业在用人方面都是拿来主义，不愿意自己培养和储备人才，”田军告诉记者，如果想尽快解决人才短缺的问题，除了协会努力，他也希望企业能够重视人才培养。

“除了策划师，目前婚庆企业对场布师的需求也很大，只有经过他们的努力才能将各种创意婚礼方案展现在婚礼现场。”田军告诉记者，目前青岛没有专门培训场布师的机构，都是由婚庆企业或道具公司自行培训。场布师的月薪一般在三四千左右，只有做到场布主管，薪酬才会有质的飞跃。目前由于薪酬低和工作艰苦等原因，造成很多场布师在达到一定的水平后跳槽。他说：“长期以来，新人对自己的婚庆仪式‘轻人工’‘重物资’的心态，也造成了市场对场布师的认知度不够。不过，现在已经有一些企业认识到这个问题，这个状况正在慢慢改观。”

青岛婚庆协会会长翟爱俊表示，目前，婚庆市场的服务人才发展面临许多挑战，需要转型、升级，加快发展创新人才的培育。婚庆协会正在与清华大学接洽，谋求共同创立符合新的创新模式的联合培训机制，让新型专业技术人才能够不断充实市场，为结婚新人创造更便捷、更富有创意的管家型全程贴心服务体系。

任务1

婚姻庆典服务的运作方式和内容

婚庆消费需求之大，婚庆产品种类之丰富，预示着婚庆服务通过商业化运作成为一条产业链的时机已经成熟。目前，国内可为“婚礼”提供服务的行业大多还处于“各自为营”的状态，综合性婚庆服务还较少。除北京、上海、南京、苏州、杭州、广州等城市外，全国大部分城市还没有形成上规模的、能提供全方位一条龙服务的专业婚庆机构。因此，“各自为战”将逐步转变为“连横联合”，届时，由婚庆公司牵头，酒楼、宾馆、车队、鲜花店、婚礼主持人、美容院、影楼等相关商家将联手形成“一站式”服务，这也是未来婚庆服务业发展的方向。除了提供“一站式”服务的婚博会，只要找到这类综合性婚庆公司，即可享受到小到新娘美容、定制婚纱、设计喜帖、购买喜糖、邀请司仪等，大到婚车租赁、婚宴承办、代订蜜月旅行等周全又优惠的服务，而这其中的相关行业也在共营中实现共赢。

知识点1 婚姻庆典服务市场的需求特性

婚姻庆典服务业是指在一定的地理区域内，以新人消费需求为导向，为新婚的人们提供与婚礼有关服务的新的朝阳产业。婚姻庆典服务业作为一个集生产和服务为一体的综合性产业，其产业链较长、拉动性较强，有着巨大的市场潜力和商机。目前，国内婚庆市场呈现出以下特点：

① 婚礼庆典模式将呈现个性与多样、怀旧与时尚、注重情感与追求浪漫并存的格局。婚庆服务机构从传统的简单服务开始向重视婚礼文化层面、注重婚礼策划方向转变。

② 婚礼择日择时将逐步摆脱传统理念、地域风俗的束缚，婚礼消费将从“假日经济”的拥挤空间向外延伸，这一现象将会引起与婚礼相关的诸多社会经济行业的密切关注。

③ 随着回归自然社会风气的形成，举办婚礼的场所，将从基本单一的室内向庭院、园林、湖光山色等更有意境的自然与人文景观场所发展。

④ 随着数码时代的来临，数字技术和数码设备大规模进入婚庆市场，多角度渗透到婚庆经济领域，不断满足当代新人日益提高的消费要求与文化品位。

⑤ 新人更加注重创造婚礼现场的氛围，将舞美、灯光、展板、道具等引入婚礼场地的装饰；纱幔、布艺、鲜花、工艺品都将成为新人装点婚礼的热衷选择。

⑥ 新人对婚宴的需求将从经济实惠型向注重文化品位方向发展。在色香味的基础上为传统佳肴赋予纳吉、贺喜的新意，将会成为餐饮业争夺婚庆市场的重要方式。

⑦ 婚纱摄影新娘妆与婚礼新娘妆的化妆效果反差进一步明显，婚纱照将更加突出艺术修饰；而婚礼妆则更突出清新淡雅、真实自然。

⑧ 为了永久的纪念，新娘婚纱的租用比例在缩小，量身定做、购买的比例逐步增加。婚纱的款式更加时尚，与世界流行趋势接轨。追求简约、突出线条，诸如吊带、无带、露肩等款式越来越被现在的女孩所青睐。婚纱的面料也越来越考究，双色缎、闪光缎、蕾丝等新面料也已投入婚纱制作市场。①

我国婚姻庆典服务虽然已经有了一个良好的发展势头，但总体上还处于起步阶段，不能完全适应市场经济发展的需要。由于行业服务标准缺乏、行业服务机构良莠不齐等问题致使婚姻庆典服务还不能完全得到老百姓的承认。但是，通过婚姻庆典服务机构操办婚礼已经成为一种趋势，随之专门提供婚姻庆典的服务机构——婚姻庆典服务公司应运而生。

知识点 2　婚姻庆典服务公司的运作方式

喜结良缘无疑是人生的一大喜事，但要把喜事办得既隆重热闹又体面省钱，自然少不了要东奔西跑，因而在许多新人及家人眼中，筹办婚礼是一件费时费力的事情。如何少花钱也能让婚礼出新出彩，便成为新人最大的愿望，也就有越来越多的人将婚礼庆典交给婚姻庆典服务公司打理。

一般而言，开办一家婚姻庆典服务公司并不需要多少成本，只要几间像样的办公室，有几位工作人员，便可获得较为丰厚的利润。有关调查资料表明，开婚姻庆典服务公司规模可大可小，租一间 50 m^2 左右的门面房，安装一部办公电话，一两个助手，几张办公桌，有 5 万元的流动资金即可开业。

但婚姻庆典服务公司要完成好一份订单，其付出的劳动也是非常艰辛的。

1. 婚姻庆典服务公司的类型及特点

婚姻庆典服务作为一个新兴行业，在全国已到了火爆的程度，北京、上海、广州、深圳等地，

①佚名. 2009—2013年中国婚庆产业运行动态及投资前景咨询报告[EB/OL].[2009-06-13].http://www.chinabgao.com/report/print74030.html.

婚庆公司如雨后春笋般涌现。从经营方式来看，婚姻庆典服务公司大致有以下 5 种类型：

（1）专业婚庆公司

专业婚庆公司有一定的规模和实力，拥有自己的婚庆团队，如婚礼策划师、婚礼主持人、摄影摄像师、化妆师、灯光音响师、现场督导等，注重品牌形象的塑造和推广，讲究婚礼策划，以打造个性、时尚的婚礼见长。

（2）文化传播公司婚庆服务部

专业从事开业剪彩、会议会展、文艺和商业演出、婚礼庆典、礼仪、音像编辑制作等服务的文化传播公司，公司婚庆部承接婚姻庆典服务，以婚礼策划、婚礼摄像、灯光音响、场地布置见长。

（3）婚姻介绍所婚庆服务部

婚姻介绍所以婚介服务为依托，开展婚姻庆典服务，以组织大型集体婚礼活动见长。

（4）“小作坊式”婚庆服务

接到一份订单后，婚庆公司扮演的是中介角色，它与婚礼策划师、婚礼主持人、婚礼摄影摄像师、花艺师、化妆师等的合作是临时组建的，提供给新人的产品是松散式的，价格便宜，但诚信较差，纠纷较多。

（5）婚礼堂

婚礼堂，简言之是指将婚庆、婚礼、婚宴和影楼等集中在一起提供一站式服务的新业态。21 世纪初在我国出现，随着国家对文化创意产业的政策扶持，近几年在我国消费水平高的大城市迅速崛起，目前，婚礼堂大多借鉴了日本的“会馆模式”，采用将婚嫁主题的一站式服务综合到酒楼服务中，而最终从婚礼策划和婚礼宴会中转化出主要利润的盈利模式。婚礼堂在上海、北京、广州等特大城市以及消费水平高的大城市中发展迅速，而在很多二三线城市还没有形成市场。

婚礼服务行业分工细化，服务范围扩大并日益丰富，已经包括了婚礼咨询、婚礼策划、婚礼主持、婚礼化妆、婚礼拍摄、MV、婚车出租等方面，婚姻庆典服务公司的类型也呈现出多元化的特点。婚庆行业规范的缺失和低价位的市场竞争，使婚姻庆典服务公司又呈现出无序化的特点。

目前大多数婚姻庆典服务公司追求利益的最大化，忽视婚礼文化的传承，社会责任的担当和艺术审美的提升，大大限制了婚庆行业向更高层次的发展。如何使婚姻庆典服务公司在市场经济条件下不断壮大自身实力，实现自我积累、自我发展，将成为一个需要长期探索的问题。

阅读材料

结婚产业收费没有统一标准 服务质量良莠不齐[①]

“金九银十”是传统的婚庆旺季，婚纱照、婚宴、婚庆等一系列相关产业又热闹起来。婚宴是否难订、婚礼有无“猫腻”、婚纱摄影有没有市场新变化？记者深入一线，探查“甜蜜事业”成长境况。

“九十月份婚礼数量是平时的三四倍，公司一天最多要筹办六场婚礼。”最近，合肥的婚

① 佚名.结婚产业收费没有统一标准服务质量良莠不齐[EB/OL].[2015-12-21]. http://money.163.com/15/0921/11/B41J9V7700253B0H.html.

礼策划师小李忙得昏天黑地。

此时，新人们扎堆拍婚纱照、筹划婚礼。然而目前婚庆市场进入门槛低，产生了不少“杂牌军”，部分婚庆公司、婚纱摄影隐形费用多、标准模糊、夸大效果，这些“甜蜜陷阱”给喜庆的婚礼带来几许不和谐色调。

“结婚犹如打仗，各个环节都在斗智斗勇，最后还是超出了预算”——收费没有统一标准，服务质量良莠不齐

2015年9月初，六安市民胡小姐终于拿到了婚纱照。“本来预算是7 000元，定的也是6 999元的套餐，可是最后还是花费了近1万元。”胡小姐告诉记者，6 999元的套餐可以拍摄200张照片，但是最后拿到手的只有60张，如果需要再精修、打印其他照片，1张照片需多支付60元。

婚纱摄影中，遇到胡小姐这种情况的消费者不是少数，这项规定甚至成了行业的“潜规则”。

一位不愿意透露姓名的婚纱摄影师表示，大型影楼六七千元的套餐会有五六十张精选照片给顾客，但是六七千元的套餐拍个 100 多张照片很正常，最后新人来挑照片的时候，大多数是不舍得删掉另外百来张照片的，另加照片就要多付钱。

拍摄婚纱照只是结婚筹备工作的第一步。2015年5月份结婚的安庆市民周女士，一提起婚庆公司就生气。“花了3 000多元，在婚庆公司请的双机位摄像，结果出来的录像画面、光线都有问题。”周女士告诉记者，之前和婚庆公司沟通时，对方表示3 000多元的价位能请到公司的“首席摄影师”，但她没想到档次颇高的“首席摄影师”会拍出这样的片子。

“金牌司仪”“首席摄影师”“专业化妆师”……在婚庆公司内，经常能看到这样的宣传字眼。但从事婚礼策划师工作十几年的李先生向记者透露，其实，婚庆公司的司仪、策划师不需要资质认证，所谓“金牌”都是自封的，拍摄效果难以保障。

“婚庆行业猫腻多，有时候防不胜防。”胡婧说，“结婚犹如打仗，各个环节都在斗智斗勇，最后还是超出了预算。”

“提供无形服务，顾客只有婚礼当天才知好坏，之前全凭销售一张嘴”——婚庆业入行门槛低，监管标准亟待规范

婚庆服务本是一项“甜蜜事业”，但为什么婚庆行业会有如此多的“甜蜜陷阱”呢？

近日，记者走访省城婚庆市场发现，婚庆公司大多包括婚礼策划、现场布置、摄影摄像、司仪主持、婚车装饰及租赁等服务。其中一些是规模较大的专业婚庆公司，也有一些小公司甚至就是一个几平方米的店面，此外还有一些只是路边花店兼营婚庆业务。

在合肥一家婚庆公司从事策划师工作的小蒙告诉记者，店内只有三个策划师，旺季的时候，两场婚礼可能就一个策划师两边跑，如果忙不过来，公司也会找一些朋友或者临时招一些兼职来帮忙。“婚庆服务没有统一的标准，只要有人脉、能说会道就可以开一家婚庆公司。”小蒙说。

在合肥市寿春路开婚庆公司的李女士也坦言：“婚庆提供的是无形的服务，顾客看不着摸不着，只有婚礼当天才知道好坏，之前全凭销售一张嘴。”

业内人士指出，“一生只有一次”的想法让婚庆市场暴利丛生，在高额利润以及行业低门槛的情况下，设备、人员缺少的“草台班子”也做起了婚庆服务，不少工作人员未经专业培训，综合素质较差，自律意识缺失，无法给消费者提供优质、高效的服务。

据了解，当前，我国并没有调整和规范婚庆服务行业的法规，仅在2009年12月实施了首部《婚庆服务标准》。工商部门对此行业进行监管时，只能针对消费者权益受到侵害的情况，适用《消费者权益保护法》等消保方面的法律法规对婚庆服务市场主体违法行为进行规范和惩处。

“结婚是人生大事，总希望顺顺利利的。”在随机采访中，不少已婚市民表示，或多或少遭遇过“甜蜜陷阱”，但大部分人选择了“大事化小、小事化了”，不过大家也表示，希望出台相关法规，明确监管单位，加强行业监管和标准规范。

“告知服务和收费详情，签订标准协议，让新人明白消费”——电商入局竞争加剧，服务为王赢得市场

阿里巴巴推出婚庆平台、腾讯入股的大众点评网成立结婚事业部……近两年，电商巨头纷纷瞄上婚庆服务市场。

合肥市一家婚庆公司负责人刘先生表示，婚庆电商打破了传统结婚行业信息不透明的状态，为消费者提供婚纱摄影、婚纱礼服、婚庆、婚宴酒店等结婚全产业链信息，并通过线上系统预约、在线沟通等各种渠道让用户与商户接触，并提供预约到店的功能，从线上到线下，跟踪整个流程，给婚庆行业带来了不小的冲击。

“电商入局，酒店也开始自办婚庆，婚庆服务行业竞争日益激烈。”在合肥市寿春路开婚庆公司的李女士告诉记者，不断上涨的房租成本，也摊薄了利润，“现在寿春路上的门店，一年的租金高达十几、二十多万元，不少婚庆公司已经搬到了写字楼，降低成本。”李女士表示，为了赢得市场，公司已经加强员工培训，力争为消费者提供更好的服务。

记者在走访中发现，不少婚纱摄影、婚庆公司都意识到市场竞争加剧带来的危机。“不少顾客进店之后，你能感觉到他们对婚庆行业的不信任感，我觉得现阶段必须提升服务、加强品质，赢回顾客的信任。”从事婚庆行业十几年的李杰说。

婚庆服务环节众多，大多门槛较低，加上行业自律缺失，婚庆服务及收费缺少规范和标准。省婚庆行业协会相关负责人介绍，行业协会目前正在推广“一单式收费告知”和“标准化服务协议”制度。在此制度下，婚庆公司要将所有服务环节和收费详情告知客户，并签订标准协议，任何一方违反协议，都要承担违约责任，让新人明明白白消费。

2. 婚姻庆典服务公司运作程序

具体而言，婚姻庆典服务公司的运作程序一般包括以下步骤：

① 当婚姻庆典服务公司接到一份订单后，先要根据顾客要求，做出客观、翔实、具体的婚礼策划书，要求较高的，其婚礼策划书有的长达数十页。主要包括婚庆公司为新人设计的婚礼主题、品牌 logo、婚礼的主色调等；需要婚庆公司提出对整场婚礼的创意和想法；婚礼仪式的流程、主要环节的灯光、音乐选择等；婚礼各环节的场景布置方案，有具体的照片或效果图；婚礼当天的花艺选择，设计方案和婚礼全天的工作安排。

② 当婚礼策划书获得顾客认可后，婚姻庆典服务公司就开始确定婚礼的具体工作人员，例如婚礼主持人、化妆师、督导师等。较大的婚姻庆典服务公司都会有自己的专职婚礼主持人、花艺师、摄影摄像师、音响师、音乐编辑等，但小公司就需要临时联系相关工作人员。

婚姻庆典服务公司会让新人与婚礼主持人及策划人员进行沟通；联系化妆师为新人进行试妆；联系摄影、摄像师，请新人观看他们以前拍摄作品的质量并提出拍摄要求；请新人确定好婚车车型等工作；在婚礼的前一天对婚礼现场进行布置，放置鲜花、蜡烛和冷焰火等；绘制喜筵现场草图，标明各桌亲友名单；进行婚礼彩排，即新人在举办婚礼前事先对婚礼的流程进行模拟彩排。

③ 婚礼当天的服务。婚姻庆典服务公司将为新娘提供全天专业化妆，提供婚车供新人乘至婚宴酒店，督导师在婚宴现场进行指挥，婚礼主持人为新人主持典礼仪式，摄影摄像师对婚礼全过程进行拍摄。

④ 婚礼产品的制作与包装。婚姻庆典服务公司将婚礼全过程拍摄的素材及相关的婚礼产品进行后期制作与包装。主要是精编片头、片尾以及配乐，字幕，现场精彩花絮，精美盘贴、盘盒的包装。有的婚姻庆典服务公司还会按照策划创意和新人需求，对不同摄像机拍摄的标清、高清素材进行实时混合编辑，配合大量绚丽的三维特效和图文效果，以及大量华丽的婚庆工程模板，以唯美画面诠释婚礼真谛，让客户珍藏最华丽的婚庆影片。

知识点 3 婚姻庆典服务的具体服务项目

1. 确定举办婚礼的场所

婚姻庆典服务一般先要确定举办婚礼的场所。举办婚礼的场所根据新人的兴趣爱好和婚礼的形式不同，分为室内的场所和室外的场所。

室内的场所包括宾馆、酒店、酒楼、生态园等。它的特点是举办婚礼仪式的地点，同样也是来宾就餐的地点。大家共同聚会在一起，共同庆贺，共同就餐，显示出喜气洋洋、其乐融融、欢乐祥和的气氛。这种形式，也被绝大多数新人和新人的父母所接受，是一种最常见的婚礼形式。

室外的场所包括草坪、森林、公园的景致、室外的开阔地带等。选择一片绿地或郊外别墅花园，或湖边草坪或依山傍水，经过精心装点，在大地、蓝天、阳光、绿草、鲜花中与亲朋好友共同投入大自然的环抱，共享别致典雅、新颖时尚的婚礼氛围。在自然风光、空气清新、舒适静谧的室外举行婚礼会让来宾耳目一新，铭记这充满个性的婚礼形式，这样的婚礼越来越受到追求时尚和个性的青年一代的推崇。

2. 拍摄婚纱照片

婚纱照对于新人来说是婚礼筹备很重要的一部分。专业的婚纱照拍摄途径有两种选择：婚纱影楼和摄影工作室。

婚纱照承载着新人对美好、幸福时光的回忆，每一对新人都希望婚纱照能够呈现出新人最美、最动人的一面，记录下新人自己的花样年华。打造完美的婚纱照，从服装造型到摄影师再到场景的选择，每一个环节都至关重要。服装的选择首当其冲，奢华典雅的白纱、高贵优雅的旗袍，为新人打造出不同风格的造型。其次，要选择优秀的摄影团队，摄影团队一般包括摄影师、化妆师、灯光助理。最后是场景的选择，清新唯美、浪漫温馨、尊贵豪华，为新人们打造出风格迥异、绚丽多姿的婚纱照。

拍摄婚纱照是新人享受幸福的过程，要想让拍摄婚纱照变得轻松愉快，一般来讲，结婚前 2 个月就得准备开拍，因为从拍照、看样要 40 天左右，加急最快也得 20 多天。

3. 进行婚礼策划

婚礼策划大多是由婚礼策划师完成的。

婚礼策划师就如同婚礼的“总导演”。在婚礼前期，策划师会帮新人一起挑选吉日、挑选酒店、挑选婚礼服装、寻找婚礼场地、场景布置以及确定背景音乐和喜烟喜糖，并为新人设计一套适合他们个性的婚礼方案。同时，组织婚礼当天各项工作，安排好结婚现场的灯光、舞美、音乐和婚礼主持人。为避免新人们忙中出错，策划师在各个程序中都设计了独有的手势引导新人。新娘、新郎只要耳听婚礼主持人、眼看婚礼督导师就能有条不紊地进行仪式。

优秀的婚礼策划师首先是策划过多场不同形式的婚礼，有着丰富的经验；其次是对婚礼习俗、婚礼文化以及婚庆行业有着深刻认识和理解；再次是有很好的想象力、创造力以及良好的语言表达能力和沟通能力。最后还要有很强的敬业精神，拥有一定的人格魅力。

4. 确定婚礼主持人

婚礼上，新娘新郎是绝对的主角，但是要想上演一场完美的婚礼，除了男女主角之外，有一个重要角色是不可或缺的，那就是婚礼主持人。

婚礼主持人是一场婚礼的灵魂。他控制着整个婚礼现场的情绪和氛围，婚礼场上所有人的思路和视线全跟着他走。一个出色的婚礼主持人不仅会为整个婚礼增光添彩，推波助澜，营造喜庆热闹的气氛，而且还应该随机应变，幽默风趣地帮助新人巧妙安排，协调好各方面的关系。婚礼主持人的作用在现代婚礼中已经越来越不可忽视。

一名优秀的婚礼主持人，除了主持正常的婚礼仪式外，还要根据现场来宾的情况调节整个婚礼现场的气氛，甚至还要担当婚礼策划的角色，根据新人的需求，量身定制个性婚礼。

5. 确定婚礼摄影摄像团队

摄影摄像师是婚礼忠诚的记录者和见证者，一场成功、完美、动人的婚礼是由婚礼摄影摄像师共同记录的，二者同等重要，哪一方面有所缺失都会让这场浪漫的婚礼失色不少。

婚礼摄像主要以纪实为主，注重记录婚礼当天的全过程。而婚礼摄影更注重浪漫的渲染与唯美画面的捕捉，提炼出最精彩的瞬间，让你有更大的想象空间。婚礼拍摄，以记录为主，可适当加入一些场景、饰品与新人的唯美画面；而婚礼摄影则更注重人物与嘉宾的生动表情与情绪的表达，将瞬间定格成永恒。

婚礼摄像和摄影，一个追求过程的连续性，一个追求精彩的瞬间，是不能相互替代的，照片更容易与大家分享和传递。专业摄影师都会把婚礼拍摄的照片，编辑制作成数码光盘交给新人，照片的数量一般在 300～500 张左右。新人可以从中挑选自己满意的照片，洗印放大，作为永久的纪念或者送给亲戚、朋友。

6. 进行婚礼化妆造型设计

化妆造型对于一对新人来讲是很重要的一个环节。在婚礼现场，最传神的莫过于新娘新郎的妆容．新娘的妆容不宜太浓也不宜太淡，要做到恰到好处。透明红润的肤质、淡雅粉嫩的双颊、含情脉脉的眼神、楚楚动人的神态，打造出一个可爱的美丽新娘。当然，每个新娘要选择出适合自己的妆容，端庄秀美、雍容华贵、另类张扬、俏皮可爱，不同的妆容可以打造出不一样的甜蜜瞬间。新郎除了头发修剪整齐，胡须刮得干净整洁外，要化点淡妆。新郎的妆容要化得清新、自然，既要保留新郎的自然美，又体现一种修饰美。通过化妆造型，美丽可爱的新娘、充满活力的新郎在婚礼现场处处散发着迷人的青春气息。可见，新郎新娘的化妆和造型在整个婚礼过程中也起着决定性的作用。

时下，新人对婚礼中的化妆造型有了更多的期盼，婚礼化妆造型师的工作经验和熟练程度成为新人选择的重要指标。

7. 进行婚礼场地布置和舞美设计

结婚是一辈子的大事，每一对新人都真心期待能在隆重而温馨的气氛下，完成一场神圣的婚礼。如今，无论是传统的中式婚礼还是简约的西式婚礼，婚礼场地的出色布置都会为新人的婚礼增添更多的亮点。婚礼场地是整个婚礼的舞台，涉及背景布置、物品安置、舞台设备、灯光音效、酒宴服务等诸多事宜，主要包括舞台背景、仪式区、红毯区、入口处、路引、桌花、花门、迎宾区、签到台、照片展示区、楼梯等的布置和设计。

婚礼场地的布置，往往离不开鲜花、轻纱、布艺、灯光、烛台、LED、“星光大道”、烟雾机、冷焰火、浪漫泡泡、丝带和气球。舞美设计的关键在于整体的策划和细节的追求。舞台的背景幕帘、新人将要走过的“红毯”、餐桌上的花柱等，到处都是体现新人追求时尚和张扬个性的平台。

婚礼场地布置和舞美设计要和新人的生活背景、兴趣爱好、婚礼的形式和婚礼的基调有机结合起来，做到风格统一、重点突出、精致大方。既不能过于单调，凸显不出新人的风格；又不能过于花哨，抢过新人的风头。一个精致独特的婚礼场地布置，既能令宾朋津津乐道，也能让宾朋一同感受新人甜蜜温馨的欢乐气氛。

8. 确定婚礼花车和车队

中国古老的婚礼传统习俗中，迎接新娘是要乘坐花轿到新郎家。但如今已逐渐发展到用五彩缤纷的婚礼花车去迎娶新娘。特别是进入20世纪80年代以后，我国许多城市和部分农村，在新人举行婚礼时，新娘大都是乘坐婚礼花车到新郎家或婚宴场所，适合装饰婚礼花车和精心打造婚礼车队已成为现代青年婚礼仪式上必不可少的一种新时尚。

多数婚礼花车是用彩艳缤纷的多种花材组合而成；也有只用单一的花材装饰花车的，例如百合花车、玫瑰花车等。装饰婚礼花车，重点是车头、车顶和车尾三部分。车头部位是整个花车装饰的焦点和突出位置，插花的色彩要艳丽，以烘托出婚礼的喜庆和热烈气氛。装饰花车时，花材不能遮挡驾驶员的视线，同时也不宜高，以免花车开动时遇大风损坏造型。车顶与车尾的花饰，装饰面积不要过大，用花量要少于车头，选用的花材和装饰形式，应与车头的插花相协调且彼此相呼应。

9. 其他相关服务

随着婚庆服务内涵的拓展，其他相关服务也在不断推出，比如，蜜月旅行服务、新婚辅导等。

任务 2
婚姻庆典服务基本运作程序

由婚庆公司提供的婚姻庆典服务的基本运作程序包括：前期咨询、婚礼简报、签订婚礼服务正式的合同文本、场地考察、策划婚礼方案、礼仪指导、当日统筹、后期精心制作婚礼音像资料等程序。

知识点1 婚姻庆典服务的总体服务程序

1. 前期咨询

新人可以通过电话或面谈和策划师进行前期交流，并且了解公司的服务内容和服务流程。

2. 提供初步婚礼建议

经过面谈了解新人对婚礼的设想与期望，婚庆公司服务人员详细记录新人的想法与要求，介绍相关服务项目的标准及鉴别方法。根据酒店特点、婚礼规模观看关于新人意向的照片和视频的历史参考资料，提出专业的建议和确定初步的设计及计划，包括婚礼形式、场景氛围、婚礼的基调等。告诉婚庆公司服务人员新人对婚礼的要求和想法，婚庆公司根据新人的要求制作婚礼预算单，就策划方案、音乐、布置等提出合理性建议。

3. 考察场地

婚庆公司服务人员和新人一起去婚礼现场考察场地，与酒店方核实资源，并根据现场的特点设计具体的婚礼计划方案，同新人讨论计划方案（包括婚礼流程、花艺装饰、灯光架构色彩搭配等）酝酿出一份详细婚礼设计预算明细。

4. 签订婚礼服务正式的合同文本[①]

认真与新人讨论设计预算，倾听新人的反馈意见，进行协商，拟签订正式合同[②]，合同会附有合同附件（婚礼预算明细）。新人审核合同内容及条款，按要求缴纳预订款（定金），公司收款并开具收款凭证。

5. 撰写策划方案及调整和落实

合同订立后，婚庆公司为新人提供详细的《婚礼策划方案》《婚礼流程方案》《婚礼工作人员通信名录》并指导新人筹备婚礼物品和前期的准备工作，反复沟通婚礼细节和当天的主要议程。确定最终的婚礼流程、人员安排及物品清单，用书面形式与新人确认。

同时，新人与婚庆公司服务人员一同根据计划进程落实与自身相关的范畴内容，婚礼策划师

---

① 见中国国家标准化管理里委员会于 2009 年 11 月 23 日发布的《婚庆服务合同》示范文本及本书第九章。

② 同上。

统筹监督整个进程，并完成婚礼所有环节的准备工作。按计划完成婚礼的分项时间准备：安排新人试妆及拍定妆照，安排新人与主持人的面谈，与摄影摄像师的沟通，并详细记录沟通的细节与结果。在准备工作到位的情况下，新人于婚礼前一周补齐余款。婚礼当天，按合同项目内容及执行计划内容完成所有工作，确保婚礼完美实施。

6. 进行礼仪指导

进行礼仪指导又称彩排。婚礼仪式是庄严神圣的，婚礼现场有很多相关的礼仪，不仅是为能够拍出完美的影像，也是对来宾的尊重。通过婚礼前一天的彩排，婚礼策划师会对新人的婚礼仪态进行专业的指导，例如如何走婚礼台步、互戴戒指、切蛋糕和倒香槟等的动作指导，会让新人做出的每一个动作都非常优美，整场婚礼唯美浪漫，有表演的活动也要提前预演为避免婚礼当天过分紧张而出错，使新人的婚礼不留遗憾。婚礼前一天，还要根据婚礼流程指导新郎新娘仪容、仪表、仪态。

7. 婚礼当日统筹运作

在婚礼主持人的主持下，督导师协助新人，在灯光、音乐等各方面的配合下，婚礼当天按合同项目内容及婚礼策划计划内容完成所有工作直至婚礼结束。

8. 后期精心制作婚礼音像资料

制作统一风格的照片、CD 个性相册、视频 DVD 等。精编片头、片尾以及配乐、字幕、现场精彩花絮、精美盘贴、盘盒的制作与包装。

做一场完美的主题婚礼就像做一项工程一样，方方面面都应该注意。一场完美的主题婚礼还应该注意以下几方面:①

① 主题婚礼设计：含设计概念、色调、元素、材料，让婚礼充满着芬芳和圣洁。

② 婚礼咨询规划：规划出专属于新人的婚礼仪式、婚礼流程、含婚礼吉日择定、婚宴进行方式。

③ 场地布置设计：含空间环境设计、氛围营造设计，让宾客在结婚殿堂下见证新人的爱情。

④ 结婚平面设计：创意喜帖、婚宴菜单、欢迎板、座位卡、大型写真、新人致谢函、回礼等。

⑤ 婚礼现场服务：婚礼总指挥、主持人、婚礼人力资源配置、婚礼日程管理、婚宴宾客管理等。

⑥ 花艺设计：以娇雅的花朵衬托出神圣典雅的婚宴会场，用缤纷的色彩设计出浪漫华丽的婚礼。

⑦ 婚礼音乐：婚礼音乐为幸福仪式中的一股新风潮，让新人们更能体验一生一世永恒的坚贞。

⑧ 婚礼送客小物及回礼：新人在小礼物的选择上也越多元化、越来越创新，与大家共同分

① 佚名．主题婚礼应注意的问题[EB/OL].湛江花嫁婚庆网.[2009-06-16].http://www.love0759.com.

享结婚的喜悦。

⑨ 舞美灯光：舞美灯光的设计更加将新人的婚礼现场烘托出神秘的感觉。

知识点 2 婚姻庆典服务的策划服务程序

1. 策划师与新人一起了解婚礼

婚礼策划师的主要职责是为新人策划婚礼的全过程及细节，帮助新人完成婚礼梦想。

在和新人沟通的时候，婚礼策划师会把婚礼的意义传达给新人，并把流行、时尚、适合的婚礼资讯带给新人，并跟新人一起了解婚礼，包括传统的中式婚礼、简约的西式婚礼、温馨的酒店婚礼、神圣的教堂婚礼、时尚的草坪婚礼、浪漫的烛光婚礼……作为婚礼策划师，要融合现代文化和流行元素，为新人提供与众不同的创意。

不过，婚礼策划能否成功，有时也取决于新人的态度。有的新人一味效仿他人，自然难有新意，还有的受观念制约，无法接受时尚事物，婚礼也难以出彩。为此，需要与每对新人沟通，了解他们的个性化需求以及参加婚礼人群的年龄段和文化层次。

2. 策划师了解新人

就是策划师和新人进行沟通，了解新人的背景资料，了解新人对婚礼的设想，策划师会积极引导新人，激发他们的热情，挖掘他们的潜能，让他们积极地投入到婚礼策划中。在沟通中共鸣，寻求双方的认可。

婚礼策划师通过了解新人的家庭背景、职业特点、兴趣爱好等，分析出新人的潜在要求。具体如下：

新人对婚礼的潜在要求

新娘气质特点	新人对婚礼的潜在要求
高贵复古型	体验欧式贵族的奢华
简洁优雅型	高贵圣洁的新娘
前卫另类型	最有个性的惊人新娘
甜美可爱型	做宝贝公主
活泼开朗型	简约不简单的诉求
多彩好“色”型	最靓丽的新鲜人
现代冷艳型	时尚绝伦的新娘

婚礼策划师根据新人的消费需求，从新人对婚礼的潜在要求入手，加入品质化的婚礼元素，结合婚礼的时尚流行趋势，为新人营造完美、个性、创意无限的婚礼氛围。

婚礼元素大致有以下几类：欧洲古典主义元素，唯美主义元素、浪漫主义元素、印象主义元素、现代主义元素、后现代主义元素。

欧洲古典主义婚礼元素可以很强烈地感受到浓厚的文化底蕴，色彩上采用金色为主的华丽颜色。材质的风格一般是复杂的装饰结构机理，表现出华贵典雅的特点。有哥特式、巴洛克式、洛可可式的造型规律。哥特式风格，以尖拱、拱顶、细长柱等为其特征；巴洛克（Baroque）源于西班牙语及葡萄牙语的“变形的珍珠”（barroco）；洛可可风格，追求柔和、优雅、轻盈、温馨的艺术效果。装饰上以流线型的造型为主，古典主义婚礼装饰风格从巴洛克的金碧辉煌逐渐变为洛可可的潇洒灵巧。总之，欧洲古典主义婚礼元素，适合高贵复古型——体验欧式贵族的奢华的类型。

浪漫主义婚礼元素，强调自然与想象的完美结合，注重点线面的巧妙搭配和组织。而颜色上以浅色调为主，适合简洁优雅型——高贵圣洁的新娘的类型。

印象主义婚礼元素，以色彩鲜艳和斑斓为其特点，注重对比的跳动的色彩搭配，如蓝色和橙色的搭配、黄色和紫色搭配、红色和绿色的搭配，并使物体的环境色彩和色彩的相互渗透，它的整个色彩感觉就如同记录下了大自然里朝晖夕阳的万千气象一样缤纷美丽。它适合多彩好“色”型——最靓丽的新鲜人和活泼开朗型的新娘。

现代主义婚礼元素，注重材质的表现，特别是运用光滑表面的材质，如光滑的金属、光滑的大理石、玻璃等，注重光的照射折射和反光的处理，颜色上则运用冷色调为主。它适合现代冷艳型和前卫另类型——做最有个性的惊人新娘。

后现代主义婚礼元素，注重人和人的亲切感和谐感的处理，所以在材质上要选用棉质和丝绒质感的装饰。它适合简洁优雅型和甜美可爱型——做宝贝公主类型的新娘。

3. 策划师确定策划方案

根据新人的特点，确定什么样的婚礼适合新人，最后确定婚礼的具体形式，包括婚礼开场的形式、新人进场的方式、点烛台的方式、交换戒指的方式、游戏互动的方式、形成策划方案。

策划方案要涉及婚礼创意的确定、婚礼执行方案的拟定和婚礼日程表的起草。婚礼创意大多通过婚礼形式、婚礼风格、婚礼主题、婚礼元素、婚礼细节去体现。婚礼执行方案一般包括婚礼筹备计划、婚礼前准备、婚礼当天流程。

知识点3　婚姻庆典服务的主持服务程序

主持人又称司仪，是婚礼仪式的重心，主持人应该熟悉婚礼习俗，灵活幽默，善于应变。

目前的婚礼主持人一般兼任婚礼策划师的角色。婚礼主持首先要根据新人不同的文化背景和文化层次，针对新人不同的要求，为新人量身定做符合新人特点的婚礼。

婚礼前，与新人见面策划婚礼当天行程安排、典礼程序、婚宴节目表，确定婚礼服务人员、礼宾人员等。

婚礼前一天，婚礼主持人协助新人做最后彩排，告诉新人典礼仪式过程中的注意事项，以便正式仪式时信心十足。婚礼主持人协助新人构思演讲词，以助新人大方得体地倾诉内心情感。婚礼主持人与当天负责婚宴的现场督导就婚礼执行方案做最后跟进，确保整个婚礼程序清晰、畅达。

婚礼当天，婚礼主持人在仪式开始前扮演统筹角色，察看场地、音响布置、座位安排以及处理有关临场变故，协助婚宴准时、流畅举行。婚礼主持人宣布典礼仪式开始，按照既定的典礼程序，为新人主持庆典仪式。按照新人的意愿及要求，婚礼主持人主持婚宴时的综艺表演环节，设计新人游戏，营造喜庆欢快的氛围。

具体婚礼流程表如下：

婚礼流程表（以北京地区为例）

时间	项目	工作人员	新人及家属	内容	准备
婚礼流程					
06:30—08:00	新娘化妆（新娘家）	化妆师、摄像师、摄影师	新娘、父母、伴娘	新娘化妆、着装、摄影摄像拍摄	准备出新娘、伴娘、新娘父母胸花，以备新郎到后为大家佩戴
06:30—07:00	新郎准备	摄像师	新郎、父母、伴郎、接亲人员	新郎梳洗、为父母佩戴胸花，摄像拍摄	出门时通知新娘
07:00—08:00	新郎出发	摄像师	新郎、伴郎、接亲人员：	新郎父母前往酒店新郎前往新娘家	提前 15 min 电话通知新娘方
08:00—09:00	挤门、找鞋、佩戴胸花	双机位摄像、摄影、跟妆	新人、伴郎伴娘、部分亲友	新郎挤门、找鞋、佩戴胸花	注意控制时间，最晚不超过 09:15，出发前告知主持人及现场督导
09:00—10:10	抵达酒店	双机位摄像、摄影、跟妆	新人、伴郎伴娘、部分亲友	亲友、主持酒店外迎接	现场督导组织相关人员准备礼花
10:10—10:30	酒店外照相	双机位摄像、摄影、跟妆	新人、伴郎伴娘、部分亲友	简单照相合影	照相时间控制 10:30 前完成
10:30—10:50	休息、补妆	跟妆	新人、伴郎伴娘	新人准备，主持人、督导最后确认设备	婚礼所需物品准备好（戒指、礼物、誓言书、交杯酒、敬茶杯）
入场					
10:58	主持人开场	主持、音响、灯光、摄影、摄像	新郎、新娘准备入场	主持人开场串词	全场灯光关闭、仅开启舞台灯光
10:59	主持人串词	同上	同上	同上	开篇音乐
11:00—11:06	新人入场，伴郎伴娘随同	音响、灯光、摄影、摄像	新人、伴郎伴娘	新人向来宾招手致意，亲友撒花瓣	音乐，仅红毯上方灯开启追随新人入场
11:06—11:08	来宾介绍	主持、摄影、摄像	新人	主持人代新人向来宾问候	仅开启舞台灯光
11:08—11:12	主、证婚人讲话	摄影、摄像	主婚人、证婚人	讲话	伴郎伴娘准备戒指和信物
11:12—11:15	交换戒指、信物	主持人、摄影、摄像	新人	交换戒指、信物、接吻	伴郎在台下准备交杯酒
11:15—11:16	交杯酒	主持人、摄影、摄像	新人、伴郎	伴郎把交杯酒送上舞台	音乐
11:16—11:36	游戏	主持人、摄影、摄像	新人及亲友		全部灯光开启
11:36—11:40	敬茶、改口费	主持人、摄影、摄像	新人、伴郎伴娘、父母	伴郎伴娘端托盘、新人敬茶、收改口费	音乐
11:40—11:45	新郎母亲、新娘父亲讲话	主持人、摄影、摄像	新郎母亲、新娘父亲	讲话	同上
11:45—11:50	倒香槟	主持人、摄影、摄像	新人	倒香槟	同上，11:50 开始上凉菜
11:50—11:52	朋友代表讲话	主持人、摄影、摄像	朋友代表	讲话	同上
11:52—11:56	送手捧花	主持人、摄影、摄像	新娘	送花、讲话	同上

知识点4　婚姻庆典服务的摄影摄像服务程序

婚礼摄影摄像师负责记录新人一生中最美好的镜头，所以要事先沟通，避免珍贵镜头被遗漏。拍摄费、购买胶卷、冲洗费、后期的电子相册制作等费用都要详细咨询。所以，摄影摄像师的服务程序主要有以下几方面：

1. 了解婚礼程序

对当地婚俗和程序仪式的了解是拍摄成功的关键。我国地域广大、婚俗各异，拍摄者要做到心中有数；同时向客户了解仪式过程，做到重点突出，避免遗漏。

2. 准备摄影摄像器材

婚礼摄影师会提前准备好两部宜用轻便、实用、可靠的器材，一部为主、一部为辅，轮流使用，节约换卷时间；有条件还会准备一只超广角镜头；一只与机身相配的闪光灯；有连闪同步装置的大指数闪光灯；充足的电池及质量可靠的胶卷。婚礼摄像师要提前将电池充电，并准备好后备电池；检查磁带、采集卡质量和机器状态，先进行试拍，以确定设备良好。

3. 拍摄新人新房和婚礼迎娶的过程

婚礼摄像师将提前至新人新房进行拍摄，婚礼当天，将拍摄新郎迎娶新娘，婚宴现场至婚礼结束的整个过程。

4. 拍摄婚礼现场

婚礼现场是拍摄的重中之重。一般来说，由于人们喜爱红色，它象征着吉祥、幸福。在拍摄中，婚礼摄影摄像师会选用红喜字、红蜡烛、彩色气球等物品作为画面陪衬，美化构图，同时拍摄一些来宾的镜头，烘托喜庆气氛。

婚礼摄影师应全神贯注抓拍精彩瞬间，连续拍摄，并灵活运用熟练拍摄技法，确保每一个珍贵镜头的捕捉。

5. 进行后期制作

将婚礼全过程拍摄的素材进行后期制作与包装。制作CD个性相册、视频DVD、视频MV等。

知识点5　婚姻庆典服务的化妆服务程序

化妆师也是婚礼服务必不可少的人员，其服务的基本流程如下：

1. 试妆

婚礼化妆师按照新人预约为新人试妆，了解新人对婚礼化妆师使用的产品和工具是否合适，化妆力度是否适应，化妆手法是否习惯，妆容是否满意。

2. 沟通

婚礼化妆师与新人进行很好的沟通，对新人的服装选择提出合理建议。通过对新人肤色、风格、服装的把握，对新人进行专业的发型设计、饰品搭配，并确认新人婚礼当天的服装、发型和饰品。

3. 指导

婚礼化妆师对新人婚前的面部、颈部、手部的护理和保养提出科学、有效的指导意见。

4. 约定婚礼当日的服务时间地点

婚礼化妆师与新人确定婚礼当天到达酒店的具体地点和时间。

5. 婚礼当日的跟妆服务

婚礼化妆师全程负责新郎新、娘婚礼当天的妆容。新娘妆无疑是婚礼化妆师的重点所在，既要全方位地展示新娘各种造型的美丽，还要照顾到婚礼现场的各类突发事件及时补妆，跟妆补妆相得益彰，让新娘在婚礼当天变得更加靓丽迷人。

知识点 6 婚姻庆典服务的花艺服务程序

婚礼花艺师是布置婚礼现场的主要人员，一般婚礼花艺师既可以独立存在，也可以集婚礼策划师、花艺师、督导师为一身。其服务流程主要包括：

1. 场布策划

在婚礼前，根据新人的不同气质、职业、性格、喜好，做出花艺造型的整体策划，与场地布置相得益彰。

2. 花材预算与采购

在造型整体设计方案敲定后，负责婚礼活动的花材数量的预算和采购。

3. 现场布置

在婚礼前一天，根据造型整体设计方案负责单场活动的花艺造型的现场布置实施和指挥工作，并完善细节局部的布置实施及指挥工作。从颜色、花材搭配到整体的场景布置都围绕婚礼主题进行完美的装饰，达到良好效果。

4. 车花、手捧花、胸花的制作

婚礼当天为新人量身打造车花、手捧花、胸花。

5. 婚礼当天的完善

婚礼当天，察看背景场地、路引、音响、灯光等一切现场，对花艺造型做最后的完善。

在婚礼仪式过程中，花艺师和婚礼督导师，婚礼主持人，婚礼摄影师，婚礼策划师完美配合，营造喜庆欢快的氛围。

知识点7　婚姻庆典服务的现场督导服务程序

婚姻庆典服务的督导服务一般由婚礼督导师负责，负责组织协调整个婚礼程序，必须对整个婚礼程序了如指掌。策划师和督导师可以由2个人分工，也可合二为一。

1. 协调

协调与酒店的关系，包括酒席桌椅的摆放位置、舞台布置需酒店提供的设备、签到台的安放等。

2. 组织新人入场仪式

组织新人入场仪式包括进场人员的次序、其他工作人员的位置，如摄影、摄像、礼炮、花童各自的位置及职责。

3. 安排音乐并组织实施

如果新人要播放自己喜好的特定音乐，需提供能供酒店播放的音乐素材带，计算机播放需考虑与酒店音响的接驳问题，可供酒店音响播放。多套特定音乐最好提供单片音乐碟片，以便切换及时。

4. 协调灯光控制问题

此项主要包括控制灯光的强弱和时间节点，灯光控制条件为酒店可能情况下的灯光控制，不提供无限制的灯光控制服务。

5. 负责婚礼仪式上必需的道具准备

所用的道具包括如托盘、蜡烛、纸笔等。

此外，还包括邀请参与婚礼仪式的嘉宾并提供指引服务，提供烛光仪式的指引服务，新人换衣服及其他流程提醒服务，以及对伴娘和伴郎进行指导服务。

❁项目小结

① 婚姻庆典服务业是指在一定的地理区域内，以新人消费需求为导向，为新婚的人们提供与婚礼有关服务的新的朝阳产业。婚姻庆典服务业作为一个集生产和服务为一体的综合性产业，其产业链较长、拉动性较强，有着巨大的市场潜力和商机。

② 婚姻庆典服务公司的类型及特点。从经营方式来看，婚姻庆典服务公司大致有以下5种类型：专业婚庆公司；文化传播公司婚庆服务部；婚姻介绍所婚庆服务部；“小作坊式”婚庆；婚礼堂。婚礼服务行业分工细化，服务范围扩大并日益丰富，婚姻庆典服务公司呈现出多元化的发展趋势；婚庆行业规范的缺失和低价位的市场竞争，使婚姻庆典服务公司又呈现出无序化的特点。目前，大多数婚姻庆典服务公司追求利益的最大化，忽视婚礼文化的传承、社会责任的担当和艺术审美的提升，大大限制了婚庆行业向更高层次的发展。

③ 婚姻庆典服务公司的运作程序一般包括以下步骤：根据顾客要求，拟定具体的婚礼策划书；当婚礼策划书获得顾客认可后，婚姻庆典服务公司开始确定婚礼的具体工作人员；婚礼当天的服务；婚礼产品的制作与包装。

④ 婚姻庆典服务的具体服务项目：确定举办婚礼的场所；拍摄婚纱照片；婚礼策划；婚礼主持；婚礼摄影摄像；婚礼化妆造型；婚礼场地布置和舞美设计；婚礼花车和车队。

⑤ 婚姻庆典服务的基本运作程序：婚姻庆典服务的总体服务程序；婚姻庆典服务的策划服务程序；婚姻庆典服务的主持服务程序；婚姻庆典服务的摄影摄像服务程序；婚姻庆典服务的化妆服务程序；婚姻庆典服务的花艺服务程序；婚姻庆典服务的场地布置服务程序；婚姻庆典服务的现场督导服务程序。

能力检测

一、简答题

1. 简述婚姻庆典服务公司的类型及特点。
2. 简述婚姻庆典服务的具体内容。
3. 婚礼主持人的作用有哪些。
4. 试分析比较婚礼摄影和婚礼摄像的异同。
5. 简述室内婚礼场地布置的一般技巧。

二、实训题

实训项目：拟定传统中式婚礼策划方案

实训目的：

使学生了解婚姻庆典服务的具体服务项目，掌握相关的实际操作能力。

实训内容：

根据下面给出的资料，拟定一份传统中式婚礼的婚礼策划文案和婚礼主持文案。

材料一：

华丽的装饰、喜庆的色彩、复古的摆设，融合了中国传统的民俗和悠久历史文化的中式婚礼在西式婚礼充斥的今天也开始了强势回归。大红花轿，浩浩荡荡的迎亲仪仗队。拜天地，掀盖头，现如今，这古朴热闹的中式婚礼作为时下新人张扬个性的一种表达方式成了婚庆市场的“新时尚”。

顶戴花翎，身着蟒袍，腰挎玉带的新郎，头戴凤冠，身披霞帔的新娘，营造出一种古典雅致的韵味。

办一场礼节周全的中式婚礼，要准备的物件着实不少。每一件都有着独特的寓意。“六证”一般包括斗、镜子、尺子、算盘、秤杆、剪子，寓意是通晓家里里里外外大大小小的事情。除了迈火盘、喝合卺酒也是必不可少的。这些看似烦琐的一个个环节，蕴含着的正是对新人婚后生活红红火火、和和美美的美好祝愿。

材料二：

“中式大婚”是快乐大本营团队送给某明星夫妇的“豪礼”。

婚礼现场，新娘佟某凤冠霞帔妩媚动人，两位新人的父亲也惊喜亮相，新娘父亲当场把自己的掌上明珠交给新郎，新郎父亲表示会把新娘当自己的女儿看待，此前一直不知道有这场婚礼的新娘当场泪奔，称“婚礼是自己这辈子最美的梦，感谢老天把这么好的一个人给了我。”新郎表示《北爱》是两人感情最好的记录者，“我总在想我们30岁到40岁会做什么，50岁又会做什么，我觉得最浪漫的事就是陪你一生。”

影迷们制作的“以爱之名”视频则记录了新郎和新娘从因戏结缘到“疯爱此生”的浪漫旅程。

实训步骤:

1. 推选小组主持人。
2. 推选小组记录人。
3. 推选小组发言人。
4. 展开小组讨论。
5. 小组发言人代表小组在全班发言。
6. 教师点评与总结。

完成任务:

1. 撰写小组讨论报告。
2. 小组派代表在课堂上汇报讨论结果。
3. 提交实训成果。

项目 6

婚姻庆典仪式

学习目标

通过本项目的学习，你应该能够：

- 了解我国近现代的婚姻庆典仪式；
- 了解西方国家的婚姻庆典仪式；
- 掌握我国当代婚姻庆典仪式。

核心概念

我国近现代的婚姻庆典仪式婚俗　　西方国家的婚姻庆典仪式　　我国当代婚姻庆典仪式

导入案例

50年代的婚姻庆典的实例

1950年5月1日，《中华人民共和国婚姻法》颁布施行。这是新中国制定的第一部婚姻法，其核心内容是废除包办强迫、男尊女卑、漠视子女利益的封建主义婚姻家庭制度，实行婚姻自由、一夫一妻、男女平等、保护妇女和儿童权益的新式婚姻家庭制度。

今年77岁的李春丽老人和80岁的王德信老人就在那个年代喜结连理。①

回忆自己年轻时，李春丽有些不好意思地说："那时，连'恋爱'两个字都不好意思说出口，更别说自己谈对象了。那个时代都是靠媒人说亲。"当时，19岁就已经到了谈婚论嫁的年龄，超过21岁就算"大龄青年"了。李春丽19岁时，村里的媒人就开始为她张罗婚事。有了合适的小伙，媒人就到家里来，说说小伙子的为人、家庭情况等。如果对方觉得满意，这门婚事就算定下来了。

"唉，那个时候，嫁个什么样的人全凭运气，可以说是'撞大运'，因为新郎、新娘只在定亲时才能见面。媒人给说了个好男人，这一辈子就能幸福；如果没那个福气，那就要遭一辈子罪了，只得认命。"李春丽认为自己是幸运的，因为丈夫是个不错的人。还记得媒人来说亲那天，父母一听对方家里有十几亩地，又养了不少牲口和家禽，心里就很满意。因为那时家里的孩子比较多，嫁出一个就能减轻点负担。父母点头了，李春丽的终身大事就这样定了下来。

一直到定亲那天，李春丽才第一次看到新郎王德信的模样。没想到的是，一见到未来的丈夫，李春丽打心眼里美：好俊的一个小伙！定亲那天，李春丽父母准备了很多点心、莲子和布料，让媒人送到了男方家。

很快到了结婚的日子。李春丽家条件很一般，她自己去扯了两尺红布，做了件大红褂，头上盖着红纱，脸上扑了点儿干粉，就做了新娘。

当天，丈夫则穿着马褂，头戴礼帽，身上披朵大红花，坐着花轿来到李家。丈母娘设的婚宴相当丰盛。当时，主要讲究"四盘八碗"。四盘指"参、鸡、鱼、肉"，八碗指四盘每上一样，后面需要跟着七样菜。你要问了，啥？都吃上海参了，那生活敢情好啊？可是李春丽告诉记者，那时，海参不值钱！

还没享受完这些好菜，新郎就要用花轿接新娘回家了。

"现在看电视里演的，新娘子坐在花轿里是那么舒坦，其实不是那样，坐花轿很辛苦。"原来，当时从李春丽娘家到婆家没有一条像样的路，她坐在轿子里摇摇晃晃的，到了半路就受不了了，难受得直想吐。

"当时结婚根本没有聘礼。"结婚当天，到了男方家，过了火盆，吃了饺子，新媳妇就来到洞房，呆在炕上不能下地，直到第二天早上。

这个案例告诉我们我国近现代婚礼仪式状况及现代婚礼仪式正在发生很大的变化。

---

① 谷文君."中国式婚礼"60年变奏曲[N].电子报纸，都市报，威海晚报，2009（1001）.

任务 1
我国近现代的婚姻庆典仪式

我国近代婚姻是传统婚俗与新式婚礼并行发展，互相融合。总的来说，近代结婚还是以传统婚礼为主，但相较于传统，有了新的发展。

知识点 1 我国近代婚姻庆典仪式

一般来讲，近代时期人们结婚，按照六礼的要求，一个婚姻的完成要经过以下几个程序。[①]

1. 合婚

合婚的解释有两点：其一是结为婚姻；其二是旧俗，又称“合八字”，婚前男女双方交换属相及生辰八字，以卜八字是否相配，谓之“合婚”。八字的意思就是每个人的出生都有年、月、日、时四部分，每部分都占干、支各一个字，四部分共计八个字，所以叫“八字”。这一程序相当于“六礼”中的“问名”。步骤大致是这样的，是先由媒人问明女方“八字”及的生肖属相，并把女方的“八字”及属相送到男家，再索取男方的“八字”和属相复送女家，看属相和八字是否匹配，若匹配就会有成亲的可能性。男女两方属相必须相合才能结婚，八字匹配才有好的姻缘。那时合婚的目的是为使婚配双方都尽可能趋吉避凶，最大限度地改良婚姻运势。过去旧时双方父母把婚配男女的幸福灾祸都寄托在命运和八字上，用生相克来决定婚姻的成败。到了近现代，这种旧俗大有改观。

2. 议婚

议婚亦称议亲，也是商议婚娶的最初阶段，即六礼中纳采、问名、纳吉三阶段。由男方派人到女家提亲开始，经过换帖、卜吉、合婚、相亲等程序，到订婚为止。

3. 相亲

男女双方约定日子约定场所见面，叫“相亲”。在过去一般都是男到女家，也有女到男家的。见面这天相亲的男女双方都特别注意个人的形象，男女相貌是否端正，衣帽是否端庄，举止是否潇洒大方，要给对方留下良好的印象。这种方式在近现代也有很大的延续，介绍人取代了媒婆，地点和时间也更加随意和自由。

4. 放小定

放小定属古礼的纳吉，又名“小聘”。虽是古礼，随着时代的发展即改变一些，但也继续延续着。小定的礼物并没有一定的标准，在过去讲究一些的家庭放小定时，男方要送女方四样首饰：戒指一个或一对；镯子一对；耳环一对；项圈一个，金、银或银质包金不等。还有衣料及绣花裙子等物，并把这些首饰和衣料又分别装成四个盒子里称“四盒礼”。当然，女家收到男家的礼物

① 佚名．老北京婚俗[EB/OL]．网络百度百科.[2009-06-18].http://www.baidu.com.cn.

之后，也要回送男家四样礼物。随着时代发展，近代有的是媒人和男方一起到女方家送上若干聘金为“定金”。而有的是双方互赠定亲礼物，如男方给女方戒指或项链等，女方给男方戒指或钢笔等。放小定之后，双方婚姻关系已确定，每逢年节之际，男方家大多会有礼品致送女方家。

5. 择日子

结婚择日子自古到今是中国婚礼不变的习俗。

有的认为是“寡妇年”的则按老例，不利结婚。所谓的“寡妇年”，就是指整个农历年没有立春这个节气。民间认为，没有春，就没有好的开始，而“寡妇年”说白了就是这年结婚的男人可能会殒命。双春在人们看来就可以带来吉祥的婚姻。双春指在年头及年尾有两个立春之年。由于春有一年之始及开枝散叶的象征意义，所以被认为特别宜嫁娶。

闰月也是吉祥的象征。闰月指该年在农历中有闰月，即共有 13 个月份。由于闰有滋润、丰收之意，所以象征夫妻有爱情滋润，恩爱和睦。不宜结婚的月份日子中国自古则有句俗话叫“正不娶，腊不订”，因此，旧式结婚很少在农历正月，订婚也很少在腊月。

总之，无论在何时迎娶，必须要选择一个好日子。选好日子则预示着大吉大利，因此“择日子”婚俗至今大部分地区仍在延续。

6. 放大定

放大定意味着男女双方联姻已成最后定局。这时，男方要向女方送彩礼，在婚姻过程中，这个礼节很重要，所以仪式也很隆重。在选送礼品的种类上大致分为 4 类：衣料首饰类；酒肉食品类；面食类；果食类。

下面重点介绍一下某些彩礼：

酒，属于第二类酒肉食品类。拜天、拜地、拜神明，在摆喜庆筵席时都很讲究酒礼，酒不但讲礼数，也是婚姻的重要彩礼。

双鹅，属于第二类酒肉食品类。在送的彩礼中有双鹅双酒一说。老话说“鸳鸯成双、（鹅）成对”双鹅的寓意就是恩爱。“鹅”与“我”谐音，表示两个人，卿卿我我。

红枣、花生、桂圆、栗子，属于第四类果食类。在彩礼中要送红枣、花生、桂圆、栗子则也有深刻的寓意。枣子谐音“早子”即早生贵子。官府是仕途早（枣）红（早升），栗子谐音“利子”“有利”“有利于子”、枣和栗子的寓意就是早（枣）生早立子（栗子），花生意味着花花搭搭生，既生男又养女，而这些都加起来则就更加圆满。以枣和桂圆花生栗子表示，借助“枣”与“早”，“桂”与“贵”，“花生”与“花花搭搭”的生，“栗子”与“利子”寓意圆圆满满地早生贵子。

苹果，属于第四类果食类。象征“平平安安”，由于苹果的“苹”字与平安的“平”字同音，因此苹果在中国文化中有平安、吉利的意义。在中国婚礼的彩礼中，赠送苹果表示祝愿平平安安。

放大定如同放小定一样，同样把所有的礼物都分装在箱、盒里。普通人家都是送四抬礼，有钱人家则多送八抬礼，女家收到礼品后，由幼童当面开礼盒。礼盒里还有首饰盒，里有一付镯子，一定要由新郎的母亲给姑娘带在腕上。带镯子时还要说些吉利话，如“白头偕老，吉祥如意”等词句。事后，女家必将男家送来的龙凤喜饼以及各种点心分给亲友，亲友们也都纷纷赠送一些胭脂、衣料等财物，叫“添箱”。

7. 送嫁妆

嫁妆亦称“陪妆”，送嫁妆可分为“送妆”与“迎妆”。送嫁妆是女家的事，大约都是在吉期前一两天举行。把所有的陪嫁分装在箱子及食盒里，雇人抬着，两人一抬，这就叫“送妆”。嫁妆抬到男家后，男家会请亲朋好友出来迎接，这叫“迎妆”。

在嫁妆里还有许多象征好兆头的东西，比如，嫁被里放满了桂圆、核桃、红枣、栗子、柿子、柏子、花生。这就如同放大定中的财礼一样的寓意。人们都盼望着“多儿多女多福贵”。有些地方以痰盂作子孙桶，灯作子孙灯，希望女儿开枝散叶；陪嫁物品里有“筷子”，取“快子”的谐音；嫁妆里有花瓶代表花开富贵。银包皮带有腰缠万顷之意。总之就是用谐音来讨吉利。

8. 迎亲

迎亲迎娶，又叫“迎娶”“娶媳妇”，等于“六礼”中的“亲迎”。迎娶之日，男家在大门、二门和新房门口贴“囍”字。男家发花轿至女家，称“接亲”。通常是由新郎亲自到女家迎娶新娘，也有媒人或小叔子带领迎亲队伍前往迎娶，而新郎在家坐候的。一般有接亲的 2 人，挟毡子的 2 人，打灯笼的 2～6 人，吹鼓手 6～8 人，有钱的人家娶媳妇场面就会特别大，仪式会非常隆重，旗、锣、伞、扇一应俱全，临到新娘家，女方放鞭炮迎接。而迎亲花轿抵达女家门前时，女家则一定大门紧闭，娶客在外叩门，催请新娘上轿。在迎亲者“三请”“四请”后，甚至在给过有人隔门要“红包儿”后，才把娶客迎入院中以茶酒款待。此时，男家的娶亲太太就要把“提茶壶”的幼童所带来的红绒花及红盖头交与女家的送亲太太，女家再请亲友中的女眷二人，一共四人分别手拿红盖头的四角，先在新人面前四人传递，嘴里说：“四季平安，百年好合，白头到老，吉祥如意”等吉利话。然后，把红绒花给新娘戴上，再把“红盖头”盖在新娘头上。戴凤冠穿霞帔盖大红盖头的新娘由二人搀扶上轿。上轿的时候，也必须有人在地上逐次接铺红毡，使新娘足不沾地，新娘在轿内无论冷热，头上的“盖头”都不许摘去，起轿后仍派新娘的兄弟二人随行于花轿两旁，俗语叫“扶轿杆”。同时也请送亲太太及送亲官客一同随轿“送亲”，一直送到男家为止。

9. 拜天地

“拜天地”也称“拜堂”，古时又称拜高堂、拜花堂。娶亲的花轿及仪仗回到男家门前时，男家亦照例大门紧闭，说是可以煞煞新娘的性子，这时女家来的送亲官客也要向前叫门，这种情形和女家对付男家的娶客是一样的，再三请求后才能开门。然后，男家以酒筵相款待。戴凤冠穿霞披盖大红盖头的新娘下轿的时辰一到，新郎官先向轿门作 3 个揖，然后由伴嫂（即今之伴娘）搀新娘下轿并且还是由两人前后接铺红毡，使新娘脚不沾地。随后就是供案前举行结婚大典，叫“拜天地”。在我国传统婚礼上，新郎、新娘都要拜天地，即一拜天地、二拜月老、三拜高堂。为了感谢天、地的养育之恩，为了感激月下老人牵线搭桥的情意，从此以后在结婚时必须：一拜天地；二拜月下老人；三拜父母。便形成了结婚“拜天地”的习俗。

10. 揭盖头

拜过天地之后，就引新娘进入洞房。事前先要请两位“全福人”。即指上有父母健在，有丈夫，下是儿女双全的妇人。按民间婚俗礼仪，在婚礼上须有全福人照料诸多事项，以求新婚夫妇未来吉祥如意。“全福人”把新床铺好，新娘入内便盘膝端坐帐中，称为“坐帐”，又称“坐福”。并撒喜果于帐中，称“撒帐”。撒帐即是以帐中婚床或帐中新婚夫妇为对象将抛撒物撒向婚床，撒帐所抛撒虽也用五谷，但更多用的是各类果子：如枣子、花生、桂圆、荔枝、核桃、栗子、莲子等，寓意早生贵子。同时果子的含义也不断增加，如称其为同心果，则意味着果子是夫妇同心的象征物。在撒帐仪式中，伴随着对新人早生贵子的祝福，又不断衍生出更多的祝福内容，如祝福新人同心合好、富贵长寿等。此时，由新郎揭开新娘的“盖头”，叫“揭盖头”。遂即摘下新娘头上戴的绒花，这朵绒花，新郎可任意放置，据说放在高处即可生男。

11. 吃子孙饽饽、长寿面，饮交杯酒，吃团圆饭

晚间新婚夫妇同吃子孙饽饽长寿面，子孙饽饽是送亲太太从女家带来的，仍由三位送亲太太各取一碗，分送给新夫妇交换进食。长寿面是由男家准备的，吃时由一男孩隔窗大声问：“生不生？”新娘须答：“生”，取“早生贵子，子孙万代，长生不老”的意思。接着就是饮“交杯”酒，古时叫作“合卺”。卺，是将一个瓠瓜分成两半瓢，是古代婚礼时用的酒器。合卺的习俗始于周代，合卺的原意是用一瓠瓜分成的两个瓢，新郎新娘各执一个，喝酒漱口。可见，最初的交杯酒是不用喝下去的。到后来，交杯酒的习俗逐步演变，通常用一条红线绳子，两头各系一只酒杯，由娶亲太太送给新郎，送亲太太送给新娘，各饮半杯而再交换一次。然后，在大厅里又摆一桌酒席，叫“摆圆饭”或“团圆饭”，以示阖家团圆，象征全家人平平安安，团团圆圆，美美满满。筵席一开始，新郎新娘必须都先吃一大口馒头，据说是意味新夫妇今后必有“满口福”的意思。

12. 闹洞房

“闹洞房”是代表喜气的，所以家家户户，只要娶媳妇儿，就要闹洞房，而且闹得越热闹越好，既没有时间性，也没有空间性。关于闹房习俗的来历，我国民间有两种说法：一种源于驱邪避灾，新郎请客人们在洞房里嬉戏说笑，用笑声驱走邪鬼；另一种观点认为，闹房首先在北方出现，而且开始时主要是新郎，这大概与北方民族的生活习性有关。他们以狩猎和游牧为生活手段，使得男子十分剽悍和勇健，在新婚时忍受棒打可以证明一个男人是合格的大丈夫。

13. 分大小

分大小是族婚姻旧俗，流行于黄河、长江流域，一般在新娘入门后第三天举行。拜家庙拜祠堂统称为拜祖先，这是拜过天地之后，一个最重要的节目，因新娘“过门”之后，就是丈夫家的一员，所以拜祖宗是很重要的，然后拜公婆及男族名尊长，就是要认识婆家家庭分子中的长幼辈分，俗语叫“分大小”。夫家也回拜新娘，并互赠礼物。

14. 会亲

会亲又称“瞧亲”，是男家宴请女方亲属的礼仪。一般传统婚礼喜日在男家举行，新娘拜过祖先家族及亲友之后，男家有一项重要礼节，就是会亲家，简称 “会亲”。在婚后三日，有的在第六日，男家设下酒筵，发出请柬或派人前往，宴请岳父母及妻兄弟等亲属，到男家会亲，其目的是联络姻亲之间的感情，同时请女方父母兄弟来看看婿家的情况。此时，新郎向女方之来宾行礼，来宾即赠以带子（表示生子）、扇子（表示生个善子）和钱袋。

15. 回门

“回门”之俗，南北相似，就是出嫁后，首次回娘家探亲。与新郎一起回门叫双回门。按照中国婚俗礼仪习惯，结婚三天新娘便要同新郎一起带很多礼物回家，也称 3 天“回门”又称“三朝回门”。也可六、七、九、十日或满月，女婿携礼品，随新娘返回娘家，拜谒妻子的父母及亲属。总之，回门有女儿不忘养育之恩赐，女婿感谢岳父母及新婚夫妇恩爱和美等意义。

一般婚礼过程，大致是从“议婚”起，到“回门”止，就算完成了。

知识点 2　我国现代婚姻庆典仪式

1936 年，上海首次出现了集体婚礼，但是那时的普通老百姓的婚礼仍然是沿袭老法，从订婚到结婚大致分为：请庚、探问、定亲、报期、行盘、妆奁、迎娶、拜天地等 8 个步骤。新中国成立后，60 多年来，中国人的婚礼奏出了一首响亮的乐曲，改革开放后，婚俗再次向着传统回归。如今我们正迎来一个婚俗多元化、个性化的时代。

1. 三十至四十年代我国的婚姻庆典仪式

20 世纪 30 至 40 年代我国婚俗发生了很大变化，主要表现为：一是婚姻观念发生了重大变化，提出了“婚姻自由”的口号；二是婚姻制度发生了重大变化，一夫一妻制成为主要的婚姻制度和家庭制度；三是婚姻日益自由，包办婚姻有所减少，自主婚姻增多；四是婚礼趋向简化，形成了新式婚礼取代旧式婚礼的趋势。“文明婚礼”的流行，“集团婚礼”在大城市的流行，引领着婚礼的变革。

阅读材料 1

40 年代证婚人婚宴上开证书①

家住海口市海甸二路的李保琴和陈泰明夫妇平静地生活着。1948 年农历 12 月 16 日，他们在海口酒家举行了婚礼。从前一天的买鸡、买肉，拜神；到第二天的家人、亲朋好友的纷至沓来，两位老人回忆时就像在说昨天的事。

让老人最兴奋的是结婚那天，从下午 4 点开始就有黑色的轿车出现在婚礼上。他们说，那时，在海口最好的酒店办 20 桌酒席是很轰动的事。在酒席上，证婚人当众分别问着新人：你愿意与他（她）结婚吗？得到肯定答复后，证婚人当众拿出两份婚约，让双方分别签名、摁下手印，并一式两份由双方保管。3 个闹洞房的好友，还抢着看这两份证书！

问起这两张证书时，79 岁的陈泰明和 78 岁的李保琴遗憾地说，婚约放在家里让老鼠给咬烂了。不过，老人当年留下的结婚照却完好地保留着，这张照片成了他们那美好时光的见证。

2. 50 年代我国的婚姻庆典仪式

1950 年 5 月 1 日，《中华人民共和国婚姻法》正式实施，这是中华人民共和国成立后颁布

① 王军，蔡葩，七对夫妻见证七个时代：他们结婚登记的那一刻新华网[EB/OL].[2003-10-02].http://www.hq.xinhuanet.com/news/2003-10/02/content_1012684.htm.

的首部法律，确立了真正的一夫一妻制的婚姻，从法律上肯定了婚姻自由的准则，婚姻在社会生活中有了更重要地位。

20世纪50年代，婚礼的突出特征是简朴。当时的条件有限，婚宴有条件的也只是找几个亲朋好友搞个小型家庭聚餐，简单吃饭，大家聊聊天而已，仪式简单而庄重。

50年代的结婚证是一张约A4纸大小的纸，结婚证书的内容印在图案围成的方框里。结婚证上写上“某人、某人自愿结婚，经审查合于中华人民共和国婚姻法关于结婚的规定，发给此证”证书上印有编号。

结婚照，当时只有大户人家才有条件拍照。北京、上海的婚纱照是比较考究的。精美的新娘手捧花和头纱、正宗的男士燕尾服以及伴郎伴娘的服饰、化妆、发型都比较到位。

阅读材料2

50年代，一峰骆驼迎娶新娘①

讲述者：欧邦先生（75岁）

1959年4月，在青海大草原农场工作的我和李燕结合了。

当时，我是农场一个作业站的副站长。为了寻找自己的另一半，我可没少花心思，每次都因为种种原因没有如愿。后来在农场领导的帮助下，我认识了农场拖拉机手的妹妹也就是我现在的老伴李燕。双方相处了一年左右，彼此都得到了组织的肯定，双方顺利地拿到了单位证明，并到青海格尔木市办理了结婚登记手续，领回了大红的结婚证书。

举行婚礼那天，农场借给我一峰骆驼迎娶新娘，农场的管理员想法子弄来了两朵红绸花，还准备了两斤甜菜糖块作为喜糖。晚上，农场的同志们簇拥着我们到会议室，婚礼在一片欢乐声中结束。第二天，还和往常一样，热火朝天地在农场努力干活。

阅读材料3

50年代“自由恋爱”才能登记②

2003年10月2日下午4时，当记者拍摄一张1951年10月16日的结婚证时吃惊地发现，此证如同新的一般，保存极为完好。这是陈琼璋和蒙如瑷的结婚证，结婚证上写着4个大字：“婚姻自由”。这是我国第一部婚姻法执行期间发放的结婚证书，婚姻自由是在反对包办婚姻的背景下提出的。

蒙如瑷老人在回忆说，当时，海口人民政府成立不久，不少人结婚还没有要办证的意识，有的对新政府还存在怀疑情绪。当时在海口某小学当老师的蒙如瑷18岁，她的夫婿陈琼璋20岁，他们成了最早领结婚证的一批人。

回忆起当年的领证时刻，70岁的蒙如瑷说，当时两个人给我们办证的人都很和气。他们问

① 佚名.国家婚姻史[EB/OL].[2017-01-20].http://www.360doc.com/content/09/1024/07/363711_7753746.shtml.

② 王军，蔡葩. 七对夫妻见证七个时代：他们结婚登记的那一刻 [EB/OL].[2003-10-02].http://www.hq.xinhuanet.com/news/2003-10/02/content_1012684.htm.

我们是不是自由恋爱？是不是愿意一辈子相处下去？接着又问，父母包办了没有？当得到否定的答复时，他们才开始填证。老人说最让她难忘的是工作人员郑重地取出“海口市人民政府印”这个大印是方的，有火柴盒那么大。大印共盖了两次。不仅如此，在这张结婚证上，两名工作人员还盖上了自己的私章！

在过去的 52 年时间里，老人将结婚证书视为家珍，这张证书在一次次搬家中都得以妥善保管。

3. 60 年代我国的婚姻庆典仪式

20 世纪 60 年代由于物质匮乏，这时结婚的人大多数比较简朴，都没有举办婚宴，而是以糖果、饼干待客。

当时，送新人的礼品大多是几个人一起凑钱买的，而东西都是一些简单的生活用品，如镜子、暖壶、脸盆等。

阅读材料 4

60 年代婚礼①

讲述者：胡先生，70 岁，退休老干部

我结婚时正好赶上特殊历史时期。那时候我在部队工作，从恋爱到结婚都要向组织汇报。结婚之前没有婚检，没什么结婚典礼，只是单位同事、领导加上亲戚朋友一起吃了顿便饭。

那时候我们收到的结婚贺礼多是镜子，我记得当时屋子本来就小，结果光镜子就挂满了一整面墙。

4. 20 世纪 70 年代我国的婚姻庆典仪式

20 世纪 70 年代初期，结婚照开始流行，婚礼上散些水果，亲朋同事多送一些脸盆等生活用品。

70 年代后期，有了 “三大件”：自行车、手表、和缝纫机。带块梅花牌手表，则是当时最时尚的奢侈品，也是男孩子送给自己未婚妻最好的定情信物。来参加婚宴的宾客，也大多数是买热水瓶、脸盆等一些日用品当作贺礼。

阅读材料 5

70 年代领证只花两毛多②

提起当年结婚的事，好像总是妻子比丈夫的话要多。黄宏焕和妻子陈淑芬这对夫妻也是这样。

---

① 佚名.国家婚姻史 http://www.360doc.com/content/09/1024/07/363711_7753746.shtml.2017.01.20.

② 王军，蔡葩.七对夫妻见证七个时代：他们结婚登记的那一刻 [EB/OL].[2013-10-02].http://www.hq.xinhuanet.com/news/2003-10/02/content_1012684.htm.

这天，他们向记者出示了一份结婚证书。结婚证书的发放时间是1977年9月16日。陈淑芬说，当时领证只花了两毛多钱，没有单位证明、婚前体检报告等。发证的人也只是问了问：是不是自由恋爱，是不是要过一辈子等简单问题。

那年，黄宏焕在海南第一机修铸厂上班，陈淑芬在省农垦机关幼儿园上班。说起结婚的事，陈淑芬说，当时我们是上午领证，下午摆酒。摆酒时，也多是家里人在一起。按海口的风俗，男方在酒席前要到女方家里接新娘子。我们家住在东门的龙门坊，他们家住在龙华路，两家很近。接新娘时，全是走路。在酒席上，大家也全是低头吃饭，也不多说多笑。

“低头吃饭”的原因有两个：一是那时婚礼上的饭比平时要好上几倍，大家低头不语可以多吃一些；二是多说笑会不会给自己和别人添麻烦，谁也说不清楚。

5. 80年代我国的婚姻庆典仪式

20世纪80年代的婚礼，赶上了改革开放的步伐，操办婚事比较隆重，宴请的规模也逐渐盛大。宴席里吃的品种也比较齐全，如猪肉、鸡肉、鸭肉等。

出席婚礼的亲朋好友多是送些棉被、毛毯、水桶之类的贵重生活用品。

而结婚的家里布置上80年代初自行车、缝纫机、电风扇是新人们追求的“三大件”。80年代中后期，冰箱、电视机、洗衣机成了结婚的新三大件。

80年代初，婚纱照慢慢复兴，比如新郎要拿着白手套，还有塑料棒花，虽然比现在制作精美的婚纱照差很多，但那时能感觉到当时的时尚感觉。

80年代后，各地的结婚证制作也日益精致，龙凤图案，大红“囍”字；夫妻双人照片，也贴上了结婚证书。结婚证上面的文本，更为突出法律观念，“符合《中华人民共和国婚姻法》关于结婚的规定”，成为批准结婚登记的依据。

此时的婚礼更多体现为土洋合璧、今古融合、地方自创的特色。订婚、迎亲、哭嫁、拜堂、揭盖头等已经不少见，西装、旗袍、婚纱也开始出现。

阅读材料6

一窥80年代拘谨而单纯的婚礼[①]

20世纪80年代是一个洁净的年代，那时候的婚礼，是人生中真正的大日子，婚礼上充满了“百年好合”的祝愿。

80年代的新人大都不满意家具店暗淡的日光灯下粗糙而土气的棕红色家具，都愿意按照自己的心愿，请木匠到家里来做家具。

女方：准备嫁妆。

女孩子要准备自己的嫁妆，8条新棉被，从1斤半的到8斤的，可以盖上20年。还有各种颜色的缎子被面，大红大绿，喜气洋洋。有的还要准备两条鸭绒被，两条羊毛毯，洋红的羊毛床罩。好像织物都应该是女孩子准备的，包括窗帘和桌布、电视机套子。女孩子总要准备一对樟木箱，那是重要的陪嫁。女孩子用的新被子，会由妈妈请人来缝，为了祝福女孩子日后的幸

① 佚名.国家婚姻史[EB/OL].[2017-10-20].http://www.360doc.com/content/09/1024/07/363711_7753746.shtml.

福。父母不全的，家庭不全的，都不能动新人的嫁妆。

男方：准备家具电器。

男孩子要准备房子的家具，还有电器，那时候不过是冰箱、电视、录像机和录音机而已，但那时候男孩子的工资，大学毕业生也不过58块8角。那时候结婚，绝大多数人不得不和自己的父母住在一起，不过有自己的一间房间，房间通常都是小小的，一整套家具放进去，转不开身。所以，家里没有一间可以结婚的房间，许多男孩子就结不了婚。

婚礼主力：金戒指、金项链、中山装。

规矩的人家也得给媳妇一个见面礼，通常是金戒指和金项链，九九金的。式样老土，克数殷实。女孩子家出面为女婿做一套婚礼上穿的全毛呢中山装，是很多人一辈子的最好的出客衣服。除了金项链和金戒指，加上上好的呢中山装，还有一件全呢的长大衣，也是婚礼上的主力。

婚礼：热闹丰盛的婚宴。

然后就到了婚礼。所谓婚礼，就是喜酒，就是定下一个饭店，请亲朋好友大吃一顿。那时候并没有来喝喜酒一定得送礼的规定，所以被通知喝喜酒的人，都是真正的高兴。80 年代吃到一顿好吃的，还是令人鼓舞的大事。当然，看喜酒的排场也很要紧。家属会带着家里的大锅去饭店，把吃剩下来的东西带回家。那时的喜酒，真的是货真价实的传统盛宴，清炒虾仁、红烧蹄髈、白斩鸡、香酥鸭、蚝油牛肉、松鼠黄鱼、狮子头……一道一道热气腾腾，重油赤酱地端上来，被重重地顿在圆桌的中心，一时间，筷子头如雨而下，风卷残云一般，青花大盘子里就空了。那时候喝的酒，都是烈酒，茅台也不那么贵。

喜糖：塑料包装的喜糖

发的喜糖，是用窄长如手掌的小塑料袋装的，要是里面 8 粒都是奶糖，就表示是有钱人家结婚了，通常总要在里面搭两颗便宜点的硬糖，一粒奶油话梅糖，一粒上海产的水果糖。

节目：闹洞房。

接下去的节目就是闹洞房了。开始总算是文雅的，说说恋爱经过而已，后来就要新人一起吃苹果，不过借着由子可以让他们不小心亲到一起，大家可以起哄。那时候这种被社会允许的亲昵，可以让人看到自己都脸红心跳。

这是中国在80年代短暂的宁静中拘谨而单纯的婚礼过程。

6. 90年代我国的婚姻庆典仪式

20世纪90年代，婚纱摄影刚进入婚礼市场，精美的婚纱款式、前卫的化妆造型以及新鲜的拍摄手法，掀起一股拍婚纱照的热潮。婚礼越来越讲求个性、时尚、现代。

90年代的婚礼变成可以让别人提供服务的事情，一旦有了商机，结婚也变成能赚钱的事情，提供婚礼服务成为一个产业。

90 年代之后，婚庆公司像雨后春笋般诞生。中国人的婚礼越来越排场，越来越壮观。自行车队、摩托车队迎亲已无法适应时代的需求，豪华轿车排成长龙迎娶新娘也不算新鲜。亲朋好友中酒量大、能言善辩、幽默风趣的人，常被选为婚礼总管。之后，由于他们的不专业，逐渐被更加专业高水平的专职婚礼司仪所替代。

阅读材料 7

90 年代婚礼的多元化[①]

20 世纪 90 年代人们生活逐渐富裕起来，有了一定的经济基础，婚礼更加丰富多彩。婚纱影楼、婚庆公司开始遍布大街小巷，于是，婚纱照、花车、礼服、酒宴逐渐成为婚礼上必不可少的元素。

晓霞和志伟的婚礼定在 1996 年元旦。从 1995 年下半年小两口就开始着手筹备婚事，拍婚纱照，预订酒店，装修新房……两家人都忙得不可开交。

新房是单位分的一室一厅单元房，30 平方米左右，装修比较简单：主要是粉刷墙面，地上铺了当时时髦的花瓷砖。家电是一水儿的名牌：25 英寸的东芝彩电、春兰空调、小天鹅洗衣机、长岭冰箱，而最让朋友们艳羡的还是一套进口的组合音响。“当时卡拉 OK 特别时兴，我记得结婚当天晚上朋友们一直唱到凌晨，隔壁的邻居都有意见了。”晓霞如是回忆。

婚礼当天，晓霞凌晨 5 点起床，去婚纱影楼做头发、化妆。化好妆的新娘子穿上洁白的婚纱，好美啊！新郎官也没能闲着，联系婚礼司仪、摄像，安排车队迎亲路线，包括进门和挂门帘的红包，给司机的烟酒、喜糖，一点都不敢马虎。

上午 10 点，接新娘的队伍终于来了，娘家人立马炸开了锅，堵门的堵门，藏鞋的藏鞋，晓霞在伴娘的陪伴下静静地坐在床边，脸上则是难以掩饰的喜悦。“咚咚咚”，一阵急促有力的敲门声，“不开不开，没有红包别想进门！”小妹把守着大门。新郎只能乖乖地把红包一个一个地从门缝里塞进来，直到在场的小辈们每人手上都拽着三五个才算罢休。大门终于打开了，一群人蜂拥而入，有司仪，有摄像，还有跟着看热闹的，把本来就不大的客厅挤得水泄不通，好不热闹。接下来的程序就更加烦琐了，向岳父岳母鞠躬，新人互带礼花，吃荷包蛋，放鞭炮，背新娘……

经过一番折腾，一对新人终于坐上了婚车，直奔酒店。“过去是有啥吃啥，到 20 世纪 90 年代已经变成了吃啥有啥了。”晓霞对此颇有感触。婚宴菜式已经和现在差不多了，区别比较大的可能就是礼金的数额。90 年代中期礼金基本就是五十元、一百元的，而如今早就翻了几番。

步入 90 年代后期，年轻人更加崇尚个性，婚礼也随之越来越多元化。三轮车婚礼、户外婚礼、仿古婚礼、纯西式婚礼、集体婚礼，还有更加新奇的海底婚礼、空中婚礼，真是只有想不到，没有做不到的。

从简朴到奢华，从单一到多元，婚礼变化之多、变化之快，令人咋舌，支撑这些变化的正是改革开放 30 年来我国经济水平、人民生活质量及文化素质的提高和改善。它不仅折射出某个特定时代的生活状况，也反映出中国与世界文明的碰撞与融合，以及随之而来人们价值取向的变化。

从 1991 年开始，结婚证改由民政部统一监制。大红封面上印着庄严的国徽，护照大小的开本样式，人民币专用防伪纸张。更庄重规范和便于保存，成为其最鲜明的特性。结婚证的落款变成了“人民政府印”，而结婚证的形式也越变越小巧，添加了新人的照片。《婚姻法》也逐渐地

① 佚名.70、80、90 年代的婚礼变迁 多元的形式不变是甜蜜[EB/OL].[2017-10-20].http://www.haibao.com/article/67505_3.htm.

深入人心。

7. 21 世纪的婚礼

改革开放三十多年，中国人总体摆脱了物质生活匮乏的状况，在较富足生活中成长起来的新一代也该结婚了。对于这个群体，婚姻虽然离不开物质基础，似乎个性更加张扬，思想也更加开放。在个性化时代，金钱和排场已变得不是首要追求目的，简约浪漫也为大家青睐。个性化婚礼得到人们的充分理解，什么人适合当配偶，什么婚礼最受欢迎，一切皆由自己选择。

阅读材料 8

21 世纪的婚礼潮流——主题婚礼[①]

21 世纪开始流行“主题婚礼”，婚礼的主题必须贯穿始终。

每个新人都希望自己的婚礼是特别的，能让来宾感动和投入，为婚礼设立主题是为了能够更好地达到这一目的。“主题婚礼”的主题必须是贯穿始终的，包括文字、录像、音乐等各种表现形式，细节处则从迎宾牌、餐桌布置、来宾礼物等来体现。

① 主题婚礼可以分为两种类型：一种是模式化，类似于套餐的主题婚礼，主题和操作方式都是事先预定的；另一种是从新人本身的特点出发激发创意、寻找主题，从而表现出婚礼的灵魂，后者的效果更好，当然难度也较高。

② 在婚礼创意前期，新人应打开心扉，如朋友般与策划师交谈，将自己的职业特点，兴趣爱好，爱情故事告诉策划师，让策划师协助你找到婚礼创意的主题方向，在此基础上，主题婚礼策划初稿即将浮出水面。

③ 一场真正的主题婚礼所要表达的主题是真实感人的、与新人的自身特点相吻合。主题婚礼最根本的是要避免“有形无义”，即空有一些形式上的东西，却体现不出婚礼的内涵。还要避免生搬硬套，使得婚礼主题与新人的背景身份不相配。不能搞得太夸张，婚礼不是舞台剧，体现主题，点到即可。一场主题婚礼成功的关键，在于布置节目和仪式，而其中仪式又是重中之重。做一个主题婚礼就如同做一个活动策划，都要有创意阶段、准备阶段和执行阶段。在前期婚礼策划师会和新人进行沟通交流，倾听他们自己的想法，包括提供一份有关婚礼的“期望与构想”的问答表，整理出一条清晰的脉络，从中寻找最值得去操作的婚礼主题。此时，就要最大限度地发掘自身的资源，比如要考虑新人本身的职业特点、兴趣爱好等可以为婚礼提供什么帮助。

主题定得好是很重要的，婚礼策划师希望新人愿意把自己的故事说出来，甚至包括双方的生日、第一次互送的礼物、最喜欢对方什么特点等，从各个细节来寻找可以做的主题。

婚礼本身就是一个很有意义的仪式，对于每一对新人来说都是唯一的，如果创意流于俗套，就无法体现出独特性。把新人零碎的想法整理成一个梗概，从细节处加以表现和执行，并且节约了新人的时间和精力。主题婚礼的关键词是“专属性”的，也就是说所选用的主题是从新人本身特点出发的。它完全与新人的爱情故事休戚相关，大到流程设计、婚礼节目，小到请柬、

---

① 佚名.谈谈 21 世纪的婚礼潮流：主题婚礼_薇薇爱斯_新浪博客[EB/OL].[2017-01-20]. http://blog.sina.com.cn/s/blog_674f895d0100ph0j. html.

喜糖等婚礼小物品，都与主题息息相关，可以说是环环相扣、步步跟进，令在场的宾客感同身受，精致而又精彩。

任务2

西方国家的婚姻庆典仪式

知识点　西方国家的婚姻仪式

无论是在中国还是西方国家，婚礼是一个人一生中实现婚姻的关键部分，不同国家的婚礼习俗包括着各自的婚礼文化和婚礼特色，有着不同的礼仪和讲究。

1. 英国

在英国，如果即将举行婚礼的男女不属于英格兰教会，根据英国的法律规定，他们结婚需要到“婚姻注册官”那里办理世俗结婚仪式。先由结婚当事人提出结婚的书面申请，填写有关表格，再由“注册官”核查后公布等待期限，大体是数日到两三周时间，男女双方在本地区居住的时间越长，所公布的期限便越短，在公布的期限内无人提出异议，新郎新娘可以请“注册官”为他们主持结婚仪式。结婚仪式结束，新娘的父母会邀请来宾参加喜宴，喜宴上有美味的大蛋糕。英式的结婚蛋糕由大量水果制成，上面撒满了冰糖屑、碎扁桃仁等，并会配有一些装饰性的图案。新娘与新郎一起握着刀切开精美的大蛋糕，先互相喂给对方吃一块，再把蛋糕分给来宾品尝，让来宾分享他们的喜悦。吃过蛋糕以后，新娘站在房间中央的一把椅子上，把花束抛给那些未婚姑娘，据说谁拿到那束花，谁就是下一次的新娘。婚宴接近尾声时，新人向亲人朋友告别，开始他们的蜜月旅行。之所以把结婚的第一个月称作蜜月，是因为在古代新婚之时新人要饮用一种用蜂蜜特制的饮料，用来象征家庭美满、爱情甜蜜和生活幸福，这种饮料从结婚开始要喝30天，因此就把结婚的第一个月称作蜜月。

2. 美国

美国的世俗婚姻由地方官或其他人主持领取结婚证书。结婚前，男女双方先填好表格，然后到当地政府申请结婚许可证，经审查同意后，政府就会发给申请人结婚许可证，这个许可证的有效期一般是30天。当然，发的是结婚许可证，而非结婚证，然后再在许可证的有效期内举办有亲朋好友见证的世俗婚礼仪式后才可以正式领取结婚证书。美国婚姻中有一些没有信仰的又喜欢一切从简的情侣，只要付几十美元的费用给法官，约好日子来市政府宣誓，宣誓后在次日可以拿到结婚证书。在早期的美国，那些身处边远地区要结婚的人们，无法就近找到为他们举行婚礼的地方官，既领取不到结婚证书，又无人为他们举行仪式，只能以夫妻名义同居在一起，形成一种事实婚姻，这就是习惯法婚姻。现在，由于政府管理较完善，交通也很便利，人们举行婚礼较方便，已有一些州宣布习惯法婚姻无法律效力。

3. 法国

法国没有选良辰吉日的麻烦，一般世俗婚礼由市长或他的一名副手主持，习惯上是在周二、

四、五、六日，从早上 9 时至下午 5 时之间。但大多数法国人都选择星期六下午结婚，市长可以在公余时间证婚，这就是法国的世俗婚礼。它有一条必须遵守的规则：民事仪式（在市政厅举行的获得政府认可的仪式）即市长证婚，在下午三点钟左右开始，一天只处理一对新人的公证婚礼。市长盛装披挂蓝白红的法国肩章彩带，隆重地为市民服务证婚。签署结婚证书是非常严肃庄严的，以示对法律程序的尊重。然后在礼堂举行婚礼仪式，婚礼后就是下午六点钟左右的鸡尾酒会。酒会后是八点钟左右的盛大时长的晚宴，而在法国这个高级晚宴只有亲朋好友才被邀请，跟中国的习俗相似，被邀请的人就像中国的习俗一样要送红包贺礼的。这一晚宴在法国要持续到凌晨三四点钟，所以有人称法国婚礼为马拉松式的，寓意步骤多时间长的意思。

4. 丹麦[①]

丹麦筹办婚姻是要秘密进行的，并且需要几天，因为丹麦人认为公开筹办会触怒鬼怪或引起他们的嫉妒，所以丹麦人的传统便是神不知鬼不觉地用很多天私下秘密筹办婚礼。中国人结婚当天讲究亲朋好友闹洞房，丹麦人则讲究婚礼前一天闹新婚，也就是在朋友结婚前，来个别出心裁的聚会或者恶作剧，以一种放纵的狂欢来告别单身生活。西方闹新婚这个词，原意是“狂欢夜”，主要是朋友想借机聚聚，加深感情，享受人生。新婚前的“狂欢夜”也是丹麦的一种传统，在丹麦，人们闹新婚的方法五花八门，而且少男少女闹的方式各不一样。一般来说，新娘的朋友“闹新婚”文明一些，新郎的朋友“闹新婚”则较粗犷，有的甚至有点儿离谱。举个例子，在丹麦有的闹婚时他们让一位就要当新郎的小伙子踩高跷。小伙子的脸涂上油彩，戴着卓别林式的大帽子，留着卓式胡须，身穿一套黑西服，胸前挂一块牌子，上面用丹麦文写道：“我就要向未婚生活告别了。”并且还不时地向游人们做着鬼脸。有的小伙子闹新婚时，还让新郎从高处往下跳，说那才能体现男子汉的勇敢。在丹麦婚礼上还有个区别其他地区婚礼的地方，一般婚礼后有抛新娘手捧花的程序，得到新娘手捧花的人则将预示着是下一个要结婚的人。而在丹麦婚庆快要结束的时候，人们则把一大坛啤酒抬到园子里，新郎、新娘的手握在酒坛上方，然后酒坛被打得粉碎，在场的适婚女子会把碎片捡起来，捡到最大的碎片的女子注定会第一个结婚。

5. 俄罗斯

俄罗斯人结婚从订婚、结婚到婚后生活有一整套习俗，讲究颇多。因地区不同，俄罗斯有 3 种传统的婚礼方式，即北方式、中部式、东部式（西伯利亚地区）。最流行的方式为中部的俄罗斯式，由 3 个基本过程组成，即婚前、婚礼、婚后。婚前仪式包括：说媒、相亲、纳采、宣誓、离别晚会、送嫁妆、烤婚礼面包等；婚礼包括婚礼前仪式、婚典、婚宴；婚后仪式包括婚后次日仪式、探访新人等。繁多的仪式说明了俄罗斯人对婚姻的重视。细看每一个环节，都具有不同的礼仪和讲究。由于俄罗斯人相信重复的数字能带来好运，所以在 2007 年 7 月 7 日，2008 年 8 月 8 日及 2009 年 9 月 9 日都出现了结婚高潮，又因俄罗斯冬天漫长又寒冷，所以俄罗斯人喜欢在夏天或者秋天结婚，而习惯把婚礼安排在周五或周六。俄罗斯人要结婚也必须到婚姻登记处递交申请。俄罗斯的婚姻登记处装修考究、环境优雅。一些被称为“婚礼宫”的婚姻登记处富丽堂皇

① 南北.丹麦人闹婚五花八门[EB/OL].科学大观园,2003(04).[2009-02-12].http://mall.cnki.net/magazine/Article/KXDY200304043.htm.

得如同宫殿一般，新人在乐队的伴奏下签字、宣誓，再喝上一杯香槟庆祝成为合法夫妻。

6. 德国

在德国，一些地方至今依然沿袭着某种德国古老婚礼的习俗，例如摔盆砸碗的“普特阿班”仪式。中国人的传统观念中，喜庆的日子里是忌讳打破东西，德国人的传统观念恰好与此相反。应邀前来参加婚礼的客人们，每人都带着几样破碗、破碟、破盘、破瓶之类的物品。身着笔挺礼服的新郎和身披白色婚裙的新娘手挽手，在男女傧相护送下，进入婚礼现场，宾客们向新婚夫妇表示祝贺，新郎新娘一一向客人表示谢意。突然间，那些带着破碗、破碟、破盆的亲朋好友们“叮叮咣咣”地砸盘、摔碗，而且接连不断，持续很长时间，其实按照当地传统习俗，新婚之前要举行辞旧迎新的仪式。他们认为玩命地猛砸猛摔一通，可以帮助新婚夫妇除去昔日的烦恼，迎来甜蜜的开端，在漫长的生活道路上，夫妻俩能够始终保持火热的爱情、终身形影相伴、白头偕老。

任务3

我国现代婚姻庆典仪式

知识点1　我国现代的婚姻庆典仪式

中国现代的婚俗是在传统婚俗礼仪的基础上,经过不断地移风易俗发展而来，它对传统婚俗有继承更有创新。中国现代婚俗受传统婚俗的影响依然存在。而追求时尚、思想活跃的年轻人，更是在自己的婚礼中加入了西方的元素，所以中西合璧的婚俗在中国现代的婚俗中已十分常见。

随着社会的发展，人们的观念有了很大的变化，婚礼的变化也可以说是方方面面。下面粗略地进行介绍。

1. 现代婚礼时间的变化

在中国大多数地区是在上午或中午举行婚礼，而在中国上海、天津、宁波、温州、广州、深圳、东莞、上饶、鹰潭则是晚间举办婚礼，因为时间的不同进而表现出不同的风格和特色。

2. 现代婚礼既强调神圣庄重更强调唯美浪漫、时尚个性

现代婚礼的表现手段为了突出神圣庄重且唯美浪漫，进而用声、光、电、影的合理运用，用鲜花道具、音乐舞蹈、灯光更加有效地装点婚礼现场，有效地营造神圣庄重和浪漫的氛围。

3. 现代婚礼从单一的红色向多种色彩的搭配延伸

在中国，红色传统上表示喜庆，比如在婚礼上都喜欢用红色来装饰，但在现代婚礼不仅仅用红色，而且色彩更多元趋向丰富、个性、浪漫。

例如，白色和绿色的搭配。西方人认为白色高雅纯洁，所以它是西方文化中的崇尚色。它象征纯真无邪、神圣、明快、光明、忠贞、清洁与和平，最能表现一个人高贵的气质。而绿色是大自然中最常见的颜色，明快的色调流露出生机盎然的感觉。人们希望通过白色、绿色的搭配表达

圣洁、永恒、纯情、清新、静雅、有生机等含义。当纯洁的白色遇见具有生机的绿色，如柠檬黄绿、嫩草绿加白色，不仅能表达出那些希望的含义并且同时会给人清爽、生动的感觉，营造轻松愉悦的自然感觉，使婚礼活力十足。

金色的婚礼的搭配。金秋在人们心里有丰年的美誉，更是吉祥的象征，而就本身金色的色彩或金黄风格会带来阳光般明亮的感觉，因此金色婚礼营造出富丽堂皇的感觉，令婚礼显得时尚又不失优雅。

紫色婚礼的搭配。紫色是介于红色和蓝色的色彩，在光谱中是人类可见光所能看到波长最短的光。紫色代表高贵，常成为贵族所爱用的颜色。紫色在西方是领导阶层，是尊贵、财富的象征。（在西方）它曾经是作为皇帝、军事指挥官和其他官员的颜色。在中世纪，紫色是最贵的染料，而且只能用来制作贵族和有钱人使用的布料，通常是皇室的人才会被给予这些。鉴于西方颜色的某些特点，我们总会把紫色和金钱与权力等联系在一起。在白色与紫色的搭配中不仅能体现出本身颜色特定的含义，而且白色和紫色更能体现出婚礼的浪漫个性的特质。

蓝色的婚礼搭配。蓝色会让人享有蓝天、大海带来的美好感觉。蓝色婚礼象征清新与宁静、明亮、干净、透明、温柔、平和、安详、梦幻、内在、智慧，蓝色也同样给人一种浪漫婚礼的感觉，在当代婚礼中宁静浪漫的蓝色配以高雅纯洁的白色让人更加感到浪漫和纯洁！就如同置身在万鸟翱翔后的天空和千帆过尽后大海中一样。

粉色婚礼搭配。粉色象征活泼、年轻、明丽而娇美，代表优雅和高贵的风度，淡粉色传递赞同或赞美的信息，深粉色表示感谢，同样白色与适度的粉色搭配会有一种年轻、温馨、快乐、高雅的气息传递。

4. 现代婚礼场地形式变化多样

越来越多的年轻人希望自己的终身大事有纪念性、有意义，于是婚礼场地的花样也越来越多，如 2006 年，在居庸关长城就举行了由多位新郎、新娘参加的集体婚礼，还有一些年轻人选择旅行结婚、水上婚礼、空中婚礼、草坪婚礼、海洋婚礼、酒吧婚礼、潜水婚礼、湖泊婚礼。下面主要介绍一下草坪婚礼和海洋婚礼。

草坪婚礼。在明媚阳光下，美丽花丛中，选一片绿地或者花园，一场惬意随性的草坪婚礼油然而生，在国内，这种简单而浪漫的西式婚礼仪式越来越受到年轻新人的喜爱。户外草坪婚礼悄然成为时尚婚礼的新宠，春夏季节，草坪婚礼将引领都市婚礼流行风尚，绿地、白云、阳光和欢笑，幸福的时刻和大自然一同见证。

海洋婚礼。海洋主题婚礼悄然成为时尚新人的婚礼。欣赏新人选择让人神往的大海作为场地背景，蓝天下，蔚蓝的海面波涛荡漾，在阳光下，欣赏泛着粼粼波光的浪花。用海洋的蓝色来装点婚礼，使来宾仿佛身处海的怀抱之中。在海滩上，沐浴在阳光中，享受着这一切带来的美好心情。澄净的天空、蔚蓝的海面、金黄的沙滩、白白的海浪，用美丽的婚礼誓言演绎对婚姻最美好的期许。

在海洋婚礼的衍生物水族馆、海底世界婚礼，甚至潜水也是海洋婚礼中浪漫的组成一景，“2006 美人鱼海底集体婚礼”在三亚西岛旅游景区举行顺利浪漫地开辟了新的婚礼场地和方式。在潜水教练的帮助下，迎着海浪潜水进入海底的婚礼殿堂。水族馆、海底世界也为海底婚礼仪式提供了得天独厚的浪漫条件。举办婚礼之余既可以与海洋生物亲密接触，新人、宾客和动物演员也可以激情互动，如海豚、海象表演也将会给婚礼带来别有洞天的精彩亮点，还可以让宾客欣赏海洋世界的鬼斧神工。

5. 现代婚礼各种中西婚礼元素争奇斗艳

中式元素、欧洲古典主义元素、唯美主义元素、浪漫主义元素、印象主义元素、现代主义元素、后现代主义元素交相辉映。

中式元素：利用各种中华文化成分既继承传统而又追求时尚，进行了一系列的中式主题婚礼。例如，青花瓷主题婚礼，有窗花图案的剪纸主题婚礼，还有以荷花、金鱼、竹子等为主题的中式婚礼元素的婚礼。

欧洲古典主义元素：色彩上采用金色为主的华丽颜色。材质的风格一般是复杂的装饰结构机理，表现出华贵典雅的特点。有哥特式（哥特式风格，以尖拱、拱顶、细长柱等为其特征），巴洛克式[巴洛克（Baroque）此字源于西班牙语及葡萄牙语的“变形的珍珠”（barroco）]、洛可可式（洛可可：追求柔和、优雅、轻盈、温馨的艺术效果）的造型规律。装饰上以流线型的造型为主，古典主义婚礼装饰风格从巴洛克的金碧辉煌逐渐变为洛可可的潇洒灵巧，总之是欧洲古典主义婚礼元素。

浪漫主义婚礼元素：婚礼强调自然与想象的完美结合，注重点线面的巧妙搭配和组织，而颜色上以浅色调为主。

印象主义婚礼元素：婚礼以色彩鲜艳和斑斓为其特点，注重对比的跳动的色彩搭配，如：蓝色和橙色的搭配，黄色和紫色搭配，红色和绿色的搭配，并使物体的环境色彩和色彩相互渗透，整个色彩感觉就如同记录下了大自然里朝晖夕阳的万千气象一样缤纷美丽。

现代主义婚礼元素，注重材质的表现，特别是运用光滑表面的材质，如光滑的金属，光滑的大理石、玻璃等，注重光的照射折射和反光的处理，颜色上则运用冷色调为主。

后现代主义婚礼元素，婚礼注重人和人的亲切感、和谐感的处理，所以在材质上要选用棉质和丝绒质感的装饰。

总之，现代婚礼更加个性化和多元化，体现了当代新人们不同的审美和需求。

知识点2　现代婚姻庆典仪式的一般程序

①证婚人、介绍人、主持人就位；②鸣爆、奏乐；③结婚典礼开始；④主持人开场；⑤新人入场；⑥主持人介绍；⑦新人爱的誓词；⑧新人交换戒指；⑨新人拥吻；⑩证婚人宣读结婚证书；⑪新人开香槟、切蛋糕、喝交杯酒；⑫新人换中式礼服；⑬新人给父母敬茶改口；⑭点燃蜡烛；⑮新郎新娘向证婚人、介绍人、主婚人、嘉宾行礼；⑯双方父母代表讲话；⑰新郎新娘讲话（或介绍恋爱过程或等创意环节）；⑱礼毕，婚宴正式开始；⑲新郎新娘退场新娘换礼服；⑳新郎新娘逐桌敬酒。

◈ 项目小结

① 我国近代婚姻庆典仪式。辛亥革命以后，传统婚俗与新式婚俗并行发展，互相融合。总的来说，老百姓结婚还是以旧式婚礼为主，但相较于古代，有了新的发展。具体仪式如下：合婚、

议婚、相亲、放小定、择日子、放大定、送嫁妆、迎亲、拜天地、吃子孙饽饽、闹洞房、分大小、会亲、回门。

② 西方国家的婚姻仪式。例如，英国的婚礼可以请婚姻“注册官”为他们主持结婚仪式；美国的新人需要先申请结婚许可证，在许可证的有效期内才能正式领取结婚证书；法国的新人通常会选择星期六下午结婚，有机会由市长或他的副手公证婚礼；丹麦筹办婚姻要秘密进行，并在婚礼前一天闹新婚；俄罗斯的婚礼方式有北方式、中部式、东部式三种，讲究颇多，说明了俄罗斯人对婚姻的重视；德国的一些地方仍沿袭着德国古老婚礼的习俗，婚礼时以摔盆砸碗的方式作为辞旧迎新的仪式之一。

③ 我国现代婚姻庆典仪式。中国现代婚俗一般要经过自由恋爱、订婚、结婚“三部曲”，而随着社会的发展，人们的观念有了很大的变化，变化的方面也可以说是方方面面。其一，当代婚礼时间的变化；其二，当代婚礼既强调神圣庄重更强调唯美浪漫，时尚个性；其三，从单一的红色向多种颜色的搭配延伸；其四，场地形式变化多样；其五，各种中西婚礼元素争奇斗艳。

能力检测

一、思考题

1. 我国近代婚姻庆典仪式有哪些特征？
2. 简述现代婚姻庆典仪式的各个年代不同特点。
3. 列举一个西方国家的宗教婚姻仪式。
4. 列举两个西方国家的世俗婚姻仪式的某种特色。
5. 当代婚姻庆典仪式的基本程序。

二、实训题

实训项目：分三组模拟中式婚礼仪式、西式婚礼仪式和现代中西合璧婚礼仪式

实训目的：

1. 增强对婚礼仪式的感性认识。
2. 掌握婚礼仪式的具体程序。

实训步骤：

（1）教师提出基本要求并提供婚礼仪式的基本素材。

（2）学生设计婚礼仪式流程。

（3）三组分别展示婚礼仪式流程。

项目 7

婚姻庆典服务供给者

学习目标

通过本项目的学习，应该能够：

- 掌握婚庆服务提供者的种类；
- 掌握婚庆公司的特点；
- 了解婚礼堂的经营模式；
- 了解婚礼主题产业园的特征；
- 了解婚博会的特点。

核心概念

婚庆公司　婚礼堂　婚礼会馆　婚礼主题酒店　婚礼主题产业园　婚博会

导入案例

北京婚博会一站式采购惠新人[①]

2014 年 12 月 6 日，北京冬季婚博会在国家会议中心举行。由于各类商家云集、专属优惠折扣和一站式的服务方式，与年轻人快节奏的生活方式完美契合，婚博会成为时下准新人结婚购物的新选择。

与婚礼相关的行业涉及珠宝、婚宴、婚庆、摄影等超过 15 个之多，若每类商家选取 2~3 家进行比较，每对准新人至少需要逛 45 个商家以上才能筹办一场婚礼。据悉，本次婚博会横向囊括了结婚产业链上包括珠宝首饰、婚纱摄影、婚庆服务、婚宴会场、婚礼百货、蜜月旅行、家居家装等服务和产品，纵向集聚了各行业最具影响力的品牌企业共 200 余家入驻，其中珠宝首饰 17 家、婚纱摄影和婚礼影像 30 家、婚礼策划 27 家、蜜月旅游 24 家、婚宴商酒店 43 家、婚纱礼服 17 家、婚礼百货 44 家、家居家装 3 家，为新人们搭建了一站式结婚采购平台，以解决筹备婚礼的难题。

记者在展厅看到，来婚博会采购的准新人们把展台围得水泄不通。“我计划 2015 年 5 月份结婚，平时上班没有时间，去商场买还得到处跑，婚博会刚好在周末举行，所以我过来看看。今天主要想买首饰，有时间的话也会逛逛婚纱摄影和婚庆策划。婚博会的商家比较全，逛一个地方基本上能搞定婚礼筹备的所有环节，如果各方面合适的话，计划今天全部定下来。”在银行工作的王女士说道。

除了准新人外，陪小两口挑选婚庆产品的亲友团也大有人在。“今天儿子、儿媳来选购结婚用的三金和婚纱照，我们陪他们来逛逛，婚博会款式齐全，可挑选的比较多。”家住附近的李先生告诉记者。

为了满足消费者的各种需求，让消费者在婚博会上得到更多实在的优惠，参展商都使出了浑身解数，推出各种针对婚博会的专属让利酬宾活动。

记者从麒麟瑞祥珠宝了解到，该品牌全场成品钻戒 5.5 折，裸钻 8.8 折赠 1500 元的戒托，黄金首饰也有一定优惠折扣。不仅如此，消费满额还有赠礼活动，满 3 000 元送毛巾礼盒，满 5 000 元送美甲套装或公仔暖宝，满 8 000 元送钢化玻璃饭盒套装，满 10 000 元送小拉杆箱，满 15 000 元送大拉杆箱，满 20 000 元送芭比娃娃，满 50 000 元送金条或金钥匙。“本次婚博会上的珠宝从全国专门调货，全场 3 折起，满 3 000 元送精钢对戒，这些折扣经总部特殊批准，专柜是享受不到这样力度的折扣的。”珠宝品牌 ENZO 负责人这样告诉记者。

婚博会组委会公布的官方数据显示，本届北京冬季婚博会总成交额 8.54 亿元，其中珠宝首饰 2.37 亿元、婚纱摄影 1.08 亿元、婚礼策划 1.6 亿元、婚宴酒店 1.7 亿元、婚纱礼服 0.96 亿元、婚礼百货 0.30 亿元、蜜月旅游 0.53 亿元。“婚博会参展的商家多，打折力度也很大，比实体店便宜好多，非常有吸引力，货比三家最后选了一个各方面都比较合适的钻戒。除了婚戒，婚纱照和婚礼策划今天也都订好了，婚礼筹备基本上就没什么操心的事了。”从廊坊赶来的张女士说道。“北京当地客流并没有这么大，2011 年北京消费者的婚庆消费已达到峰值，现在逛婚博会

① 2014 年 12 月 10 日 国际商报。

的消费者很多是周边省市的。对普通工薪阶层来说，买东西首先考虑的是价格，婚博会性价比较高，在品质无差别的情况下，他们当然会选择更优惠的。”婚礼策划品牌兰club负责人说道。

任务1

婚姻庆典服务供给者概述

知识点1 婚庆服务供给者的概念

所谓服务供给者，是指服务业务的提供者，常指各类服务的提供商或个人。服务供给者通过各类服务等方式，向消费者（用户）提供各类服务，并向消费者（用户）收取相应费用。

婚姻庆典服务供给者，又称婚庆服务者或婚庆服务供应商，即指提供婚庆服务的婚庆公司等各类服务业态。

与有形的物质产品不同，婚庆服务产品属于无形的精神产品，同时婚庆服务产品的特殊性决定了婚庆服务同一般服务产品相比有其自身的特点，即婚庆服务产品既包含一般服务产品的属性，也带有婚庆服务行业的固有特色。

知识点2 婚庆服务供给者的分类

对婚庆服务的供给者可以从各种角度进行分类。

1. 按照婚庆服务的供给者规模进行分类

可以分为婚庆公司、婚礼堂、酒店婚礼服务部、婚庆工作室、花店等婚庆服务机构。

2. 按照婚庆服务的供给者组织形式进行分类

可以分为婚礼策划公司、婚庆股份有限公司、婚庆服务社、婚礼工作室等。

3. 按照婚庆服务的供给者服务对象进行分类

可以分为高端婚庆公司、中端婚庆公司、低端婚庆公司。

4. 按照婚庆服务的供给者服务业务进行分类

可以分为婚庆公司、婚纱摄影、婚戒首饰、婚宴酒店、婚纱礼服、彩妆造型、摄影工作室等。

5. 按照婚庆服务的供给者产业商业模式进行分类

可以分为产品服务型商业模式即独立的婚庆产品生产销售商、婚庆服务提供商、品牌型商业模式即品牌连锁，网络营销、婚庆O2O、整合型商业模式即婚博会、结婚展、时尚婚庆产业展、摄影购物广场、婚庆广场等。

6. 按照婚庆公司的服务业态进行分类

可以分为婚庆服务公司、婚礼堂与婚庆酒店、婚庆主题产业园、婚礼体验中心、婚博会等。

从目前婚庆公司的数量来看，据统计北京、上海、四川等一些大都市婚庆公司的数量超过一万家。在二线城市，大概有三五百家左右。三线城市有几万家左右。有人预测整个中国有超过十万家的婚庆公司，每年以 5%~10%的速度增长。

任务 2

婚庆服务公司

改革开放以后，随着人们对新婚仪式的要求不断推高，催生了现代婚庆服务业，最近十年是婚庆行业突飞猛进、快速发展的时期。

知识点 1　婚庆公司概述

婚庆公司是指能够承接婚礼策划并实施的专业机构。婚庆公司着重于婚礼本身，服务范围包括：婚礼策划、婚礼主持、现场督导、摄影摄像、新人造型、场地装饰、灯光舞美等。婚礼服务是团队合作项目，服务团队包括策划师、主持人、新娘造型师、摄影师、摄像师、督导师、音乐特效师、视频后期制作师、演艺人员等。

知识点 2　婚庆公司发展历程

中国婚庆行业的真正发展是从 1990 年开始的，至今已有 30 多年的发展历史，在这个历史发展过程中，经历了如下几个发展阶段：

1. 起步阶段

1990—1995 年，在这个阶段，具有开拓思想的人，开始缔造初期的婚庆公司，提供现代婚礼服务，满足了人民富裕后希望有人操办婚礼的需求，并逐渐获得人们的认可。

2. 初步发展阶段

1995—2000 年，在这个阶段，婚庆服务逐渐引入了多种元素，展示婚庆文化内涵。例如，婚纱摄影、各种婚庆道具开始广泛使用，高科技技术开始运用到婚礼现场。

3. 市场细化阶段

2000—2006 年，这个阶段涌现了大量的婚庆公司，原来做司仪的，自己起了炉灶，成立婚庆公司。做摄像的、跟妆的等都做了老板，纷纷成立了自己的婚庆公司。同时，婚庆行业也开始了专业化分工，策划、司仪、车队、道具、摄影、摄像、花艺、化妆等分工越来越明细。

4. 空前发展阶段

2006 年至今，由于成立婚庆公司的门槛很低，特别是 2008 年，很多年轻人在这一年做婚礼，婚礼相对集中，导致爆发出很多婚庆公司，这一时期仅北京市就有注册的 200 多家婚庆公司和未注册的上千家提供婚庆服务的公司。同时，各地政府也开始注重婚庆行业的发展，并推出相关政策扶持。

截至 2021 年底，我国婚庆公司数量增长了数十倍，从事婚庆策划的人员数量也飞速增长。全国从事婚礼策划服务的公司大约有百万余家，但大多数规模比较小，一般公司的从业人员在 10～20 人左右。

阅读材料

选择婚庆公司要看资质 防“草台班子”[①]

由于婚庆公司的问题，感觉婚礼不尽如人意的新人大有人在。记者暗访发现，婚庆市场有很多“草台班子”混迹其中，感觉不尽如人意的新人遭遇的也大都是这种“草台班子”。消协提示，选择婚庆公司时，一定要看好对方的资质、规模、口碑等，签订合同要做到详细周全。

暗访“草台班子”不可靠

××商圈是某市婚庆公司比较集中的地方，有很多“草台班子”混迹其中，甚至连块牌子都没有。说起婚礼形式，这些“草台班子”大同小异，但有几点几乎出奇的一致。首先，要缴纳定金，而且不能退；其次，装饰品一次性收费；其三，都以“专业”“金牌”等名头自封。

要先交定金而且不能退

在一家“草台班子”式的婚庆公司，“婚礼顾问”根据记者的预算，播放了一些婚礼现场的视频。“你看这个婚礼，用了 8 块 LED 显示屏，3 机位拍摄，新娘等候区的花台、路引，都是用鲜花编的，营造那种美轮美奂的欧式场景。”“婚礼顾问”说着拿出一些套餐样式，价格几千元至上万元不等。

当记者询问起场地布置的样式，鲜花的数量和种类、多少钱一枝等问题时，该“顾问”称，如果确定签约，交完 1 000 元定金后，才会根据客户的情况和要求量身定做，直到满意为止。缴纳定金后，一般是不能退的，如果不满意，策划方案可以多次修改，直到满意为止。

装饰品按一次性使用收费

除了定金外，鲜花布景、烛台、网纱等可以重复利用的装饰品，都要按一次性使用收费。

以“罗马亭”为例，这种搭建花房的铁架，婚庆公司给出的报价是 500～2 000 元不等，还不算鲜花和纱缦的价格。记者在网上搜索相关产品报价，这种铁架子，最贵的在 500 元左右，最便宜的只要 100 元，举办一场婚礼就能赚回几倍的投入。再比方“签到处”的布置，桌面铺上装饰布，放置一些花篮、天使摆台或其他一些装饰品，收费在 200～500 元，而这些装饰品能循环利用几十次。

多自封“金牌”“专业”

“我们都是专业摄影机，有佳能的还有尼康的，还分标清的高清的。”在婚庆公司提供的套餐中经常出现“金牌司仪”“专业摄影师”“专业设备”等字眼。

一家婚庆公司的“顾问”推荐尽量用高清设备拍摄，因为这些设备都是广播级的，指标很高。

但电视台技术人员介绍，所谓广播级的摄影机，都是在电视台使用的专业机，这些视频的

---

① 佚名.选婚庆公司要看资质 防“草台班子”[EB/OL].[2012-07-16].http://roll.sohu.com/20120716/n348210375.shtml.

编辑和观看，要使用几十万甚至上百万元的专业编辑设备，否则会出现播放卡壳等情况。就是说，新人花了高价，却无法享受真正的高清视频，花了冤枉钱！

现状：收场地费已成为“行规”

市民刘先生说，他是5月20日举办的婚礼，与酒店结账时却发生了不愉快。“当初，父母选定这家位于二道区的酒店，酒店经理曾提出，如果不用酒店指定的婚庆公司，就要缴纳800元场地占用费和婚庆公司所用水电费。当时，我们觉得这个收费不合理，都没同意。但婚礼当天，酒店经理却拽着我，如果不缴纳这800块钱，就不让走。大喜的日子吵架多忌讳啊，就给了这钱。”刘先生说。

记者以准新人的身份走访了某市的5家星级酒店，均遭遇不使用酒店指定的婚庆公司，就要收取场地费的问题。“在我们酒店办婚宴，只能选择酒店的签约婚庆公司提供与婚宴有关的一切婚庆服务，包括场地布置、灯光、泡泡机等。如果自己选择婚庆公司，就得向酒店支付2 000元场地费。”一家星级酒店餐饮部负责人说，这是“行业惯例”。各家酒店的场地费价格标准不同，500～2000元不等，星级越高的酒店，场地费标准就越高。

提醒：婚庆公司的资质很重要

适当收场地费合理：

某市消费者协会副秘书长说，今年上半年有关婚庆投诉案例不到10例，大多是针对酒店收取入场费的。消费者具有自主选择权，酒店收费要合理合法。但婚礼庆典不是普通的进餐，要有场地布置等，酒店要提供水、电、灯光等一些额外服务，服务方有成本，因此收取适当的服务费用是合理的。服务费用收取多少，国家并没有明确规定，但动辄几千元就不合理了。消协曾受理过一桩此类投诉，经过协商，酒店退还给消费者部分费用。

看好婚庆公司的资质：

消协提醒消费者，在选择婚庆公司时，首先要“货比三家”，其次要审查婚庆公司的资质，看公司的各方面手续是否齐全，比如工商和税务执照。看该公司的规模大小、经营范围和时间长短，以及服务人员的组成及素质。最好通过朋友或者其他人的介绍了解公司的服务情况，在婚庆服务行业里，一个公司的口碑是最珍贵的。另外，在与婚庆公司签订协议时，各项内容要详细标明。

“套餐”里面有陷阱：

一位业内人士称，婚庆公司最大的消费陷阱就是所谓的“套餐”，尽管有些“套餐”起价很便宜，只有几千元，但真正签订合同时，往往会达到上万元甚至十几万元。“婚庆顾问”就是抓住新人追求完美的心理，不断增加内容。加价的幅度一般在200%～500%之间。很多新人会不知不觉陷入婚庆公司的幸福陷阱中，承受很多经济能力之外的消费。

知识点3 婚庆公司的服务项目

婚庆公司具体经营业务包括以下项目：

1. 婚礼咨询服务

婚礼咨询服务是一种顾问及相应的客户服务活动，其内容是针对有婚礼服务需求的顾客提出的咨询问题，婚庆公司的相关服务人员给出建议或解决方案，并通过协商，达成服务意向的活动。

2. 婚礼统筹服务

婚礼统筹服务是婚礼统筹人员根据新人的需要及预算提供全面的婚礼服务，包括婚礼策划、统筹、咨询服务及执行整个婚礼，是由婚前的准备至婚后的蜜月旅行都包办的一站式服务。

婚礼统筹服务有的地方还分支出新娘秘书，她们熟知结婚礼俗、新娘礼仪、婚礼流程，跟随照顾新娘，以优秀的服务心态，关注婚礼的时间进程，每刻提醒新娘，更在百宝箱内为新娘预备好诸多应急贴心小物件，令新娘可全心投入地享受自己的婚礼。

3. 婚礼策划服务

婚礼策划服务是婚礼策划师为新人提供婚礼流程创意策划、组建婚礼执行团队、进行婚礼现场监督等，帮助新人完成婚礼庆典活动的服务。在国内，婚礼策划师的主要工作内容包括沟通、销售、宴会设计、流程策划、统筹、执行等几方面。

4. 婚礼主持服务

婚礼主持服务是通过婚礼主持人以爱情、亲情、友情为主线，运用专业主持技能，掌控婚礼现场，调动、营造气氛，运用语言把婚礼各环节串联起来，引导新人、家长、证婚人及来宾等共同完成婚礼仪式的专业服务过程。

5. 婚礼庆典执行服务

再好的创意和策划都离不开专业严谨的执行，一场成功的大型婚礼所涵盖的烦琐细致分工，等同于一场工程浩大的专业演出，只有经验丰富、配合默契的专业团队，才能令现场执行高效有序、尽在掌控，亦只有在现场策划师与督导（音乐督导、舞美督导、道具督导、礼仪督导、酒店对接督导、亲友对接督导）的成功合作下，才能让美梦成真。婚礼庆典执行服务是指婚庆公司的相关人员根据婚礼策划师的策划方案，组建婚礼庆典执行团队，为新人提供婚礼庆典服务的全过程。它包括：婚礼现场布置、婚礼花艺设计、婚礼主持、婚礼督导、化妆与造型、摄影跟拍、摄像跟拍、婚礼微电影拍摄与接亲MV、婚礼LOGO设计、婚礼平面设计、节目表演、婚礼音乐设计、灯光设备租赁与专业服务、音响设备租赁与专业服务、视频设备租赁与专业服务、舞美特效设备租赁与专业服务、婚车租用、伴手礼和回礼订制、婚礼电子相册和视频光盘制作等。

6. 婚礼蜜月旅游服务

举行完结婚仪式后，新人可以利用婚假到外地或外国旅游，称之为“蜜月旅游”。蜜月旅游既可以找旅行社，也可以由婚庆公司承办，或者由婚庆公司和旅行社共同承办。

7. 宝宝宴策划与服务

由婚庆公司组织专业人员帮助父母设计策划宝宝宴会，布置现场，并组织专业人员执行完成宴会活动。包括宝宝满月宴、白天宴、生日宴、周岁宴、主题生日宴、成人礼、开笔礼、儿童派对等。

8. 寿宴策划与服务

为给老人祝寿而举办的宴会，称为寿宴。由婚庆公司组织专业人员帮助设计策划寿宴，布置现场，并组织专业人员执行完成宴会活动。主要包括寿宴会场布置和拜寿仪式的设计以及寿宴仪式的执行。

9. 活动策划服务

婚庆公司还可以利用专业人员和专业经验为客户提供活动策划服务，包括年会会场策划与布置、开业庆典策划与布置、商务庆典策划与布置等。

任务3

婚礼堂

近年来，伴随新人需求的多样化趋势，婚庆服务产业对婚礼仪式，以及与之相关的婚纱礼服、婚纱摄影、婚礼影像等的需求也不断提高。尽管需求在增加，但能充分满足这些需求，提供一揽子解决方案的婚庆服务企业却不多。比如，准新人选择在酒店举行婚礼，酒店可以提供婚宴服务，但婚礼策划、婚纱摄影和礼服就要通过请其他机构解决。因此，一种新型的婚礼服务机构开始出现，即婚礼堂。

知识点1　婚礼堂的含义

婚礼堂，也叫婚礼会所、婚礼主题酒店、一站式婚礼中心等，是提供婚宴、婚礼策划、婚礼主持、婚礼化妆、婚礼影像、婚纱礼服、婚礼用品等一站式服务的婚礼服务机构。婚礼堂的模式提供场地，提供婚庆，提供婚宴，它的建立和酒店婚礼部有着异曲同工之妙。

知识点2　婚礼堂的特点

婚礼堂与传统婚庆公司相比，具有以下特点：

1. 场所设施专为婚礼服务建造

婚礼堂是为婚礼服务专门建造的，只做婚礼婚宴服务，不做他用。婚礼堂一般具有不同风格的宴会厅、仪式堂、来宾休息室、新人化妆室等，既可满足婚礼所需要的时尚喜庆气氛，也可满足神圣庄严的氛围。同时，建筑风格的设计以及合理的动线安排，能够保证在享受服务的同时避免其他干扰，使婚礼具有较强的私密性和安全性。

2. 提供一站式婚礼服务

对新人来说，举办婚礼仪式需要婚宴场地、场地布置、灯光、化妆、摄影摄像、司仪、婚礼策划等，这些准备工作较为烦琐，也较为专业，初涉其中的新人处理起来较为棘手。婚礼会馆提供的专业性的一站式婚礼服务解决了这个难题，让婚礼筹备变得省心，也迎合了当下“懒人经济”

的趋势。婚礼堂为新人提供婚礼策划与举行的全流程服务。把餐饮与婚礼文化相结合，变成主题婚礼文化餐饮，给餐饮赋予文化内涵。将婚宴、场馆服务、仪式堂证婚仪式、宴会仪式、婚礼布置、婚礼服饰、婚礼造型、摄影摄像、婚礼服务团队等服务有机整合，并按客户实际情况设计婚礼方案，为客户提供个性化婚庆服务。

3. 满足新人对婚礼服务高效省时、个性化等需求

传统的婚礼筹备，每个项目都包含很多不确定因素，常常需要新人反复挑选和比较。婚礼堂提供的服务省去了这些步骤，为新人提供一站式筹婚管家服务，改变了传统婚礼筹备流程，使新人省去与酒店、婚庆、婚纱、礼服、蜜月旅行、婚纱摄影、珠宝、妈妈装、喜酒喜糖等多个供应商对接的烦琐流程，提升了新人筹婚效率、降低了新人筹婚成本。婚礼堂一般采用集团化统一管理的模式，将婚宴场地，婚宴菜品，婚礼策划，婚礼服装，甚至婚礼用品、婚宴酒水及相关延展项目做了汇总，婚礼堂服务可让新人在一个时间、一个地点解决多种需求，缩短了新人筹备婚礼的时间，让新人一次性解决婚礼需求。

新人希望自己的婚礼能够独一无二，优雅别致，婚礼堂一般拥有多种风格的婚礼专用宴会场所，相比酒店，有充分时间按照新人需求，进行一对一的定制，对婚宴场所进行个性化布置，满足新人求新求变的需求。

阅读材料

罗曼园婚礼堂①

罗曼园隶属于上海罗兰庭婚礼服务发展有限公司，是一家集结婚喜宴、婚纱礼服、摄影摄像、演出布置、婚礼策划为一体的高级婚礼会馆。

罗曼园以十二大婚礼服务细节成为上海高端婚宴市场中颇受新人欢迎的品牌。2011 年，罗曼园荣获“中国婚礼品牌价值 TOP10”的殊荣；2013 年得到大众点评网 15 万名会员的一致认可，荣获结婚频道最具影响力品牌。

罗曼园首创 HOUSE WEDDING 婚礼形式，成功接待操办了来自美国、日本等多个国家及中国台湾地区新人的婚礼，至今已成功为超过 6 000 对新人的婚礼奉献了完美的产品及服务。

罗曼园是国内规模最大的婚礼会馆机构，拥有 17 家分店，47 个宴会厅，可同时举办 47 场婚礼，单店最多可接待宾客超过 4 500 人。

罗曼园的十二大婚礼服务细节包括：神圣的婚礼礼堂证婚仪式、迎宾酒会、婚礼主题策划炫美花艺创作、新娘秘书、婚礼全程督导、专业婚礼主持、婚纱礼服、新娘整体形象设计、摄影摄像、婚礼灯光及音响效果、国家级名厨监督菜肴品质。

罗曼园现有 17 家会馆：罗曼园卢滨旗舰店、罗曼园江宁旗舰店、罗曼园古北旗舰店、罗曼园长阳旗舰店、浦东花园城堡馆、外滩雅致英伦馆、虹桥巴黎印象馆、锦绣花园城堡馆、宝山巴黎印象馆、南京西路友谊厅、杨浦梦想城堡馆、罗曼园游艇会、罗曼圣都佩、罗曼童话虹口店、罗曼童话普陀店、罗曼童话莘庄店、南京玄武巴黎印象馆。

---

① 罗曼园官网 http://www.r-bride.com。

任务 4

婚庆主题产业园

婚庆行业的上下游关联行业众多，婚庆业与旅游、地产、文化创意产业联合，建立婚庆主题产业园是发展趋势。近年来，婚庆主题产业园整合结婚产业资源，打破婚庆产业零散局面、孤军作战的陈旧模式，盘活了一些地产资源，形成了具有婚庆文化特色的产业风情园，形成了集群规模效应，规避市场风险的同时，也提升了市场号召力、影响力及吸引力。

知识点 1　婚庆主题产业园概况

婚庆主题产业园是在结婚产业市场成长高峰期的背景下应运而生的，是指由政府或企业为实现婚庆产业发展目标而创立的产业园区。多元化一站式婚庆主题产业园的出现，成为产业化、规模化、集约化、知识化、信息化程度较高的大型新兴生活服务类示范基地。

婚庆主题产业园是文化产业的新引擎。主要特色是功能丰富、产业集中，一般拥有内外景基地、婚礼会馆、婚宴酒店、情侣主题套房及婚恋交友会所、品牌婚纱礼服、高端婚庆礼仪以及诸多婚庆上下游产业，包括月子会馆、儿童乐园、滑雪场、游艇码头、高尔夫球场、跑马场等。从国内目前婚庆主题产业园发展现状来看，项目内容包括“园区 LOFT 创意规划”“世界文化景观集锦”“四季如春户外园林”“民族传承中式庭院”“造型奇特西式礼堂”“风格迥然婚宴会堂”“别具韵味婚礼别墅”“永不落幕产业博览”“动微创意婚礼好莱坞”“辐射全球蜜月集散”“双向提升专业培训”等。

知识点 2　我国婚庆主题产业园建设开发情况

目前，北京、上海、广东等经济发达省市婚庆产业园已形成规模，发展势头良好。

深圳大鹏玫瑰海岸是一家 2009 年投资建设、2010 年试开业的滨海婚纱摄影基地，2～3 年间一跃成为深圳市的行业标杆，并从玫瑰海岸发展到庄园式的婚庆“一站式”服务基地——玫瑰小镇，并开始在福州、西安等地陆续有新的合作项目落地。

北京、上海近些年婚礼堂、婚礼会所和婚庆公园也不断涌现，并催生了像诺恒、花海阁、东方玫瑰、伊缘圆、罗曼园、金庭庄园、薇婷故事等跨地区的婚庆项目运营商。婚庆主题产业园的发展引起了政府的关注。

广东、海南在婚庆+旅游方面也多有建树，如龙凤山庄、浪漫海岸、百万葵园、天涯海角、大小洞天等。其中，东莞龙凤山庄婚庆基地更是中国唯一的婚庆主题国家 AAAA 级旅游景区。

2015 年 9 月，第 18 届中国国际投资贸易洽谈会暨新兴产业投融资大会暨中国首届婚庆产业文创园投资论坛在厦门 98 国际会议中心举行。这是中国婚庆产业园区项目首次在国家部委和国际性机构、各省市政府联合举办的大型国际展会上亮相，4 个城市政府领导在会上介绍了即将落地的婚庆文创园的规划和设想。目前，全国已规划 20 座婚庆文创园，首批选定北京、上海、深圳、湖州、成都、厦门、福州、哈尔滨、大连、沈阳、南京、长沙、天津、威海等 14 座城市。

阅读材料

杭州成立婚庆文化创意产业园[1]

浙江婚庆文化创意园位于杭州市余杭区仁和大道 3 号，地理位置优越，距离杭州绕城、杭宁高速、杭甬高速出入口约 500 m，东西大道贯穿其中。

浙江婚庆文化创意产业园由“三区五中心组成”，即产品加工区、摄影区、文化博物馆区、研发中心、展销中心、物流中心、国际婚庆文化交流中心、国际婚庆用品品牌展示中心。

园区占地 71 亩（1 亩≈667 m2），总投资达 20 亿元，目前开放的是一期，远景目标是要成为一个培育和扶持婚庆文化创意产业的服务机构，为创意企业提供研究、创作、展览、经营的场所，通信、网络与办公等方面的共享设施，整体配套的文化传播和推广，政策、融资、法律和市场等方面的支持，促进文化交流和创意成果转化，降低文化创意企业的市场风险和生产成本，提高企业成活率和成功率，加快创意企业的创业速度，统一品牌、统一经营、统一管理，全力打造中国乃至国际上最专业的婚庆文化创意产业孵化器。

任务 5

婚庆博览会

婚庆博览会即婚博会，目前概念越来越广，包括结婚相关的边缘服务，如房屋装修、新婚家电、新婚家具、新娘化妆、蜜月旅行等。

知识点 1　婚博会概况

婚博会是指各地举办的以婚纱摄影、婚庆服务、婚庆礼品、婚宴场地、婚纱礼服、结婚首饰等为主题的展览会。目的是宣传婚纱婚庆的时尚元素及新兴理念，吸引消费者的关注，推销各自的品牌。婚博会展出时间通常为 2～3 天，同期主办方会举行婚纱秀、大型婚礼等一系列活动。从 2005 年以来，婚博会历经十几年的发展，以北京、上海、天津、广州、武汉、杭州、成都为中心，已成为中国甚至世界结婚产业的第一规模大会。婚博会融合了国际国内时尚的结婚元素，为企业提供了一个品牌形象展示、产品服务推广、行业交流学习的平台，已成为政府及海内外了解结婚产业和相关企业制订年度经营计划的数据资讯来源。

知识点 2　婚博会展示内容

婚博会一般围绕结婚“一条龙”消费进行展示，主要包括婚纱摄影、结婚礼服、婚戒首饰、喜糖喜酒、婚庆服务、酒店喜宴、蜜月旅行等。由于能进行集中采购，充分对比，受到新人欢迎。从 2015 年秋季以来在上海举办的最近四届中国婚博会统计情况来看，总到场人数分别为 103 500

---

① 腾讯大浙网•结婚频道 2014 年 11 月 10 日。

人、115 100 人、147 600 人和 135 100 人，新人在四届婚博会上的下单总额分别达到 7.94 亿、8.68 亿、11.6 亿和 10.623 亿元。

1. 婚宴酒店

婚博会集中展示多类型婚宴酒店，提供自助式婚宴、草地婚宴、传统婚宴、小型婚宴、特色婚宴等婚宴形式。

2. 婚纱摄影

婚博会集中了各类型婚纱摄影机构，提供韩式唯美、欧式奢华、古典中式、自然外拍旅行等多种风格。

3. 婚庆服务

婚庆公司是婚博会参展商中的主力军，在婚博会上，根据新人爱好或诉求点的不同为新人展示各类婚礼套餐，展示会场布置、灯光、音乐、道具、主持人等各种元素配合下的婚礼现场效果。

4. 婚礼用品及周边产品

结婚用品主要为婚礼增添气氛和效果，婚纱礼服、婚戒首饰、新娘彩妆、婚车、床上用品、喜糖、喜酒、冷焰火、签到台、请柬鲜花、大红喜字、气球等。

知识点 3　婚博会主要展出地点

1. 北京

北京婚博会是商务部全国百家重点支持品牌展会，每年 3 月、7 月、9 月、12 月在国家会议中心举办，先后有 30 多个国家的名品、名店和设计师来中国婚博会发布每季国际前沿结婚时尚，涵盖婚纱摄影、婚礼策划、婚宴酒店、婚庆公司、婚庆用品、婚纱礼服等与结婚有关的项目，是婚庆行业的一次集中展示，婚博会已成为结婚时尚风向标。

2. 上海

上海婚博会是全球最大的世界品牌婚博会，是商务部全国百家重点支持品牌展会，联合了世界著名四大结婚时尚盛会：意大利米兰婚纱展、加拿大多伦多婚展、韩国首尔婚展、日本婚展。先后有 30 多个国家的知名品牌和知名设计师来上海婚博会发布每季国际前沿结婚时尚，上海婚博会已成为中国结婚时尚风向标。

上海婚博会从 2007 年开始举办第一届，按照上海市结婚消费市场的特点，上海婚博会组委会从 2008 年起，每年于春季 3 月、夏季 6 月、秋季 9 月和冬季 12 月在上海世博展览馆各举办一次展会，以满足“五一”“十一”和元旦、春节结婚旺季的市场需求。集中 22 大行业 3 000 家名品名店的 50 万款结婚新品。

项目小结

① 婚庆公司是指能够承接婚礼策划并实施的专业机构。

② 婚礼堂，也叫婚礼会所、婚礼主题酒店、一站式婚礼中心等，是提供婚宴、婚礼策划、婚礼主持、婚礼化妆、婚礼影像、婚纱礼服、婚礼用品等一站式服务的婚礼服务机构。

③ 婚博会是指各地举办的以婚纱摄影、婚庆服务、婚庆礼品、婚宴场地、婚纱礼服、结婚首饰等为主题的展览会。

④ 婚庆主题产业园是指由政府或企业为实现婚庆产业发展目标而创立的产业园区。

能力检测

一、思考题

1. 简述婚姻庆典服务有哪些提供者。
2. 简述婚庆公司的服务项目。
3. 简述婚礼堂的特点。
4. 简述婚博会的参展项目。
5. 简述婚庆产业园的项目。

二、实训题

实训项目：课后阅读并写出读后感

实训目的：

1. 增加对婚姻庆典服务提供者新业态的了解。
2. 对婚姻庆典服务行业的新业态提出独特见解。

实训内容：

阅读本章所附的“推荐阅读”《全国首家婚礼体验中心落地西安 一站式备婚新体验》并写出500～1 000字的读后感。

完成任务：

1. 撰写读后感。
2. 小组分享。

推荐阅读

全国首家婚礼体验中心落地西安 一站式备婚新体验[①]

2016年11月12日下午1点50分，西安。互联网+婚礼全产业线下“新娘嫁到婚礼体验中心”嘉宾云集，场面火爆。西安虎哥网络有限公司在这里隆重召开了新娘嫁到婚礼体验中心上线仪式暨产品发布会。陕西日报、华商报、地铁报、陕西电视台、西安电视台、新华网、腾讯

① 佚名.全国首家婚礼体验中心落地西安 一站式备婚新体验_大秦网_腾讯网[EB/OL].[2016-11-14].http://xian.qq.com/a/20161114/018473.htm.

网、西部网等媒体及业内专业人士共同见证了这历史性的一刻。

2016 年 3 月，“新娘嫁到一站式婚礼体验中心”正式启动装修。同年 10 月，试运营消息频传，引发业内关注。新娘嫁到婚礼一站式体验中心，位于西安小寨商圈核心地段西旅国际中心 1 ~ 4 层，占地面积 12 000 m^2。新娘嫁到婚礼一站式体验中心的上线，标志着新娘嫁到婚礼全产业链线下软着陆——婚纱摄影、礼服跟妆、婚礼布场、婚礼司仪、摄影摄像、婚宴酒店、婚礼用品等 7 大板块落地体验中心，向着打造婚礼全产业“互联网+”生态圈更近了一步。

一站式体验、标准化服务，透明化价格，新娘嫁到预从源头上缩减成本整合产业链，为西安准新人带来最省心省力的备婚体验。

下午 14:00，西安虎哥网络科技有限公司董事长的致辞，伴随着水晶球的启动，“新娘嫁到婚礼体验中心”正式上线。

婚礼行业产业聚合，结婚不用东奔西跑

价格不透明、入行门槛低、单一化操作，是婚礼行业目前面临的最主要问题。据了解，西安市婚庆公司多达 3 300 多家、婚纱摄影 3 000 多家、行业公司 10 000 家，这些公司多是成本投入不足 40 000 的单项目工作室，其中无照经营超过 7 成。

与此同时，备婚新人却面临信息难寻、来回奔波、反复询价等困扰。据不完全统计，每一对备婚准新人平均婚礼筹备时间为 185 天，平均来回奔波 35 次，询价多达 20 次

“结婚的事情确实太烦琐了，跑来跑去好麻烦。不过这里的东西全，基本上来一趟都能把所有的东西解决了。”元旦准备结婚的王小姐，这段时间她和男朋友用了两个周末的时间跑了 4 家影楼，但总没选上自己喜欢的婚纱照。这次他们到“新娘嫁到一站式婚礼体验中心”一次确定了他们结婚所需要的几项婚礼服务项目。

整合源头缩减成本，让利给消费者

700+婚纱礼服、500+造型跟妆师、1000+婚礼司仪、300+酒店等资源整合，是新娘嫁到婚礼体验中心的一大特色。新娘嫁到婚礼体验中心董事兼说：“婚礼行业的价格不透明，很多新人都不知道钱花在了哪里，我们就要把不透明做得透明”为此，新娘嫁到破解婚嫁行业两大痛点，从源头整合供应链缩减成本，把实惠真正的带给消费者。

爆款套餐，引发上线狂潮

“新娘嫁到”当天上线活动吸引了 200 对准新人前来咨询，而这其中咨询的最多的当属爆款套餐——19 999 元婚礼套餐。19 999 元婚礼套餐的发布可谓是婚嫁领域一股清流。套餐包含婚纱摄影、婚纱礼服、造型跟妆、婚礼现场、婚礼司仪、婚宴酒店、婚礼用品等全系服务。

“便宜还省心，关键这里面的东西都很不错”，家在宝鸡明年打算在西安办婚礼的李小姐说着。她还说最满意的就是套餐里的酒席，就是新房附近的大酒店。“这家的酒席，我们之前问过了要 1 000 元一桌，定 10 桌光酒席就要花 10 000 多”她说现在从婚纱照、婚庆、酒席、婚车、跟妆、礼服以及司仪加起来一共不到 20 000，她男朋友还笑着说娶个媳妇儿还真没有传说中的那么贵。

项目 8
婚姻庆典服务从业人员

学习目标

通过本项目的学习，应该能够：

- 了解和掌握婚姻庆典服务从业人员的职业素质、职业道德和职业礼仪；
- 了解婚姻庆典服务从业人员的职业门类；
- 掌握婚姻庆典服务从业人员的工作职责。

核心概念

婚姻庆典服务人员职业素质　婚姻庆典服务人员职业道德
婚姻庆典服务人员职业礼仪　婚礼策划师　婚礼主持人
婚礼督导师　婚礼化妆造型师　婚礼花艺师　婚礼摄影摄像师
婚礼庆典服务职业经理人

导入案例

婚礼跟拍失语，新人索赔①

一对新人欢天喜地刚刚办完婚礼，却发现婚礼录像的光盘只有图像而没有声音，这让小两口气愤不已，新郎和婚庆公司多次协商不成起诉到法院。近日，在济宁中区法院的主持调解下，婚庆公司和新郎达成调解协议，婚庆公司同意赔偿新郎损失 6 000 余元。

2009 年 9 月，张某为了自己的新婚喜庆活动找到了济宁某婚庆服务部。在工作人员的推荐下，张某选择了价格 2 000 元的金牌主持、高清摄像等婚礼服务，并签订了婚庆婚礼服务单。婚礼结束后，张某发现婚礼录像的光盘虽然图像清晰，但是没有声音，这让刚过新婚的张某夫妇烦恼不已。张某多次找到婚庆公司协商要求恢复婚礼录像光盘声音，婚庆公司表示由于录像机的原因他们也没办法恢复，并认为婚礼气氛隆重而热烈，婚庆公司已经出色完成了婚礼当天的任务，所以拒绝赔偿。与婚庆公司多次协商不成，张某于 2009 年 10 月向法院起诉。

法院审理认为，婚庆公司由于事先没有检查录像机，没有及时发现摄像机的问题，导致随后录制的婚礼录像光盘没有声音，婚庆公司对此存在过错，而且婚庆录像属于具有个人意义的永久纪念品，对当事人来说非常重要，因此婚庆公司应当赔偿当事人的精神损失。在法院的主持调解下张某和婚庆公司达成以上协议。

任务 1

婚姻庆典服务从业人员的职业素质、职业道德和职业礼仪

职业素质是劳动者对社会职业了解与适应能力的一种综合体现，其主要表现在职业兴趣、职业能力、职业个性及职业情况等方面。影响和制约职业素质的因素很多，主要包括：受教育程度、实践经验、社会环境、工作经历以及自身的一些基本情况（如身体状况等）。

知识点 1　婚姻庆典服务从业人员的职业素质

婚姻庆典服务从业人员的职业素质是婚庆服务人员对婚庆职业了解与适应能力的一种综合体现，其主要表现在职业兴趣、职业能力、职业个性及职业情况等方面。影响和制约职业素质的因素很多，主要包括：受教育程度、实践经验、社会环境、工作经历以及自身的一些基本情况（如身体状况等）。婚姻庆典服务从业人员所应具备的素质与技能，可以分为以下几点内容：

1. 身体素质

指体质和健康（主要指生理）方面的素质。婚庆服务工作要求其服务人有健康的体格。由于面对的顾客主要是“新人”，因此，身材与容貌在婚庆服务行业中有着较为重要的作用。在人际

① 王磊.齐鲁晚报[N]. 2009-12-21.

交往中，优美的身材和容貌可使人在视觉上产生舒适感，心理上产生亲切愉悦感，所以婚庆服务从业人员应端庄大方、机灵敏捷、时时处处面带微笑，而且身体健康。

具体要求是：无传染病、皮肤病和其他不适于婚庆服务工作的某些疾病，如肝炎、手癣、牛皮癣、狐臭、色盲、口吃等；五官端正、容貌较好；身体适宜，无严重生理缺陷；口齿清晰、语言流畅；精神饱满，能以良好的状态投入工作。

2. 心理素质

心理素质指认知、感知、记忆、想象、情感、意志、态度、个性特征（兴趣、能力、气质、性格、习惯）等方面的素质。婚庆服务从业人员的心理素质，直接影响到婚庆公司的运营效益。服务人员是婚庆管理体系中的重要组成部分。一个婚庆公司在有形服务上，要为顾客提供个性、创新的婚礼服务，在无形的服务上又要做到微笑、细致、周到、热情、友好，反应迅速。面对新人在逐渐了解婚庆服务过程中表现出的质疑、否定甚至刁难，必须具备良好的心理素质，要善于控制自己的情绪、善于调整自己的心理和善于判断和引导顾客的心理，否则是很难取胜的。

3. 文化素质

文化素质指科学知识、技术知识、文化知识、文化修养方面的素质。婚庆服务从业人员在业务中经常能碰到新人各种各样的提问，这些问题涉及婚俗文化、中西婚礼比较、婚礼摄像、婚礼化妆、婚纱礼服等专业知识的各个方面，因此，婚庆服务人员必须对婚庆服务、婚俗、外国风俗、法律、宗教、心理学、营销学等各方面的知识有较全面的了解。只有掌握本职工作范畴内的所有专业知识，具备较宽的知识面，并达到运用自如的程度，婚庆服务人员才能为新人提供准确而真实的信息。

4. 审美素质

审美素质指美感、审美意识、审美观、审美情趣、审美能力方面的素质。婚礼是一场美丽的盛宴，婚庆服务的每个环节都是为了新人婚礼当天最美的展现。因此，婚庆服务从业人员在婚礼策划、婚礼现场的布置、花车的布置、花束的选择、婚礼礼服与饰物的搭配、新娘妆容的选择等各个环节都必须具备一定的审美素质。

5. 专业素质

专业素质指专业知识、专业理论、专业技能、必要的组织管理能力等。只有具备良好的专业素质，婚庆服务人员才能为新人提供更好的服务。婚庆服务人员应该①掌握婚庆经营、销售知识，熟悉婚庆产业、婚庆市场、公共关系、合同等知识。②掌握婚姻庆典服务各项业务标准化操作程序。③熟悉民法典、劳动法等法律，了解国家重要行业法规。④具有一定的计算机常识和实际操作技能，如能熟练掌握计算机输入、速记、复印、收发传真等。⑤了解婚庆常识和国内外民族婚庆礼俗，了解婚庆发展趋势。 ⑥有扎实的中文写作功底。能进行常用中文信函的写作，能独立起草婚庆策划书，能撰写与婚庆相关的研究报告、能够熟练、准确地按程序完成本职工作。⑦良好的语言表达能力。

6. 社会交往能力

社会交往能力主要包括应变能力、观察能力、推销能力、沟通能力、学习能力、创新能力和合作精神等。

（1）应变能力

应变能力是婚庆服务人员所应该具备的特殊服务技能与素质。由于顾客有着不同的生活背景、不同的知识与修养，因此每对新人都会有不同的表现；在提供婚庆服务时，可能出现各种特殊的情况，婚庆服务从业人员只有具备应变能力，才能妥善处理好各种特殊问题。在任何情况下，婚庆服务从业人员都应沉着冷静，处理好每件特殊的事件。

（2）观察能力

婚庆服务从业人员还需要具备较好的观察能力。例如，能迅速观察出不同新人的各方面的异同，从而找出新人间相似之处及不同的地方，发现对象中最微小的差别或变化；能迅速察觉出易被疏忽的细节变化；能迅速观察出新人的消费心理并仔细揣摩。

（3）推销能力

婚庆服务从业人员要自我推销，讲究仪态美，坚持微笑服务，态度真诚，做到客到微笑到、敬语到。良好的仪表仪容，还表示对客人的尊重，容易让客人在心理上产生好感，对婚庆服务人员所推销的服务也容易接受。另外，要抓住机会推销。新人翻看婚庆公司服务项目介绍时，是婚庆服务从业人员推销的最好时机。新人看服务介绍时，婚庆服务从业人员不要置之不理、一言不发，而是要与新人进行关于婚庆服务内容的必要沟通，主动向新人提出各种建议，使新人对服务内容发生兴趣，在热情、轻松、友好的气氛里为新人推销诱人而有创意的婚庆服务项目，从而使新人愉快地接受服务人员的推销。

（4）沟通能力

婚庆服务从业人员是否具有熟练的沟通能力，对自己的服务工作影响很大。婚庆服务从业人员要善于利用自己的语言、行为和肢体语言，与各种新人进行准确迅速的沟通。语言是有声的思想，是表达感情的工具，感觉服务态度的好坏，很大程度上是从语言中感觉出来的。俗话说，“一句话说得使人哭，一句话说得使人跳”，这是很有道理的。作为婚庆服务从业人员，要根据不同的接待对象，正确使用尊敬语、称呼语、问候语。为顾客服务时要做到有“五声”，即客人来时有迎客声、遇到客人有称呼声、受到帮助有致谢声、工作失误有致歉声、客人离店有送声。与客人谈话时应杜绝“四语”，即蔑视语、烦躁语、否定语、顶撞语。在为客人服务时要讲究语言艺术，不讲有损于客人自尊心的话，要学好用好普通话，也要学习和懂得一些地方话，否则将会影响与外地客人的沟通。

（5）学习能力

当今时代，是要求人们必须终身学习的时代。婚姻庆典是全世界具有魅力的个人礼仪庆典仪式，是融合传统文化和现代经济的产物，其规模的大小以及创意的发挥是社会经济文化发展的缩影，是和谐社会的直接体现。目前，婚姻庆典服务已形成庞大的产业链，北京、上海、天津、青岛、大连等各大中城市已形成规模经济。随着时代的不断发展，作为中国人头等大事的婚礼也在不断发生着变化。人们更加讲究创意，注重品味、营造氛围、传播文化，婚姻庆典服务从业人员只有不断地学习，才能适应社会快速发展的需要。

婚庆服务从业人员要用发展的眼光看待学习，迎接知识挑战，不懂就学，没有就补，只有崇尚学习才不会落伍。

（6）创新能力

创新能力由创新意识、创新思维、创新技能三大要素构成。随着时代的发展，婚庆行业也在飞速的发展。这就需要婚姻庆典服务从业人员具有创新意识，开拓进取，引领婚庆潮流。当今时代，谁能有所创新，有所突破，谁就能占有市场。

（7）合作精神

一场成功的婚礼往往需要团队的整体合作，前期的策划方案，婚礼流程的彩排，当天的人员安排……每一个环节都要紧密配合。婚礼策划师统一调配团队成员，婚礼主持人的随机应变、场布的实施情况、摄像的机位角度、督导的协调整合、灯光师的同步跟进，只有团队整体合作才能保证婚礼的完美呈现。

同事间的密切合作，是婚庆服务机构成功的最基本条件。婚庆服务从业人员应该意识到在婚庆服务机构中，每个人都在扮演一个特定的角色，要想演好这场戏，需要大家的集体合作。当接待员忙于接待时或因特殊情况离开工作岗位时，其他员工必须能够替代其工作，共同使客人满意，否则会破坏整个公司的形象。只有相互支持和理解才会有好的工作氛围。有了令人愉快的工作环境，才会有愉快的员工，也才会有愉快的客人。

知识点 2　婚姻庆典服务从业人员的职业道德

所谓职业道德，就是同人们的职业活动紧密联系的符合职业特点所要求的道德准则、道德情操与道德品质的总和，它既是对本职人员在职业活动中行为的要求，同时又是职业对社会所负的道德责任与义务。职业道德是社会上占主导地位的道德或阶级道德在职业生活中的具体体现，是人们在履行本职工作中所遵循的行为准则和规范的总和。

婚姻庆典服务要公平公理、买卖公道、价格合理、赚取合理合法的利润，既不能“宰”被服务者，也不能让企业吃亏。信誉是企业的生命，对服务性强、低频性、消费水平不等的婚庆服务业来说尤其如此，“诚招天下客，誉从信中来”，作为婚姻庆典服务从业人员，只有真诚公道地对待每一位顾客，向他们提供优质的婚庆服务，才能树立良好的信誉形象，最终取得良好的经济效益。婚姻庆典服务从业人员应具有的职业道德包括以下几项：

1. 爱岗敬业

爱岗就是热爱婚姻庆典服务工作岗位，热爱本职工作。爱岗是对婚姻庆典服务从业人员工作态度的一种普遍要求。热爱本职，就是婚姻庆典服务职业工作者以正确的态度对待自己职业劳动，努力培养热爱自己所从事的工作的幸福感、荣誉感。敬业就是用一种严肃的态度对待自己的工作，勤勤恳恳、兢兢业业、忠于职守、尽职尽责。庆典服务从业人员必须具有较高的诚实度，对新人的优惠必须符合婚姻庆典服务机构的规定，绝对不能徇私舞弊。这一素质在婚姻庆典服务经营中已显得愈加重要。特别是在涉及为新人提供便捷、周到的婚礼服务方面，更需要婚礼服务人员秉持敬业精神，尽职尽责、专业专注、耐心细致地提供各项婚礼服务。另外，在婚礼举办过程中，婚姻庆典服务从业人员不允许私要红包，而应主动承担、履行自己的责任和义务，毫无保留地实践自己的诺言。

2. 团结协作

团结协作，是婚姻庆典服务从业人员正确处理庆典服务团队成员之间、部门之间、行业之间以及局部利益与整体利益之间，眼前利益与长远利益之间等相互关系的道德行为规范。婚姻服务是由各类婚庆从业人员共同运用自己的技能为新人提供一场婚姻庆典服务的，它要求婚姻庆典服务庆典从业人员，要有团队合作意识，将自己融入团队中，共同为完成婚姻庆典服务提供自己的专业技能。只有这样，才能维护婚庆服务业的整体形象，给客人提供优质服务。

3. 服务社会

婚礼是人的一生中最浪漫、最难忘的时刻，如何去铸就这段永恒的回忆，是每一对即将步入婚礼殿堂的准新人的梦想。倡导时尚健康的婚礼模式是社会发展的需要，更是婚姻庆典服务从业人员的责任。

4. 好学上进

好学上进，提高业务是婚姻庆典服务从业人员一项重要的职业道德规范。只有丰富的业务知识和熟练的职业技能以及过硬的基本功，才能为顾客提供优质服务，才能尽到自己的职业责任，才能为企业赢得声誉，才能为婚庆服务业发展做出贡献。好学上进、提高业务，也就成了一种道德义务，不能只将其理解为一种业务要求。只有这样的婚姻庆典服务从业人员才能为顾客提供优质服务，尽好职业责任。同时求得自身发展，进而达到道德知行统一的要求。

婚姻庆典服务从业人员从事的是老百姓最看重的事情之一，婚礼对于任何新人都是一生珍贵的记忆。因此，婚姻庆典服务从业人员要有服务意识，时时刻刻为新人着想，急新人所急，忧新人所忧，乐新人所乐。绝不能践踏新人的利益，不能在提供服务时以次充好，偷工减料。

知识点 3　婚姻庆典服务从业人员的职业礼仪

1. 仪表、仪态

优秀的婚姻庆典服务从业人员，必须着装整洁、大方、面带微笑、主动热情、讲究礼仪、礼貌、彬彬有礼地接待客人。而且头脑反应灵敏、记忆准确、表情自然、留意客人表情，注意客人动作，掌握客人心理。

与新人谈话时，手势不宜过多，幅度不宜过大。一般地讲，手掌掌心向上的手势是虚心的、诚恳的、友善的（掌心向下则是高傲的、无礼的），在为新人介绍各项服务时，都应上身前倾，以示敬重。在递给新人东西时，应双手同时恭敬地奉上，绝不能漫不经心地一扔，并忌讳用手指或笔尖直接指向新人。

表情是从面部表达出来的内心思想感情，是一种无声的语言。对婚姻庆典服务从业人员表情的基本要求是：温文尔雅，彬彬有礼；稳重端庄，不卑不亢；笑脸常开，和蔼可亲；轻松自然，毫无做作。

婚庆服务人员的仪表、仪容、礼仪、礼貌直接影响婚庆服务机构的形象，关系到服务质量、新人的心理活动，甚至影响到婚庆服务机构的经济效益。也就是说，婚庆服务人员首先在仪表、仪态上给新人形成一个管理有素、经营有方的印象，从而觉得受到尊重并且感到能让这样的婚庆服务机构为自己提供婚庆服务是一种荣耀，因此愿意介绍给自己的亲戚朋友，让他们光临。

2. 语言表达

婚姻庆典服务从业人员不仅应有良好的仪容、仪表，而且必须具备优美的语言、贴切的语气、恰当的内容和灵活多变的表达技巧，能营造一种令人愉快的谈话氛围，正所谓“良言一句三冬暖，恶语一声六月寒”。

婚姻庆典服务从业人员正确使用称呼用语，不仅能使新人感到温暖，也可以缩短新人与服务人员之间的距离。现在一般对男性称“先生”；女性称“小姐”“太太”；对不知道已婚、未婚的女性客人可称“女士”；对有学位的客人可称其学位，如“博士先生”，并冠以姓氏；对有军衔的客人可称“××先生（女士）”或以其军衔相称，如“上尉先生”；对国内客人可称同志，对有官职的可称官职：如首长、部长、经理、老总、书记、处长等；对无官职但有职称和社会地位的客人可称××教授，×老、×工（程师）等。称呼一定要得当，要根据年龄、职业、性别、民族、地区的不同习惯进行恰当的称呼。

再如问候用语，在日常工作中，婚姻庆典服务从业人员要根据具体时间、场合、对象，用不同的礼貌语言向新人表示关心和问候。例如，“您好”“您早”“早上好”“晚上好”“晚安”“欢迎光临”等。在向新人道别或给新人送行时，应注意问候礼节，可以说：“你有什么问题，我们随时为您解答”“希望您满意我们的服务”等。

3. 行为举止

优秀的婚姻庆典服务从业人员，应该做到行为规范、举止大方。尽量避免或克服不好的习惯动作，如吸烟、嚼口香糖、工作场所吃喝、高嗓门叫喊、勾肩搭背、指手画脚等。具体要求如下：

① 在新人面前应禁止各种不文明的行为。

② 在工作时应保持室内安静，不要在新人面前大声喧哗、打闹、吹口哨、唱小调，走路脚步要轻，操作动作要轻，取放物品要轻。

③ 把服务新人当作第一需要，当有新人进入婚庆服务机构时，婚姻庆典服务从业人员无论在干什么，都应暂时停下来招呼新人。

④ 对客人要一视同仁，不能与一些新人过分亲热而忽略另一部分客人。对容貌体态特殊或穿着奇异服装的新人切忌围观议论。

⑤ 不得把工作中或生活中不愉快的情绪带到服务中，更不可发泄在新人身上。

4. 着装、打扮

婚姻庆典服务从业人员当班时必须穿着端庄。衣着的用途除了保护人体健康外，还起着塑造体型、美化生活的作用，它能反映出一个国家、地区和民族的文化艺术、风格和精神面貌。为此，婚姻庆典服务从业人员应以干净、整洁、美观、大方、得体的标准进行着装，不能为了追求所谓的个性，身着奇装异服，搞另类的发型，自我欣赏的标新立异、与众不同、哗众取宠都应该摒弃。婚庆服务机构应该规定：婚姻庆典服务从业人员在工作前要洗头、吹风、剪指甲、保证无胡须、头型大方；化妆轻淡、朴素雅致；不使用有颜色指甲油及浓味香水等。

任务 2

婚姻庆典服务从业人员的职业门类

婚俗文化由来已久，但由婚姻庆典服务行业引领的婚礼文化和婚俗文化则是当代的事情。随着改革开放的进程和人们物质生活的不断丰富，人们的婚礼悄然发生了许多变化。20 世纪 80 年代年代末，北京出现了第一家专业的婚姻庆典服务公司，标志着现代婚姻庆典服务业开始起步。90 年代，越来越多的新人开始筹办婚礼，开始接受经营性的婚姻庆典服务，一大批婚姻庆典服务庆公司如雨后春笋般涌现，婚姻庆典的表现形式、活动方式、活动内容等方面均有创新，婚姻庆典服务业进入了快速发展的成长期。进入 21 世纪，婚姻庆典服务又出现了一系列明显的变化。人们开始越来越注重婚礼的“仪式感”，新人们开始考虑婚礼样式、婚礼风格、婚礼主题、婚礼元素、婚礼细节，开始讲究婚礼中的色彩、音乐、鲜花、装饰、设计等，人们正在从对婚礼吃（饭）、喝（酒）、抽（烟）、（花）车等物质层面的关注，明显地转变为对婚礼文化层面及精神层面的关注，传承文化、追逐时尚、表达个性、彰显差异，成为近年来婚礼的时代特征。

与此同时，婚姻庆典服务业也伴随着时代的步伐迅速发展和成熟。婚姻庆典服务公司已经从过去简单化、低端化、模式化的初级服务阶段进入到日趋专业化的婚礼文化创意领域。婚礼服务行业分工进一步细化，服务范围逐步扩大并日益丰富，涌现出了婚礼策划师、婚礼主持人、婚礼督导师、婚礼花艺师、婚礼化妆造型师、婚礼摄影摄像师、婚姻庆典职业经理人等职业门类。

知识点 1　婚礼策划师

1. 婚礼策划师的概念和内涵

婚礼策划师是指从事为婚礼新人和婚礼服务公司提供咨询策划活动，具备一定婚俗知识，美学知识，有较高创意策划能力和文字处理能力，根据婚礼新人和婚礼服务公司的要求，能独立策划婚礼方案，并能准确地监督策划方案实施全过程的专业创意工作人员。婚礼策划师也被称为“婚礼顾问”或“婚礼管家”。

2. 婚礼策划师具备的条件

每一场婚礼，都是一次创意与设计的结合，为新人提供婚礼流程创意策划，整合设计与执行概念、进行婚礼现场监督。帮助新人完成梦想就是婚礼策划师的工作。作为婚礼策划师，需要具备多方面的专业素质，掌握宴会服务、鲜花服务、场地布置服务、形象设计服务等与婚礼相关的各种技能。国内现在真正意义上的婚礼策划师还不是很多，婚庆公司还大都停留在婚礼资源的中介阶段，有时甚至把主持人混同于婚礼策划师。

3. 婚礼策划师的工作职责

① 重视沟通策划的服务：婚礼策划师提供“一对一”的顾问式服务，为新人打点婚礼筹备各项事宜，从婚礼风格的确定、设计制作各种婚礼用品，拍摄爱情故事 MV 到婚礼现场的各项细

节，进行全程掌控。

② 提供专职专责的服务：婚礼策划师重视新人对自己婚礼的想法，在预算的参考下，结合新人的工作、背景、喜好、认识交往的过程等，在沟通后策划出最佳方案。根据新人的预算，婚礼顾问都能针对预算，为新人设计出独特的婚礼，并根据新人的实际情况和花费重点，省下不必要的开支。

③ 严谨的婚礼统筹服务：由于结婚的过程十分烦琐，因此在婚礼统筹上，婚礼策划师必须要针对各种不同的状况进行确认、修改以及时间点的提醒，严谨地为新人提醒不同时间该做的事、该选购哪些结婚用品，让新人不需担心漏掉任何一项，也不用烦恼手忙脚乱，让婚礼有最完美的呈现。

④ 化繁为简的单一窗口：筹备婚礼过程中，必须要和各服务提供商接洽和议价；因此婚礼策划师必须担任起总联络人的角色，以新人需求及预算选择最适合的人员及产品，让所有的婚事简化成单一窗口的服务。

⑤ 机动性的婚礼现场服务：婚礼当天应该是最完美的呈现，婚礼策划师将作为督导出现在现场，帮新人处理各项事宜，随时应对突发事件，让新人消除紧张的心情，享受婚礼的喜悦！①

一位称职的婚礼策划师，所扮演的角色不仅是一个协调者、建议人、婚礼理财计划人，甚至是新人最信任的好帮手，婚礼策划师将为新人策划婚礼的全过程及细节，成就新人独一无二的婚礼，让每一场婚礼呈现出完全不同的风貌，帮助新人完成婚礼梦想。

知识点2　婚礼主持人

1. 婚礼主持人的概念和内涵

婚礼主持人，过去也称“婚礼司仪”。在《现代汉语词典》中司仪就是举行典礼或召开大会时报告进行程序的专业工作人员。在《辞海》中司仪是指：①官名，《周礼秋官》有司仪提任迎接宾客；北齐、隋、唐、明都有司仪署，主管典礼之事。②举行典礼时的赞礼人。

随着时代的发展，婚礼主持人逐步替代了“婚礼司仪”的称谓，而且所指范围更加宽泛。婚礼主持人就是指主持结婚庆典仪式，并能科学有效地掌握、控制、处理庆典全过程能力的人。婚礼主持人对于婚礼的成败起着关键作用。

2. 婚礼主持人具备条件

婚礼主持人最基本的条件：普通话必须标准流利；形象气质与婚礼格调贴合；仪态仪表得体；良好的文化素质、语言表达能力和沟通能力；丰富的婚礼主持经验；广博的婚礼婚俗知识。

3. 婚礼主持人的工作职责

① 婚礼主持人应该是一个具有丰富经验的婚礼策划师。他应该根据新人不同的文化背景和文化层次，针对新人不同的要求，为新人量身定做符合新人特点的婚礼。因此，要求他必须了解中、西婚礼文化，了解社会民情，具有相应的社会经验，并把自己对婚礼的正确理解和正确做法，

---

① 李雅若．婚礼策划师[M].天津：天津教育出版社，2010:27-30.

贯穿在新人的婚礼仪式中。婚礼仪式中，主持人的一言一行要永远围绕新人打理；永远要突出新人；新人永远是婚礼仪式上的“主角”；主持人永远是一名彬彬有礼的礼仪引导者；主持人绝对不能喧宾夺主；婚礼仪式中，舞台绝对不是婚礼主持人展示自己才华的场地。

② 婚礼主持人应该是连接婚礼礼仪与新人、连接亲友、来宾与新人亲密关系的桥梁和纽带。他应该通过对婚礼流程的设计，并通过自己的语言，把婚礼习俗与新人的爱情，与父母的感情，与来宾的热情，像桥梁和纽带一样巧妙地结合在一起，使婚礼的气氛隆重热烈。主持人应该通过婚礼，使新人享受到婚礼的庄重与神圣，体会到爱的意义和结果，成功的婚礼，应该会使新人感受到一份喜庆、一种承诺、一种责任。

③ 婚礼主持人应该是婚礼各个服务项目和人员的统一指挥、督导者。婚礼是一项综合的工程，婚礼仪式中，需要多种人员的服务来配合完成。婚礼中的每个服务项目，都是围绕着婚礼仪式进行的，每个项目服务的安排、出彩的时间，都要严格按照已经制定好的婚礼流程来完成，因此，好的主持人还必须具备综合指挥和督导的经验和能力。

知识点 3　婚礼督导师

1. 婚礼督导师的概念和内涵

婚礼督导师是近年来新近流行的职业，如果说婚礼策划师是婚礼的创意和灵魂，做的是前期工作，那么婚礼督导师则是婚礼策划的执行者，是婚礼进行中把握“节奏”“进程”和“方向”的总指挥，是从新人开始决定婚礼大致日期开始介入，主要负责落实策划方案并负责婚礼当天典礼现场的实施、协调和调度婚礼运行过程的专业工作人员。

婚礼督导师从预定举办婚礼的酒店或场所，陪同新人进行礼服定制或选购，到选择合适的婚庆公司，选择合适的婚礼用品等就开始介入婚礼庆典服务，从非常专业的角度来指导新人进行婚礼前的准备，婚礼当天典礼现场的实施、协调和调度等。婚宴是整个婚礼极为重要的一环，周详的准备工夫和临场应变两者缺一不可，若控制不当不但容易出现混乱，而且会阻延整个婚宴的进度和酒席预算。经验丰富的婚礼现场督导不但可以为婚礼新人处理整个婚宴细节，如场地布置、酒水安排、协助新人换装补妆、音响预备、编配座位安排和现场人数改动等，不断跟进整个婚宴的临场事项、控制时间以及整个节目流程，还可以使整个婚宴程序在更顺利的情况下进行，让新人可安心地以主角身份招呼宾客，不用因分心于琐事而兼顾不暇。

2. 婚礼督导师具备的条件

婚礼督导师的作用就是要细心地帮新人处理好各个环节，不让新人为小细节烦心、遗憾。作为专职人员，婚礼督导师还应该是一位协调员、建议师、监督员，甚至是一位财政计划师，甚至还会减少新人开支。

3. 婚礼督导师的工作职责

婚礼督导师主要负责婚礼现场的实施。随着个性婚礼流行，现在新人的婚礼越来越像一场演出，设备增多，环节增多，演员增多，幕后工作人员自然就增多了。婚礼督导要协调各个环节：新人出场时指挥工作人员控制追光灯，光束开始紧跟新人；新人交换戒指时指挥花童拿上戒枕（悬挂戒指的花枕）；新郎亲吻新娘额头一瞬间指挥工作人员遥控爆破蛋按时爆破，飞散礼花……正是因为细分，婚礼的工作人员也在增多。过去的一场婚礼，一个主持人、一个摄像师、一个键盘手，3 个人就够了，现在一场婚礼下来，工作人员 20 个都不算多。所以，婚礼档次越高，内容越复杂，婚庆公司派出的工作人员就越多。这也是完美婚礼看不到却少不了的服务。

优秀的婚礼督导作为一个晚宴仪式的“婚礼管家”，其本身的演出经验及素质必定要求很高。他要能想到别人想不到的点，想不到的可能出现的状况，并有极强的现场协调和应变能力。不仅要代替新人与酒店沟通落实晚宴需要的各项服务，又要与司仪沟通落实当晚的具体现场灯光音响要求，还要安排及落实与婚礼流程相关的所有道具的摆放是否合适，何时出何种效果等。所以婚礼督导是一项工作强度很大，责任心要求很高的工作。

知识点4　婚礼花艺师

1. 婚礼花艺师的概念和内涵

婚礼花艺师，是指从事婚礼现场布置用花选择、婚车鲜花装饰、新人鲜花装饰、新房鲜花装饰、婚宴鲜花装饰工作等婚礼花艺设计的专业工作人员。婚礼庆典花艺师可以分为“自由花艺师”和“职业花艺师”。自由婚礼庆典花艺师一般没有固定的工作，也不是专职为那个婚庆公司服务，而是以兼职为主，属于哪里需要就服务就到哪里的婚礼庆典花艺师。自由婚礼庆典花艺师必须在设计风格上有自己的独到特色、有与众不同的能力。因为这样才会有婚庆公司愿意请你为婚礼服务。一般来说，没有点“绝活”的花艺师是不敢做自由花艺师的。而大多数花艺师都选择做一个专业的婚礼庆典花艺师，也就是专门隶属于某个婚庆公司、花店等婚庆服务机构。当有婚礼时，专门为新人进行婚礼现场用花的选择、婚车鲜花装饰、新人鲜花装饰、新房鲜花装饰、婚宴鲜花装饰。

2. 婚礼花艺师具备的条件及工作职责

首先是对色彩的掌握和理解运用。运用好色彩绘画的审美搭配和组合是花艺师必需的前提条件。色彩里面浅一层的要求有色彩的冷暖搭配整体协调和对比关系。深一层的就要求讲究色彩的语汇和色彩意境。

第二是造型，这是对空间的把握和形体的塑造。这里主要掌握作品的设计和平衡是否恰当，是否每个要素都融洽地结合在一起并产生合适的效果。作品在视觉和实质上都须保持平衡。要有明显的三维空间，各部分的衔接是否自然、适当。深一层的则更要讲究造型的创新意识和审美情趣的抒发。

第三要算手工工艺了，如果缺乏动手能力也是不行的。

第四要有文化素养和文化内涵。不仅把花艺作为一种单纯的美丽的盆景。重要的是通过花艺来传达有文化和意境的花语。通过花和花艺即把花和环境充分融合，又能通过花艺来提升环境和文化修养，展现花气、花意、花语和花境。

总之，如果做一个好的花艺设计师就要积极探求美的、新的东西，不断尝试。其实最重要的是要有活跃的、进取的思维，积极寻找和吸收新的东西，并且进行内充，使内在修养深厚，并把花的美境和深厚文化浑然一体，自然融合。

知识点 5　婚礼化妆造型师

1. 婚礼化妆造型师的概念和内涵

婚礼化妆造型师是指在婚姻庆典服务中，为新人进行婚礼化妆、礼服选择、配饰搭配并完成新人造型设计的专业工作人员。

在婚礼现场，最传神的莫过于新娘新郎的妆容了，新娘的妆容不宜太浓也不宜太淡，要做到恰到好处。每个新娘要选择出适合自己的妆容，不同的妆容可以打造出不一样的甜蜜瞬间。新郎除了头发修剪整齐，胡须刮得干净整洁外，要化点淡妆。新郎的妆容要化得清新、自然。婚礼化妆即要保留新人的自然美，又要体现一种修饰美。因此，婚礼化妆造型师已成为当今婚礼非常重要的、不可或缺的职业角色。

2. 婚礼化妆造型师具备的条件

婚礼化妆造型师应具备的条件主要有以下几方面：良好的审美能力；深刻的观察能力；敏锐的察觉能力；丰富的想象能力；熟练的表现。

3. 婚礼化妆造型师的工作职责

首先，婚礼化妆造型师要有强烈的责任感和服务意识，工作积极主动，礼貌待人，文明服务。化妆时，神情专注，动作轻快、熟练，同时能根据顾客的意愿，按照新人的肤色、脸形、头发疏密、气质和风格，做出理想的造型设计。

其次，婚礼化妆造型师要熟悉、掌握化妆、盘发、服饰选择、配饰搭配、造型设计的基本知识及操作程序，做到化妆造型得体大方、统一协调。

再次，婚礼化妆造型师要关注和研究化妆造型方面的流行发展趋势，不断推陈出新，提升技艺。

对于新娘来说，步上红地毯的那一刻是最珍贵的，每位新娘都希望在婚礼时呈现出艳光四射、白璧无瑕的美丽，让婚礼成为永恒完美的记忆，但是婚前的准新娘都会忙得不可开交，身体会出现一些问题，如头发没有光泽、脸上出现小红疙瘩、肤色发暗等，因此，婚前皮肤的保养、头发的护理、膳食的搭配就显得非常重要。时下，越来越多的婚礼化妆造型师会对新人婚前皮肤的护理和保养给出科学、有效的指导意见书，因为细腻光洁的皮肤，可以把整个妆容衬得非常清透，也能让作为主角的新娘一整天都充满自信。

知识点 6　婚礼摄影摄像师

1. 婚礼摄影摄像师的概念及内涵

婚礼摄影摄像师是拍摄新人婚纱艺术照片和拍摄纪录婚礼现场过程并负责后期制作和编辑的专业人员。一般分类为两大类：一是婚礼现场的影像纪录人员；二是婚纱摄影的技术人员。

婚礼摄影摄像师是通过专业影像设备，利用影像艺术技巧，忠实、客观地纪录婚礼现场全程的专业人员。其中，根据器材、分工和影像性质的不同，又分为摄影师和摄像师两种。婚礼摄影师常以抓拍的形式纪录婚礼过程中的美好瞬间，而婚礼摄像师则要全面地记录婚礼的各个仪式流程、各种空间环境。目前，中端以上婚礼的摄像师不少于三名，并各司其职。

婚纱摄影师往往是在婚礼举行之前，单纯地为新人拍摄婚纱艺术照片的摄影人员，属于婚纱影楼的一个环节。

2. 婚礼摄影摄像师具备的条件

合格的婚礼摄影摄像人员应具备以下素质：专业的拍摄技术；良好的审美素质；爱岗敬业的职业道德；吃苦耐劳的服务意识；积极沟通的协作意识。

3. 婚礼摄影摄像师的工作职责

婚礼庆典摄影师和摄像师在婚礼中的重要性是通过拍摄和录像留住经典的回忆和精彩的时刻。拍摄一部理想的婚礼影像作品；婚礼摄像师除自身修养和摄像功底外；拍摄前期工作更加重要。婚礼摄像师在拍摄前对新郎、新娘要进行有效的沟通。

首先，要了解新人的兴趣、爱好、爱情故事、职业、双方家庭社会背景。只有掌握背景材料，婚礼摄影摄像师才能知道拍摄的重点，避免遗失环节。

其次，参加婚礼现场的彩排。事先了解新娘家环境、房间亮度、房间大小、房间灯光亮度，有情趣、有特点的小物件、小摆设，拍摄角度。要让新娘家人了解需要拍什么，家人怎样配合拍摄。车队巡游时了解沿途环境、抓特色。还要了解婚宴大厅环境、亮度。婚礼摄像师还要与布置婚宴大厅策划人，以婚礼摄像师拍摄的角度给一些建议。婚礼摄像师要积极、主动参与婚礼的各项程序、环节。

知识点7 婚礼庆典服务职业经理人

1. 婚礼庆典服务职业经理人的概念及内涵

将婚礼庆典服务经营管理工作作为长期职业，具备一定职业素质和职业能力，并掌握婚礼庆典服务机构经营权的群体就是婚礼庆典服务职业经理人。

婚礼庆典服务职业经理人是开创和管理婚礼庆典服务机构的管理人才，他将领导婚庆服务机构进行短期、中期、长期的宣传策略制定、“零”风险经营、最快速度收回投资成本、获得最大化的利润、与同行业的竞争、扩大企业品牌知名度、保证企业可持续经营。

2. 婚礼庆典服务职业经理人具备的条件

婚礼庆典服务职业经理人除了需要掌握婚俗文化、婚礼庆典各项服务的基本知识外，还需要懂得策划学、市场营销学、人力资源管理、财务管理等综合知识，拥有组织协调、战略决策及策划报告撰写能力，以上这些应该是婚礼庆典服务职业经理人具备的专业知识和技能。

3. 婚礼庆典服务职业经理人的工作职责

① 婚礼庆典服务职业经理人大部分具有专业的市场经营意识、管理意识、前瞻意识，能够较为准确判断市场发展形势和动向，并做出及时的调整和决策。

② 婚礼庆典服务职业经理人善于掌控管理系统的每一个环节，能够通过量化指标熟练地对

企业经营效益和业绩表现做出绩效评估和分析。

③ 婚礼庆典服务职业经理人要敢于发现和使用人才，能够围绕企业经营目标迅速找到最需要的人才。

④ 婚礼庆典服务职业经理人要重视企业文化建设，强调科学管理和精细化经营，这样往往能给企业带来全新思想、全新观念和全新作风。

可见，婚礼庆典服务职业经理人在婚姻庆典中担当了极为重要且轻易不可代替的角色，它是企业里的领头羊，是商海中航行的舵手，掌控着企业的发展方向。

知识点 8　新型的婚礼庆典服务职业

婚庆庆典行业发展迅速，服务门类更是日益细化，从业人员的极速增加更是强化了新型的婚姻庆典服务职业出现。例如，从婚礼策划师细化出的专门针对婚礼宴会进行设计的婚宴设计师；针对婚礼现场的婚礼视觉用品进行设计的婚礼平面设计师；专门编辑、制作与播放的婚礼 DJ；专门进行婚礼灯光舞美设计的婚礼灯光师，等等。

除了幕前的婚姻庆典服务门类更新勃发，婚姻庆典行业的幕后人员也越来越专业化、职业化。如伴随互联网迅速发展的婚嫁网络平台，不断涌现出如婚礼网站设计师、婚礼电子请柬设计师等。

任务 3
婚姻庆典服务从业人员的资格认证

资格认证是对从事某一职业所必备的学识、技术和能力的基本要求。职业资格包括从业资格和执业资格。从业资格是指从事某一专业（工种）学识、技术和能力的起点标准。执业资格是指政府对某些责任较大、社会通用性强、关系公共利益的专业（工种）实行准入控制，是依法独立开业或从事某一特定专业（工种）学识、技术和能力的必备标准。

职业资格认证，分别由国家人力资源和劳动社会保障部等各相关部委通过学历认证、资格考试、专家评定、职业技能鉴定等方式进行评价，对合格者授予国家职业资格证书。

知识点 1　建立婚姻庆典服务从业人员资格认证的意义

婚姻庆典行业的高速发展，使得不到 10 年的时间里新生出很多和婚庆相关的职业，如策划师、婚庆化妆师、花艺师、督导师、婚礼主持，甚至还有职业伴娘。以前剧组里才有的音响师、舞美设计、摄像师等都渗透到了婚庆行业。但是，婚礼主持人、婚礼摄像师、婚礼花艺师等职业，也存在鱼龙混杂，兼职、缺乏信誉的状况。比如，虽然婚庆主持人有不少，但一般婚庆公司在选择、培养主持人方面没有固定的标准，只要公司觉得这个人有口才、外形也过得去，就可以请他当主持人。至于是否需要对主持人进行专业培训、培训些什么内容，也都是由各家婚介公司自己决定，没有任何相关的行业规范。

由于婚庆服务具有一次性的特点，新人在接受婚庆公司提供的婚庆主持等服务时，事先只能被动地由婚庆公司推荐和安排，事后如果不满意，所造成的遗憾确实难以弥补。因此，需要进一步对婚庆从业者进行专业培训。

据湖北省婚庆行业协会不完全统计，湖北省婚庆行业协会从 2011 年的 7 月份开始在武汉对全省的婚庆行业开始进行职业资格的培训，实际上这个缺口还是很大的，很多这个行业的从业者是没有接受过专业行业培训的。[①]

婚姻庆典工作人员专业水平的高低、敬业精神的程度将直接影响到整个婚姻庆典行业的发展。中国的婚庆市场要想健康、持续的发展就必须从提高婚礼庆典服务从业人员的业务素质、道德素质入手，对从业人员进行职业资格培训、鉴定，做到持证上岗、按持证等级索取报酬，逐步、全面地规范这个市场。因此，如何对新兴的婚礼服务行业工作人员进行管理和评定从业人员的资格，是当前亟须解决的问题。

知识点 2　婚姻庆典服务从业人员资格认证的具体规定

目前，与婚礼庆典行业相关，被我国人力资源和社会保障部纳入了国家职业技能资格认证体系的主要有婚姻家庭咨询师、会展策划师、礼仪主持人、插花员、美容师、摄影师，而婚礼主持人、婚礼摄像师、婚礼化妆服饰师、婚礼职业经理人等都还没有被纳入职业技能资格认证体系。

虽然国家还未对婚庆行业的新职业进行资格认证，但各省市已开始对婚礼服务行业工作人员进行认证。2009 年，济南市婚庆庆典协会贯彻济南市民政局关于“规范婚庆行业从源头抓起”的要求，面向社会开办礼仪主持人、婚礼摄像师、策划师国家劳动职业资格认证培训鉴定班，由济南市劳动局职业技能鉴定部门进行技能鉴定，颁发《国家劳动职业证书》。2009 年《苏州市婚庆行业投诉处理办法》中的一个亮点就是对婚庆公司的从业人员设置了“门槛”，要求所有从业人员必须持证上岗，而摄像师就是一个重点。多名经过培训并由苏州市消保委监管、苏州市婚庆行业协会和专业摄像（影）人员评估、审核的摄像师拿到了婚庆行业从业证书。

为了对行业从业人员进行规范，提升从业者的专业素质，2004 年 4 月底，中国社会工作协会婚庆行业委员会出台一项政策：从 2004 年开始在国内婚庆行业推行婚庆策划人、主持人持证上岗制度。中国社会工作协会婚庆行业委员会出台一项政策，规定 2004 年五一前夕开始在国内婚庆行业推行婚庆策划人、主持人持证上岗制度。目前，婚庆委员会主要对以下职业进行了资格认证：婚礼策划师、婚礼主持人、婚礼督导师、婚礼场布技师、婚庆公司经理人、婚礼摄影摄像师、婚礼化妆师和婚礼花艺师。

2009 年 12 月 01 日，由国家质量监督总局和国家标准化委员会共同发布的我国《婚姻庆典服务》和《婚姻介绍服务》国家标准（以下简称婚庆国标和婚介国标），要求婚庆礼仪服务人员持有相关职业资格证书。

但也应看到，当前这种职业资格证书只是行业认证，是对职业资格制度的一种有益探索和引导。对婚庆行业从业人员职业资格实施国家级认证，推行持证上岗制度仍需时日。

项目小结

① 婚姻庆典服务从业人员的职业素质：身体素质、心理素质、文化素质、审美素质、专业

① 佚名. 业内人士曝婚庆行业从业者持证上岗比例不到 10%[EB/OL]. 中国广播网，2011.

素质、社会交往能力。社会交往能力主要包括应变能力、观察能力、推销能力、沟通能力、学习能力、创新能力和合作精神等。

② 婚姻庆典服务从业人员的职业道德：爱岗敬业、诚实守信、办事公道、服务社会。

③ 婚姻庆典服务从业人员的职业礼仪：仪表，仪态，语言表达，行为举止，着装、打扮。

④ 婚姻庆典服务从业人员的职业门类。婚姻庆典服务公司已经从过去简单化、低端化、模式化的初级服务阶段进入到日趋专业化的婚礼文化创意领域。婚礼服务行业分工进一步细化，服务范围逐步扩大并日益丰富，涌现出了婚礼策划师、婚礼主持人、婚礼督导师、婚礼花艺师、婚礼化妆造型师、婚礼摄影摄像师、婚姻庆典职业经理人等新的职业门类。

⑤ 婚礼策划师：指从事为婚礼新人和婚礼服务公司提供咨询策划活动，具备一定婚俗知识，美学知识、有较高创意策划能力和中文写作能力，根据婚礼新人和婚礼服务公司的要求，能独立策划婚礼方案，并能准确地监督策划方案实施全过程的策划者。

⑥ 婚礼主持人。婚礼主持人最基本的条件：普通话是标准流利；形象气质与婚礼格调贴合；仪态仪表得体；良好的文化素质、语言表达能力和沟通能力；丰富的婚礼主持经验；广博的婚礼婚俗知识。

⑦ 婚礼花艺师首先是对色彩的掌握和理解运用，运用好色彩绘画的审美搭配和组合是花艺师必备的前提条件。第二是造型，要讲究造型的创新意识和审美情趣的抒发。第三是手工工艺。第四是要有文化素养和文化内涵，通过花艺来传达有文化和意境的花语，展现花气、花意、花语和花境。

⑧ 婚礼化妆造型师。婚礼化妆造型师是指在婚姻庆典服务中，从事为新人进行婚礼化妆、礼服选择、配饰搭配并完成造型设计工作的人员。

⑨ 婚礼摄影摄像师。婚礼摄影摄像师是通过专业影像设备，利用影像艺术技巧，忠实、客观地记录婚礼现场全程的专业人员。一般分类为两大类：一是婚礼现场的影像记录人员；二是婚纱摄影的技术人员。

能力检测

一、思考题

1. 简述婚礼策划师的工作职责。
2. 婚礼主持人具备的基本条件是什么？
3. 简述婚礼策划师、婚礼主持人、婚礼督导师的区别与联系。
4. 如何成为一名优秀的婚礼花艺师？
5. 简述婚礼化妆造型师的工作职责。

二、实训题

实训项目一：评析婚礼策划的得与失

实训目的：

使学生掌握婚礼策划的一般原理。

使学生学会科学地分析、评价婚礼策划不同风格的创作。

实训内容：包括两部分，一是婚礼主持语言表达艺术的一般原理，二是婚礼主持实践。

案例讨论：见下述资料1和资料2。

实训步骤：

（1）推选小组主持人。（2）推选小组记录人。（3）推选小组发言人。（4）逐步展开讨论。（5）通过发言记录。（6）小组发言人代表小组在全班发言。（7）教师总结。

完成任务：

1. 撰写小组讨论报告。

2. 小组派代表在课堂上汇报讨论结果。

实训项目二：观摩中国社会工作协会主办，中国社会工作协会婚庆行业委员会承办的第三届全国婚礼主持人大赛。

实训目的：

在日益丰富多样的婚礼主持创作形态中，使学生学会科学地分析、评价婚礼主持的多样性创作，从而更加有效地指导他们进行婚礼主持语言表达艺术的专业学习和专业实践。

实训内容：

内容包括两部分：一是婚礼主持语言表达艺术的一般原理；二是婚礼主持实践。

实训设计：

以观摩、讲评、课堂讨论的形式进行，力求精讲多评，讲评结合，突出实用性。

资料1：

2008年1月8日，记者在哈市道里区某大酒店中看到，一条用红地毯铺成的“幸福大道”穿延在宴会大厅的中央，全场唯一的光束打在一对新人的身上。一对扮成小天使模样的双胞胎花童奶声奶气地引领新人宣读爱的誓言：“我珍惜你，会与你共担人生的风雨，与你共度未来的日子，不管未来的日子发生什么变化，我都会陪在你身边。”三对已婚的好友将代表幸福和祝福的烛火通过一支支红烛传递给一对新人。新人共执红烛将身边水晶烛台上的蜡烛逐个点燃。当最后一根“纪念烛”被点燃时，围绕在他们身边特制的烟花也一齐燃放。

整场婚礼的高潮来自一个玫瑰花盘。在新人互送礼物环节，一个红绸覆盖的物品被礼仪小姐拿了上来。掀开红绸，一个心形的玫瑰花盘展现在众人眼前。现场的来宾不由地小声议论，怎么送这么俗的东西。但当听到心形花盘是由1377朵玫瑰组成时，新娘激动得流下了眼泪，紧紧地抱住了新郎，因为这个数字是他们相识的总天数。当司仪说出这个秘密时，全场来宾爆发出热烈的掌声。

新娘送出的礼物也毫不逊色。那是一本影集，里面放着三年多来二人旅游时的车票、船票及景点的门票。她说：“没有填满的，希望我们以后填满它。”——《生活报》

资料2：

2010年3月5日下午，一场融合了中国古典文化与现代时尚元素的“穿越中国风·盛世婚典”婚礼秀在上海光大会展中心激情上演。此次由国内多位婚礼专家精心打造的中国风婚礼秀，向世人展现了中华民族五千年传承下来的婚俗文化以及所展现出来的大家风范。

此次婚礼秀并不是一场普通的婚礼秀，它代表着中国婚俗文化与现代时尚融合的广度与深度。一直以来，关于什么是传统婚礼的争论不停，并不是仅仅用红色和喜庆热烈的简单模式代表中式婚礼的风格。此次婚礼秀的目的就是要展示五千年积淀的中国婚俗文化，使我们习惯中的认识发生改变。此次婚礼秀的风格摈弃了以往敲锣打鼓的热烈场面，而是给人一种宁静中显出雅气，隽美中显出大气之感。

婚礼秀的内容也有所创新，曾经汉代婚礼中的执手礼变为新人四手相牵、四目相视，再配以《乐府》为背景音乐，诠释了爱的誓言，展示了中国人所固有的含蓄美。结束后新人换上时尚礼服，用分发喜糖的形式替代了传统的“撒帐”仪式。使婚礼既有雅静之风，又凸显时尚之感。——《婚指南》

项目 9

婚姻庆典服务行业自律机构及婚庆行业服务标准

学习目标

通过本项目的学习，应该能够：

- 掌握婚庆行业协会的本质属性和性质、特征；
- 了解婚礼服务标准的含义、适用范围及基本原则；
- 掌握《婚姻庆典服务》国家标准的相关规定；
- 掌握《婚庆服务合同》的主要条款和注意事项。

核心概念

婚庆协会　　婚礼服务标准　　婚庆服务合同

导入案例

“蓝葆德”事件引发业内关注进一步完善行业标准①

2013年4月底，某中心5楼的“蓝葆德·誉诺婚礼会馆”突然“铁将军把门”，商场张贴紧急公告称，经内部员工举报，该会馆日籍投资人已携款离开上海，使55对新人婚礼泡汤，初步估计，涉及金额可能达千万元。

上海市婚庆行业协会秘书长接受采访时表示，针对这次“蓝葆德”事件，上海已在制定专门针对婚礼会馆的行业标准，对人员资质、资金门槛、场地、餐饮等进行全面规范。

“蓝葆德”事件在婚庆行业内引起震荡。事实上，上海已有一些婚庆单位出面“救场”，接手55对泡汤婚礼；他们甚至在场地和硬件开销上打出了优惠牌，只收成本价，司仪、摄像等人员成本能免则免，尽量帮助受害者用最小的成本找到应急方案。截至记者发稿时，新人们还在等待有关部门的说法。

市消保委法研部的相关人士表示，婚庆会所突然倒闭存在两种可能，如果因经营不善，无法履行合同义务，属民事责任；如果是恶意诈骗，则牵涉到刑事责任，法院在对其刑事判决后，将要求其赔偿顾客的损失。

从上述案例可以看出，作为婚姻庆典服务行业自律机构婚庆行业协会在规范行业、规范市场方面需要做的工作还非常多，需要制定和完善婚庆行业的各项服务标准。

任务1

婚姻庆典行业协会的性质、特征、功能

婚姻庆典服务行业的快速发展，催生着对它的管理和指导。除政府的监管外，婚姻庆典行业主要以成立行业协会的方式，进行行业内的自律管理和指导。

2003年10月份，经国家民政部批准，中国社会工作协会“婚庆行业委员会”正式成立，成为中国婚庆行业唯一的全国性行业自律管理和指导的二级社团机构②。2010年3月14日，中国社会工作联合会③又成立了“婚姻家庭工作委员会”其主要活动内容为从事婚姻家庭社会工作和相关服务（主要包括婚介服务、婚姻家庭辅导与咨询，也包括婚庆服务）。2014年10月24日，中国社会工作协会又设立了“婚姻文化服务业联合委员会”，提出以打造中国现代的婚姻文化，研究创新中国的婚礼礼仪仪式为工作宗旨，也主要涉猎婚庆行业。

目前，全国除山西省和广西、西藏两个自治区外，都成立了省级婚庆行业协会（商会）。还

①“蓝葆德”事件引发业内关注 上海婚庆行业标准有望下月出炉[EB/OL].中国日报网，[2016-08-21].http://www.chinadaily.com.cn/ hqgj/ jryw/ 2014-06-05/content_9237540.html.

② 截至2016年初中国尚没有成立一个婚庆行业的一级国家级协会。

③ 原名称为“中国社会工作协会”，2014年更名为“中国社会工作联合会”。

有很多的省辖市、二级市等也都成立了婚庆行业协会（商会）。这些协会称为“婚庆行业协会”“婚庆服务业协会”“婚俗婚庆文化协会”“婚嫁礼仪协会”“礼仪庆典商会”等，不一而足。

知识点1　行业协会的性质、特征、职责和作用

行业协会（Industry Associations）是指介于政府、企业之间，商品生产业与经营者之间，并为其服务、咨询、沟通、监督、公正、自律、协调的社会中介组织。行业协会是经济领域的社会团体，是由企业和工商界人士自愿组成、实行会员制的社会团体，具有民间性、自律性、非营利等特征。

从性质上看，行业协会是一种民间性组织，也称为社会组织，它不属于政府的管理机构系列，而是政府与企业的桥梁和纽带。行业协会属于民法典规定的社会团体法人，是中国民间组织社会团体的一种，即国际上统称的非政府机构（又称 NGO），属非营利性机构。行业协会一般会对本行业的基本情况进行统计、分析并发布结果。

1. 行业协会的特征

① 非政府性。行业协会具有相对于政府的独立性，这也决定了它在组织形成、人员编制及财政来源等诸多方面与政府组织存在极大差异。其区别具体体现在：一是由有关组织自愿组成，不是依政府命令而产生；二是其组织具有自主性，在内部实行自我管理，一般不受政府的直接控制，但有时要受政府监督；三是其工作人员不属国家公务员系列；四是经费来源不是国家财政拨款，而是来源于会员的会费和社会捐助。

② 自治性。自治性是行业协会的最本质特征。行业协会与其他自治性组织一样，一旦依法成立，就可在法定范围内自主活动，以实现成立该组织的特定目的。行业协会这种自我组织、自我管理的自治权是行业协会能够独立存在所必须享有的权利。自治权主要包括自治事务管理权、组织人事权、经费筹集使用权等。

③ 非营利性。营利性组织关注的是如何获得最大利润（也许因为竞争的存在，营利组织不得不在提高质量、改善服务方面投入一定的人力物力，但其目的也还是在于通过提高质量而打败其他对手，获取更大效益）；而非营利性组织则不以营利为目的，其关心的是那些无利可图的公益事业，即使在运行过程中有一定的收入和盈利，法律也禁止组织成员分配这些利润，而是将其投入公益事业中。非营利性使这些组织区别于企业等市场主体，使其不能通过以营利为目的的经营活动来获取收入，维持自身的存续和发展。行业协会的目的则是发展行业的共同利益，维护成员的合法权益，因此适合采用非营利性组织形式。

④ 公益性。公共利益一般可做两种理解：普遍的公共利益和特殊的公共利益。普遍的公共利益意指为全体社会成员共享的具有普遍性的利益，如国防安全、社会秩序、环境卫生、教育劳动等。特殊的公共利益则是在一定范围内不特定多数人所享有的共同利益，如一个行业内成员共享的利益，一个地域范围内居民共享的利益。

行业协会所关怀的公共利益主要是一定领域内的特殊的公共利益。当然，行业协会也可能在活动过程中为了达致本团体的利益而主动对社会普遍的公共利益予以关注并形成影响，这也是作为社会公共组织的一种“公共性格”的体现；而且社会政治经济的发展也要求这些组织超越本团体视野的限制，在争取其自身利益的同时，更关注社会普遍利益。

⑤ 中介性。行业协会承担的是国家（政府）与企业（成员）之间的联结和沟通作用，它使私营部门与公共部门之间达致有效联系。

2. 行业协会的职能与具体职责

（1）行业协会的职能

① 组织职能。行业协会这种非行政机构在对同行业的组织与管理方面具有独到作用。它依据共同制定的章程体现其组织职能：增强企业抵御市场风险的能力，维护企业共同的经济权益，规范市场行为，调配市场资源。

② 协调职能。行业协会作为行业整体的代表，能利用自己的整体实力较好地处理和协调各类关系，从而减少单个企业的运作成本，提高效率。

③ 服务职能。行业协会（商会）主要是为会员单位提供各类专业服务，维护成员企业利益，实现公正公平的自律性机构。行业协会为会员单位、政府等机构提供各种市场信息，提供法律方面的咨询与服务，协调与仲裁贸易纠纷，举办产品信息发布和展销，进行业务培训等。

④ 监管职能。行业协会在本行业中具有一定的权威，一般都能够参与制定本行业政策、法规，具有一定的法规制定与管理权限，而行业协会制定的行业政策往往也会形成国家制定相关政策的依据。

（2）行业协会的具体职责

主要包括指导、协调、咨询、服务。具体职责如下：

① 宣传、贯彻党和政府的有关方针政策和法令、法规，协助政府督促各会员执行。制定行规、行约并监督实施。

② 根据行业的总体规划及行业现状，制定行业发展规划，并指导实施。

③ 协助政府和有关部门加强对物价、税收、卫生、计量和商品质量的检查监督，维护消费者利益。

④ 搜集、整理、编报行业的统计资料、财务资料，为企业、政府和有关部门服务。

⑤ 维护协会成员的合法权益，听取其意见和要求，调解协会成员之间的经济纠纷。

⑥ 提供经济信息，开展业务咨询，培训从业人员，协助有关部门对从业人员考核定级，授予职称。

⑦ 推动本行业的精神文明建设，开展商业道德教育，促使企业文明经商，优质服务。

⑧ 承担政府交办的其他工作。

行业协会的最高权力机构是会员代表大会，其法人代表是理事会。理事会成员由会员代表大会民主选举产生，办事机构及其工作人员由理事会成员与企业协商产生。行业协会可按经营环节划分，成立批发、零售行业协会；也可按经营商品划分，成立百货、五化交等行业协会；还可以按照服务内容划分，成立旅游协会、会展协会、广告协会、婚庆协会等。

3. 行业协会的作用与价值

从行业协会的具体作用来看，有以下几方面：

① 代表。代表本行业全体企业的共同利益。

② 桥梁。作为政府与企业之间的桥梁，向政府传达企业的共同要求，同时协助政府制定和

实施行业发展规划、产业政策、行政法规和有关法律。

③ 标准。制定并执行行规、行约和各类标准，协调本行业企业之间的经营行为。

④ 监督。对本行业产品和服务质量、竞争手段、经营作风进行严格监督，维护行业信誉，鼓励公平竞争，打击违法、违规行为。

⑤ 受托。受政府委托，可以进行资格审查、签发证照、资格认证，发放产地证、质量检验证等。

⑥ 行情。对本行业的基本情况进行统计、分析、并发布结果。

⑦ 调查、建议。开展对本国行业国内外发展情况的基础调查，研究本行业面临的问题，提出建议、出版刊物，供企业和政府参考。

⑧ 服务。进行信息服务、教育与培训服务、咨询服务、举办展览、组织会议等。

从行业协会的价值来看。在市场竞争中，行业组织在保护本行业从业、支持企业增强竞争力方面，起着重要的协调作用，具有以下价值。

① 维护会员利益。全面了解行业详细可靠的情况和数据，预测对本行业本地的影响或可能产生的影响或不利的趋势等。这些证据都需要有翔实的数据资料。显然，这种工作不可能由一个或几个厂商来完成；同时这些工作也不能靠政府有关部门来完成。正是由于单个企业和政府管理部门的作用受到限制，行业协会才能担当重要角色。

② 保护会员和本行业利益。行业协会代表绝大多数会员和从业者的利益，而政府或单个企业则很难代表。因为这是整个行业面临的问题。只有行业协会才能通过调查统计，了解掌握充分证据。这些资料的提供都需要行业协会组织有关企业共同努力才能完成。

③ 帮助企业应对面临的共同问题。在开拓市场时，由行业协会出面协商，在自愿的基础上组织企业互惠互利的合作活动。例如，一些初就业者，往往采取以较低的价格打入市场的战略，常常出现企业竞相压价的现象。如果行业协会在协调本行业商品的价格时确立最低限价，就能保护本地产品在市场上的合理价格，从而可避免企业竞相压价现象。

合适的工作人员和组织机构是实现协会宗旨和发挥协会作用的必要条件。为了把协会工作做好，实现协会的宗旨，要有一个比较好的人员构成和组织机构。主要工作人员构成的标准：有较大的社会影响力；有较强的工作协调能力；有较高的业绩和专业素养。

知识点 2　婚姻庆典行业协会的性质、特征和作用

全国各级婚姻庆典行业协会（以下简称婚庆行业协会）充分发挥社会组织的自身功能，积极履行协会职能，为当地婚庆礼仪行业、婚庆礼仪产业的发展、婚庆人才的培养与选拔做出了卓越贡献，成了党和政府联系婚庆服务行业全体从业者的纽带桥梁及婚庆礼仪文化产业发展的领军者。在推动中国婚庆产业化进程中，婚庆行业协会扮演愈加重要的角色，发挥更大的中介作用。随着各级政府简政放权，委托或购买社会组织服务的大背景下，各级婚庆行业协会坚守行业自律，促进行业发展和在政府、行业、消费者之间的桥梁、纽带作用都将得到凸显。全国各地婚庆行业协会站在全新高度上守望相助，互联互通和创造性开展的大量工作，成为婚庆行业组织提速发展的最好印证。婚庆行业从业者、婚庆企业和婚庆文化产业园区建设者，越来越重视婚庆行业协会的桥梁和纽带作用，寻其助力与政府对接。

1. 婚庆行业协会的性质和特征

婚庆行业协会的本质属性是一种社会团体法人，其性质和特征基本与行业协会相同，具体如下：

① 自愿性。目前各地的婚庆行业协会均采用会员制，即行业成员可以自愿申请入会，同时会员也有退会的权利。自愿原则是婚庆行业协会作为民事团体的本质特征所在。

② 非营利性。婚庆行业协会与行业协会一样，作为一个独立的社会实体，并不以营利性为目的，它以追求整个行业的总体利益为己任。婚庆行业协会的章程中均把社会责任的承当作为根本的宗旨，把社会责任的记载作为绝对必要记载事项，这是婚庆行业协会非营利理念的直接体现。

③ 责任的有限性。婚庆行业协会在整个行业的管理体制中起着政府与行业、行业之间的桥梁和纽带作用。由它的非营利性与社会服务性决定了它的责任有限性，即婚庆行业协会以法人的身份承受着法律上的权利义务。

④ 自律性。婚庆行业协会通过各自的章程和规章制度实现着行业的自我管理、自我服务、自我监督、自我保护，他主要是通过指导而不干涉、协调而不强制、监督而不管卡的原则服务于整个行业。例如，目前各地的婚庆行业协会都在致力于制定本地区婚庆行业的标准，提高本地区婚庆行业的服务水准。

⑤ 国际性。随着经济全球化的进一步推进，国际间的互通往来将通过享有部分行业监管职能的协会组织实现。例如，为进一步推动中国婚庆时尚与全球同步，中国婚博会组委会于 2006 年 3 月 3～5 日在北京展览馆举办了盛况空前的中国国际婚博会。婚博会上，来自亚洲、欧洲、美洲的顶尖世界品牌和设计师云集中国北京，联袂演绎 2006 年国际最新时尚，同时众多国际国内婚纱、婚庆服务、婚礼用品、婚纱摄影等知名品牌都通过中国国际婚博会这个平台，面向中国招募加盟代理商，至此，中国婚博会每年在北京、上海、广州、武汉、天津等地同时举办春夏秋冬四季展。

2. 婚庆行业协会的作用

婚庆行业协会作为社会中介组织，在建立和完善市场经济体制中是不可缺少的，在政府和企业之间，不仅是维护市场经济秩序的重要力量，也是婚姻庆典行业利益的维护者，具有政府不可替代的作用。婚庆行业协会作为政府和企业之间的桥梁和纽带，在信息了解、价格协调、制定行业标准、建立认证制度、行业自律、反倾销反补贴调查、协调政府实施宏观调控和产业政策、完成重要政策论证和发展规划的前期研究、协助政府进行行业管理等方面可以发挥重要作用。

具体来讲，婚庆行业协会的作用主要体现在以下几方面：

（1）服务作用

婚庆行业协会的基本职责是为从事婚庆服务的个体私营企业服务。从长期看，市场活动走上法制轨道之后，政府的部分监督职能可转交给行业协会行使。让它们在行业内进行自律性管理。例如，服务、规范和监督权、经济统计权、企业意见和建议的反映权、业内人员上岗培训权等都可交给行业协会或其联合会掌握。但必须明确的是婚庆行业协会的权威绝不是建立在权力基础上，而是建立在服务的基础上。

比如，近 10 年来，在上海、北京、广州、深圳等地，婚庆行业协会在每年的 3、4 月份或者 11 月份，多次组织“婚博会”，依靠展览进行行业交流，促进相关贸易和本地市场的销售。在众多婚庆展览中，中国国际婚博会为最知名的展会，自 2006 年开始，中国婚博会成为全球超大规模、世界品牌结婚展。每年在北京、上海、广州、武汉、天津等地同时举办春夏秋冬四季展，先后有 30 多个国家的名品名店、名设计师、名流、明星来中国婚博会发布每季国际前沿结婚时尚，中国婚博会已成为中国新人向往的结婚采购品质平台和中国结婚时尚风向标。另外，婚庆行业协会还肩负着培训婚姻庆典服务行业工作人员的重任。各地婚庆协会不断举办各种培训班，以期提高该行业工作人员素质。以中国社会工作协会婚庆行业委员会为例，从其成立以来，婚庆委员会每年都举办多期婚庆服务公司经理人、婚礼主持人、婚礼策划师、婚礼摄像师、婚礼场布技师、督导师的培训班。

（2）沟通作用

在政府与企业之间、政府与市场之间、行业与行业之间、本部门行业与其他部门行业之间，以及本系统与外系统之间，婚庆行业协会都起到了穿针引线的作业。

就信息提供方面而言，婚庆行业协会主要有 3 种功能：

① 信息库功能。当婚庆协会中的某一个买（卖）者准备与某一新的卖（买）者做生意时，他可以从协会的信息库中查询该卖（买）者历史上是否有不良之前科。尤其需要婚庆行业协会提供信息辨别的平台。

② 调查违约投诉功能。一个信誉良好的婚庆协会组织可以受委托去调查违约投诉的真实性。例如，有无婚庆鲜花以次充好、临时更换婚车、司仪水平太差、婚礼录像品质差等问题。由于新人在与公司签订合同时往往处于劣势，因此出现问题时，纠纷往往难以解决，这时除了法律之外，还需要一个中介组织来进行协调。例如，由苏州市消保委监管，苏州市婚庆行业协会执行的《苏州市婚庆行业投诉处理办法》颁布试行，重点对新人结婚过程中的婚车、司仪、摄像、化妆、场地等几个容易引发纠纷的部分进行了明确处罚规定。婚庆行业组织很好地发挥了替消费者和婚庆服务机构之间的纠纷进行调解的功能。目前，婚庆行业协会针对婚庆行业出现的投诉、纠纷建立调解或仲裁机构，成为消费者和企业权益保障的护卫者。

③ 发展前景预测功能。协会组织可利用其专业化职员或共同使用外部知识资源，为本行业整体的发展前景提供预测，当然也可以为成员或成员群体提供个性化的服务。例如，2008 年 11 月 28 日在人民大会堂召开的中国社会工作协会婚庆行业委员会第二届会员代表大会上，总干事史康宁先生向来自全国 34 个省、自治区直辖市的 200 余名婚庆服务业同仁发布了 2008 年婚庆服务行业发展预测。至此开始，基本上每年各省婚庆协会都联合发布“中国婚庆行业现状分析与发展趋势预测报告”。

（3）协调作用

婚姻庆典服务机构个体之所以加入协会，说到底是为了分享协会组织这种正式行业网络的规模效应和外部经济，即除了享受上述信息服务和成员身份特有的信用声誉外，成员们还能从协会所组织的一致性集体行动（如政策游说、抵制不正当竞争、联合诉讼等）得到直接和间接的好处，如降低交易成本等。当婚庆行业内企业与企业之间存在矛盾，存在不正当竞争时，婚庆行业协会则从中监督、协调，依照行业所制定的行规行约，开展“自律性”内部管理活动。例如，福建兴福礼仪婚庆服务公司市场负责人朱贺对《中国现代企业报》介绍说：“目前我们正通过当地协会，与婚庆相关的几十家行业协会联络协商，争取用自身机构的优势形成一个链条，把这些行业贯穿起来，形成一个婚庆平台。另一方面，当缺乏一种法律外的惩罚机制时，合作或集体行动有时会因某些成员的搭便车行为（如明知某卖者欺骗了另一个买者，而依然与其进行交易）而削弱或失败。协会组织通过制定规约和处罚程序（罚款、停工或开除），能够对那些过于软弱的成员实施处罚，从而避免那些只顾及短期利益的机会主义行为造成行业整体利益的损失”。这充分说明，婚庆行业协会对于促进行业的健康发展和维护会员的合法权益以及协助政府进行行业管理具有非常重要的作用。

（4）规范行业的作用

现在的婚庆收费混乱，所有价格都由婚庆公司自己定，服务质量也差强人意。当代年轻人的消费理念是“一生一次，倾我所能”，结婚时不仅要买的东西种类更多了，对结婚用品和服务品质的要求也越来越高。因此，对婚庆行业进行规范管理非常必要。婚庆行业通过制定和完善行业规范，制定统一的服务标准，增强行业透明度，加强行业监督，使婚庆行业走上规范、健康、可持续发展的道路。

3. 婚庆行业协会的发展

目前，我国的婚庆行业协会仍在不断完善和发展，如目前没有国家一级协会，法规不完善，功能不到位，结构不合理，制度不健全，某些地方的协会行政色彩较重，自律机制不完善，创新意识差等。

全国各地婚庆协会一览表

序　号	名　称	所在地	序　号	名　称	所在地
1	北京市婚俗婚庆文化协会	北京市	16	吉林省婚庆行业协会	长春市
2	上海市婚庆行业协会	上海市	17	山西省庆典婚介业协会	太原市
3	天津市婚庆服务业协会	天津市	18	山东省礼仪庆典商会	济南市
4	重庆市婚庆行业协会	重庆市	19	甘肃省婚庆行业协会	兰州市
5	广东省婚庆行业协会	广州市	20	湖南省婚庆行业协会	长沙市
6	浙江省婚庆行业协会	杭州市	21	湖北省婚嫁行业协会	武汉市
7	江苏省婚庆行业协会	南京市	22	贵州省婚庆家庭建设协会	贵阳市
8	四川省婚庆行业协会	成都市	23	陕西省婚庆行业协会	西安市
9	江西省婚庆行业协会	南昌市	24	内蒙古自治区婚庆行业协会	呼和浩特市
10	福建省婚嫁礼仪协会	南宁市	25	青海省婚庆礼仪行业协会	西宁市
11	云南省婚庆行业协会	昆明市	26	宁夏回族自治区婚庆行业协会	银川市
12	河南省婚庆服务业协会	郑州市	27	新疆维吾尔自治区婚庆行业协会	乌鲁木齐市
13	河北省婚庆工作者协会	石家庄市	28	香港特别行政区婚礼管理协会	香港
14	黑龙江省婚庆礼仪行业协会	哈尔滨市	29	台湾地区婚礼顾问交流服务协会	台北市
15	辽宁省礼仪庆典行业协会	沈阳市	30	澳门特别行政区婚礼与宴会统筹协会	澳门

因此，婚庆协会需要进一步转变观念，准确把握中介组织的性质，摆正自己的位置，淡化行

政色彩，牢固树立服务意识，坚持服务宗旨，有所为才有所位，通过服务提高信誉，通过服务确立自身存在的价值，增加凝聚力，成为企业合法权益的代表。同时，还要不断加强自身建设，提高自身素质。具体如下：

① 扩大其覆盖范围。积极引导婚庆服务机构加入行业协会，加大行业协会的代表性。要加强学习和调查研究，准确地把握婚姻庆典行业企业的发展方向，清楚判断行业需求和行业利益所在。要根据国家的法规、政策和方针，合理归纳和反映行业的要求。这样才能立意高，方向明，从大局出发，更好地为会员服务，有效地维护行业发展中的合法权益，提出富有建设性的意见。

② 在会员统计、信息咨询、调查研究等各方面下功夫。要深入行业，紧跟市场，关注国内外婚姻庆典行业发展动态，为行业发展出谋划策。要及时向政府部门反映会员中带有前瞻性、倾向性、共同性的问题并提出政策建议，发挥生产指导、市场调研、行业管理、中介服务、贸易摩擦预警的职能。同时协助政府规范婚庆市场，促成婚姻庆典行业正规有序的发展，推动婚礼文化研究，形成全国范围内先进、文明的婚姻庆典礼俗。

③ 建立行业相关指标数据库，规范行业准入。数据库包括：首先，要建立本地区婚庆服务企业数据库，对本地区的婚庆服务企业的数量、规模、服务特点和营业额要有统计数据；其次，婚庆行业协会更加熟悉本地区和行业的服务环境和市场条件，可以有重点、按需要建立适合婚庆服务机构需要的人力资源数据信息库，为婚庆企业及时提供婚庆服务专业人才；其三，定期发布行业预测报告；其四，还应该建立违规企业、坑害顾客企业的黑名单数据库，定期发布违规企业名单，以起到警示监督作用。

④ 在行业自律中充分发挥作用。行业的自律体现在行业的定价和信用方面。在价格方面，婚庆服务机构为了获得利润，一方面存在价格战的恶性竞争，从而降低整个行业服务品质，另一方面存在价格虚高，严重偏离价值规律，损害消费者的利益。在信用方面，有些婚庆服务机构在市场中的信用不好、欺诈消费者等。行业协会需要掌握这方面信息，一旦发生问题，即列入“黑名单”，不仅方便消费者随时查询，而且有利于针对具体问题整顿婚庆服务的行业风气。

⑤ 在婚庆服务专业人才培养和规范执业环境上下功夫。一是要组织各类专业化的婚庆服务业务培训；二是引进国家职业标准进行行业鉴定；三是积极开设与婚庆相关专业的大专院校合作，成为为婚庆公司输送专业人才的中介平台。

任务 2

婚姻庆典服务行业的管理规范

这里所指的婚庆行业的管理规范主要包括两方面：一是指婚姻庆典服务职业标准；二是婚姻服务标准合同。

知识点 1　婚姻庆典服务职业标准的颁布

婚姻庆典服务标准也称为婚礼服务标准，是指对婚姻庆典服务应遵循的基本原则以及制度建设、制度保障、服务过程、安全卫生、服务质量改进等方面进行全面规制，并要求行业全体人员自觉遵守的行业规范。

从2005年年底开始，受国家标准委员会、国家民政部的委托，中国社会工作者协会婚庆行业委员会担负了《全国婚庆行业管理与服务标准体系》制定工作。2008年1月24日，全国婚庆婚介标准化技术委员会成立大会在北京中民大厦举行，民政部人教司科技处处长在会上宣读了国家标准化管理委员会《关于全国婚庆婚介标准化技术委员会成立的批复文件》。他指出，全国婚庆婚介标准化技术委员会的成立来之不易，它的成立对于这个行业将来能够正规有序的发展有着重大的意义。

在广泛征求国内外、行业内外、各方面相关人士意见的基础上，经过半年多的紧张工作《全国婚庆行业管理与服务标准体系》框架结构已经完成，并通过国家标准化委员会、民政部专家组的验收。

2009年12月1日我国首部《婚姻庆典服务》国家标准[①]开始正式实施，新标准对维护婚庆市场、提高婚庆质量起到重要的作用。中国的婚庆服务业及结婚产业结束了长期以来没有标准、缺少行业规范行为的运作模式，而进入一个标准严格、行为规范、全行业共同遵守的良性循环、健康并可持续发展的新阶段。这也是中国婚庆业从成长期走向成熟期的重要标志。同时，配套该国标还首次出台了《婚庆服务合同》[②]的示范性文本，其中首次对“不可抗力”进行了约定，根据不可抗力的影响，可以部分或者全部免除责任，但应及时通知另一方并在合理期限内提供有关证明。

随着国家标准的出台，很多省的婚庆行业协会根据本地区的行业发展状况，也制定了本省的婚姻庆典服务地方标准，如上海婚庆协会、山东婚庆协会等。

《婚姻庆典服务》国家标准的颁布可以带来以下保障：

1. 底片不需额外付钱

不少新人都遇到过这样的情况，婚庆服务公司为新人拍摄的婚纱照片和婚礼照片，往往不提供底片，如果想要底片，还得另外付钱。《婚姻庆典服务》国家标准首次明确，婚庆服务公司制作的婚礼音像制品（含照片、录像带、光盘等）应在规定的时间内交付顾客，交付的同时应将录制过程中的所有原始资料（包括底片、录像带及数码资料等）一并交付顾客。

这意味着，今后新人要求婚庆服务公司返还为自己制作的包含照片底片在内的结婚照、视频等原始资料时，婚庆服务公司不得拒绝，否则将构成侵权。

2. 结婚录像漏拍要赔钱

对于新人来说，结婚典礼上的录像是值得珍藏一生的美丽回忆。这些无法用金钱衡量的幸福瞬间，一旦出错就无法弥补。《婚姻庆典服务》国家标准规定，婚庆服务公司制作的婚礼音像制品应保证质量，婚礼中应使用符合质量要求的设备、设施，专职人员在婚礼进行前应认真检查所使用的设备设施，确保正常使用。

除此之外，根据《婚庆服务合同》示范性文本的规定，由于婚庆服务公司原因导致照片、影

①② GB/T 23860—2009，《婚姻庆典服务》国家标准.

像全部或部分灭失的，缺少约定必拍场景的，拍摄成品质量不符合约定要求的，婚庆服务公司应当退还相应服务费用，同时还要支付一定的违约金。

3. 婚纱卫生和婚庆安全有保障

照片里看起来洁白的婚纱，事实上并不怎么干净，特别是外景婚纱，可能充满了病菌。对此，新出台的《婚姻庆典服务》国家标准突出了婚庆服务公司的责任，要求婚纱的安全、卫生必须符合国家相关标准，否则出租方要承担责任。同时，《婚姻庆典服务》国家标准特别在安全措施方面进行了规定，要求婚庆服务机构应采取有效措施，防止各类事故的发生，包括制定现场安全保卫的措施、制定现场应急预案及指派专职人员负责现场的安全及消防等工作等。

4. 婚车违约规定明确

负责接送新人的婚车，在婚礼当天是“重头戏”。然而据统计，如今婚庆服务公司遭顾客投诉最多的问题之一恰恰就是婚车。投诉主要集中在婚车晚点、车型与预订不符、车况较差等方面。根据《婚姻庆典服务》国家标准规定，婚庆服务机构在提供服务的过程中，应当采取有效措施以确保在婚礼中使用的车辆机械运转正常，安全行驶，并应保证车辆干净整洁。如果婚庆服务公司提供的相关服务不能达到这些要求，即构成违约。根据民法典的规定，当事人应当按照约定全面履行自己的义务。当事人一方不履行合同义务或者履行合同义务不符合约定的，应当承担继续履行、采取补救措施或者赔偿损失等违约责任。因当事人一方的违约行为，损害对方人身权益、财产权益的，受损害方有权选择请求其承担违约责任或者侵权责任。

5. 婚礼主持人需要资格证书

一场婚礼，婚礼主持人的作用可谓举足轻重。部分婚庆服务公司为了吸引更多的顾客，在对外宣传上极尽所能地夸大宣传，比如对外宣称自家的主持人是“金牌婚礼主持人”“首席婚礼主持人”等，其实很多都是自封的称号。此次《婚姻庆典服务》国家标准进一步明确规定，从事婚庆服务的人员应持有相关的国家或行业的执业资格证书（比如礼仪主持人证书），并定期进行包括婚俗和礼仪知识、营销心理学及沟通技巧等内容的培训。

此外，该国标还首次发布了《婚庆服务合同》示范性文本，其中约定，婚礼仪式举行当日，消费者指定的主持人由于生病等不可抗拒的原因无法亲自主持的，婚庆服务公司应及时提供同级别以上的主持人代为提供服务。这一规定，无疑有助于更好地管理和规范包括婚礼主持人在内的婚庆服务业从业人员。

行业标准一般分为强制性标准和推荐性标准，《婚姻庆典服务》国家标准属于推荐性标准，不具备强制力，只起规范和引导作用。实施国标的主要目的是在倡导行业自律。但是这并不意味着《婚姻庆典服务》国家标准将成为一纸空文。《婚姻庆典服务》国家标准是由国家质监部门发布的，具备规范性，一旦发生诉讼，是可以作为法律诉讼的参考依据的。同时，对于消费者来说，在《婚姻庆典服务》没有发布前，消费者没有一个可参考的标准，信息不对称，很容易陷入“陷阱”。而标准正式发布后，消费者可以对照这些新规定，规避一些风险。而一些不执行新规定或轻视新规定的婚庆服务公司，也会因为消费者的“不选择”而丧失竞争能力，最终退出婚庆市场。所以，《婚姻庆典服务》新规的出台将使婚庆机构有章可循、有序经营，对提升婚庆行业的服务质量，对于保障顾客合法权益将起到推进作用。

知识点 2 《婚姻庆典服务》国家标准（GB/T 23860—2009）的主要内容

1.《婚姻庆典服务》国家标准的适用范围

《婚姻庆典服务》国家标准[①]规定了婚姻庆典服务应遵循的基本原则以及制度建设、制度保障、服务过程及安全卫生、服务质量改进方面的要求。

从适用范围来看，《婚姻庆典服务》国家标准适用于从事婚姻庆典服务的各类机构。

所谓婚姻庆典服务的各类机构，是指从事婚姻庆典服务业务的各类法人机构。主要包括：①婚礼服务机构[②]。婚礼服务行业分工细化，服务范围扩大并日益丰富，已经包括了婚礼咨询、婚礼策划、婚礼化妆、MV 设计拍摄、婚车出租等方面，从简单的服务进入全面提升阶段，向文化层次发展，注重服务和多样性、个性化。②婚纱摄影机构[③]。全国结婚产业调查中心 2015 年 3 月发布的《中国结婚产业发展调查报告》显示，中国约有 45 万家婚纱影楼、摄影公司、图片社和摄影工作室，相关行业的人员近 600 多万人。③婚纱礼服机构[④]。目前中国婚纱礼服业中，具有一定规模、档次和效益的婚纱礼服生产企业主要集中在广东潮州、中山、深圳、广州、江苏苏州、福建厦门和泉州等地，他们主要从事贸易加工。国内从事婚纱礼服生产销售的经营体超过 1 500 家，从业人员超过 3 万人。④婚宴服务机构[⑤]。截至 2014 年年底，我国共有星级酒店 1.25 万家，其中五星级酒店 739 家，四星级酒店 2 361 家，三星级酒店 5 631 家，二星级酒店 2 831 家，一星级酒店 125 家。从业人员 156 万人。截至 2014 年底，北京市五星级 62 家，占比 10.44%；四星级 128 家，占比 21.55%；三星级 207 家，占比 34.85%；二星级 181 家，占比 30.47%；一星级 16 家，占比 2.69%。上海市共有星级酒店 244 家，其中五星级 59 家，占比 24.58%；四星级 65 家，占比 27.08%；三星级 79 家，占比 34.58%；二星级 31 家，占比 13.33%；一星级 1 家，占比 0.42%。截至 2014 年底，广州市星级酒店中，五星级、四星级、三星级、二星级的占比分别为 10.85%、17.45%、58.96%、12.74%，三星级酒店占据 50%以上。

2.《婚姻庆典服务》国家标准的基本原则

从《婚姻庆典服务》国家标准的规定来看，婚姻庆典服务中应当坚持的基本原则如下：

① 婚姻庆典服务机构应根据《婚姻庆典服务》国家标准相关要求，建立婚姻庆典服务质量管理体系。

② 婚姻庆典机构在服务中应倡导健康、文明的婚姻庆典形式，尊重各民族婚礼文化婚俗。

③ 婚姻庆典机构服务人员应遵守良好的职业道德，树立诚实守信、爱岗敬业的服务意识。

---

① 详见附录。

② 中国婚庆产业发展现状与前景分析_研究报告[EB/OL].[2016-7-19] http://bg.qianzhan.com/report/detail/300/140826-89f691f1 .html 2016-7-19

③ 中国结婚产业发展调查报告[EB/OL].[2016-7-19].http://www.huanq.com/news/show-htm-itemid-57489.html.

④ 中国结婚产业发展调查报告[EB/OL].[2016-7-19].http://www.huanq.com/news/show-htm-itemid-57489.html.

⑤ 中国一线城市连锁酒店发展现状分析-搜狐[EB/OL].[2016-7-12].http://mt.sohu.com/20160712/n458826022.shtml.

3.《婚姻庆典服务》国家标准的制度建设

（1）理承诺

婚姻庆典服务机构的最高管理者应根据 GB/T 19001 即质量管理体系要求的规定，建立和实施服务质量管理体系，建立服务管理体系应满足以下目的和要求：①确立服务质量方针、目标；②强调满足顾客需求的重要性；③确保资源的合理利用；进行管理评审。

（2）服务质量方针

婚姻庆典服务机构最高管理者应遵循以下服务质量方针：①与婚姻庆典服务机构的宗旨相适应；②与顾客需求相适应；③在婚姻庆典服务机构内得到认知和遵守；④根据机构宗旨及顾客需求，做出适时修改和完善。

4.《婚姻庆典服务》国家标准规定的婚庆服务机构的职责和要求

包括对婚姻庆典服务机构最高管理者的职责、服务质量管理部门的职责、相关部门职责等，还包括内部沟通机制、与顾客沟通要求、工作文件的制定、质量手册的建立、档案管理要求等。

（1）管理职责

管理职责包括：①最高管理者的职责。婚姻庆典服务机构最高管理者是指各类婚姻庆典服务机构的总经理、董事长、经理等。婚姻庆典服务机构最高管理者的职责和权限主要包括：建立机构的服务质量管理体系；提出制定服务质量管理体系的文件的要求；确保服务质量管理体系的实施；听取相关部门的汇报和建议，对服务质量管理体系进行改进。②服务质量管理部门的职责。婚姻庆典服务机构的最高管理者应设置质量管理部门，明确服务质量管理的负责人。服务质量管理部门应具有以下方面的职责和权利：直接受机构最高管理者领导，负责服务质量管理体系的贯彻和执行；监督相关部门服务质量管理体系的实施；向最高管理者汇报服务质量管理体系的落实情况；向最高管理者提出服务质量管理体系需要改进的建议。③相关部门的职责。婚姻庆典服务机构的相关部门主要包括策划部、客服部、影像部、道具部（场景部）等业务部门。各部门人员应明确其职责，以保证服务质量管理体系在机构内的实施，应履行以下几方面的职责：确保服务质量管理体系得到实施；提高服务意识，满足顾客需求；向质量管理部门汇报执行服务质量管理体系的情况；向质量管理部门提出改进服务质量管理体系的建议。

（2）内部沟通机制

最高管理者应在服务机构内建立沟通机制，它是指管理层与员工的交流机制。婚姻庆典服务机构可以建立正式或非正式的交流制度，使员工有更多的机会与管理层沟通。在进行内部沟通时应注重以下几个方面：①使员工理解服务机构的管理制度、服务规范；②定期听取服务质量管理负责人的汇报；③向员工传达服务质量会议的内容；④管理层向员工传授与顾客沟通与互动的技巧；⑤提供一个能够促进内部良好沟通的场所等。

（3）顾客沟通机制

顾客沟通机制是指婚姻庆典服务机构与客户之间要建立良好的沟通机制。婚姻庆典服务机构应在承办婚姻庆典前，应就承办的婚姻庆典服务的具体内容、方式、方法与顾客进行沟通，沟通的方法主要包括：①听取顾客对婚姻庆典的要求和建议；②对婚姻庆典现场进行勘查；③对婚礼程序策划的建议；④对婚礼进行彩排等。

（4）服务质量管理体系的相关文件要求

服务质量管理体系的相关文件要求是指婚姻庆典服务建立的服务质量管理体系的相关文件。婚姻庆典服务机构应建立服务质量管理体系的相关文件主要包括：①服务质量方针和质量目标；②服务产品的管理制度；③服务质量手册；④服务质量记录制度；⑤服务人员的执业资格证书；⑥安全管理制度；⑦档案管理制度；⑧保密制度；⑨员工培训制度；⑩应急预案。

（5）服务质量管理手册

服务质量管理手册是指婚姻庆典服务机构建立服务质量管理体系所应该编制的手册。婚姻庆典服务机构应编制并不断完善服务质量管理手册。服务质量管理手册的内容应包括：①服务质量管理体系的范围；②服务的操作程序；③服务过程和效果的质量要求；④服务质量监督措施等。

（6）档案管理

婚姻庆典服务机构应建立档案管理制度。其内容主要包括：①服务机构经营档案的管理。②员工档案资料的管理；③顾客档案资料的管理；④服务过程详细记录的资料管理；⑤顾客建议或投诉的资料管理等。

5.《婚姻庆典服务》国家标准管理评审规定

所谓管理评审，就是婚姻庆典行业自律机构对婚姻庆典服务机构在服务质量管理方面进行总结、评估，包括评审信息和评审结果。

（1）评审信息

婚姻庆典服务机构应在服务质量管理体系中规定评审的时间。管理评审应包括以下几方面的信息：①顾客的反馈意见；②婚姻庆典场所是否满足不同顾客的需求；③服务过程中出现的问题；④改进服务方法的建议；⑤预防和纠正措施的效果；⑥参考以往管理评审的记录等。

（2）评审结果

管理评审的结果应包括以下方面的改进措施：①服务质量管理体系的改进；②与顾客需求有关的服务和产品的改进；③人力、设备、设施等资源的补充等。

6.《婚姻庆典服务》国家标准的资源保障

（1）资源提供

婚姻庆典服务机构应配置充分、适宜的资源，这些资源包括：①人力资源；②场所、设施、设备、器材；③工作环境等。

（2）人力资源

婚姻庆典服务机构的人力资源包括人员和培训。婚姻庆典服务机构应将人力资源的开发、培训作为重要内容之一，员工应能胜任其职责要求。婚姻庆典服务机构人力资源的保障应包括：①确定婚姻庆典的相关工作人员的基本能力要求；②婚姻庆典礼仪服务人员应持有相关执业资格证书。③上岗前的招聘、岗前培训、短期实习；④定期培训；⑤培训记录等。

（3）培训制度

婚姻庆典服务机构应建立培训制度，包括：①建立以提高员工素质为目的的员工培训、考核制度；②培训时间以月度为宜，并应及时更新培训教材；③员工应接受消防安全、环境保护等方面的知识和技能的培训。④可采取参加业务培训班、请专家授课等方式；⑤每次的业务培训应有记录。

从培训内容来看，主要包括：①婚俗文化知识和礼仪知识；②服务意识和职业化；③营销心理学；④沟通技巧；⑤案例分析等。从培训方式来看，主要是集体培训和单独指导相结合。

（4）基础设施

基础设施主要是指婚姻庆典服务机构的基本服务设施。婚姻庆典服务机构应包括以下基础设施：①工作场所和相关的设施；②接待室、办公室、化妆间、卫生间、制作间及仓库等；③应具备设备、器材；④计算机、办公设备、电话、对讲机、道具及运输手段等。

（5）工作环境

工作环境主要是指婚姻庆典服务机构的办公环境和人际关系。婚姻庆典服务机构应建立有利于提高服务质量的工作环境，婚姻庆典场所的装饰、照明、安全、卫生要求应符合相应国家标准的规定。良好的工作环境包括：①员工对企业文化的认知；②安全、卫生、舒适的办公环境；③员工之间和谐的人际关系等。

7.《婚姻庆典服务》国家标准服务过程及安全卫生要求

（1）服务过程的要求

服务过程的要求是指婚姻庆典服务机构在接受服务至服务终止的服务过程中应当遵守的相关准则。婚姻庆典服务机构在服务过程中应做到：①具备婚姻庆典服务的资质许可；②妥善保存顾客的所有档案资料；③员工着正装或者本机构的统一服装，佩带工牌上岗；④员工熟悉本机构的服务项目、收费标准、工作程序及工作要求，在接待时使用文明规范的语言；⑤在经营场所内公示本机构的服务项目、服务人员，明确收费标准；⑥婚礼的策划宜由专业婚礼策划人员承担，策划人员要充分了解顾客对婚礼的需求，根据其要求在本机构服务项目的基础上为其策划婚礼；⑦婚礼中使用符合质量要求的设备、设施，专职人员在婚礼进行前认真检查所使用的设备、设施，确保正常使用；⑧制作的婚礼影像制品（含照片、录像带、光盘等）的内容，满足顾客在婚礼前提出的经双方协商一致的要求；⑨制作的婚礼音像制品保证质量，并在规定的时间内交付给顾客，交付时可向顾客演示音像制品的内容，交付的同时将录制过程中的所有原始资料（包括底片、录像带、数码资料等）一并交付顾客；⑩与顾客明确服务项目、服务标准及服务价格后，与顾客签订婚礼服务合同；⑩及时准确地记录顾客反馈意见，包括顾客的抱怨、所采取的弥补措施及改进方案应有明确记录。

（2）产品安全、卫生的要求

婚姻庆典服务机构在服务中应采取安全措施，使用符合产品安全卫生标准的婚礼用品、婚礼道具及婚车。

（3）安全措施要求

婚姻庆典服务机构在提供服务过程中，应采取有效措施，保证安全，保护环境，防止各类事故的发生。具体措施包括：①制定现场安全保卫及保护环境的措施；②制定现场应急预案；③指派专职人员负责现场的安全、消防等工作等。

（4）婚纱卫生要求

婚姻庆典服务机构有经营婚纱业务的应设有专门的婚纱试衣间，婚纱安全、卫生要求应符合GB/T 2912.1—2009《纺织品　甲醛的测定第1部分：游离和水解》标准和GB/T 7573—2009《纺

织品 水萃取液 pH 值的测定》的相关要求。

（5）婚车卫生要求

婚姻庆典服务机构在婚礼中使用的车辆应确保机械运转正常，安全行驶；应保证车辆干净整洁。

（6）婚礼餐饮卫生要求

婚礼餐饮食品卫生要求应符合 GB 16158—1996《饭馆（餐厅）卫生标准》[①]的相关要求。

（7）喷雾剂产品卫生要求

使用喷雾剂产品时应根据 BB 0046《气雾彩带标准》相关要求使用。

8.《婚姻庆典服务》国家标准关于服务质量改进及保障措施

在婚姻庆典服务过程中，婚姻庆典服务机构应对服务质量进行监督、分析和改进：首先确保符合服务质量管理体系的要求；其次确保服务质量管理体系适应顾客需求，并根据顾客需求不断改进以保证服务质量管理体系的有效性。

（1）注重顾客满意度

婚姻庆典服务机构应监督顾客对服务质量的满意程度，根据满意程度的高低进行服务质量的改进。

（2）加强内部审核

婚姻庆典服务机构应按规定的时间间隔进行内部审核，以确定服务质量管理体系。审核内容包括：①是否符合机构宗旨及顾客需求；②是否得到有效实施；③应制定审核方案，宜以月度审核为标准，规定审核内容、范围、时间和方法。

（3）建立评价机制

婚姻庆典服务机构应采用适宜的方法对服务质量管理体系过程进行跟踪，以证实达到了所预期的结果。当未能达到所预期的结果时，应采取适当的纠正措施，确保服务及产品符合顾客的需求。这种评价机制包括：①自我评价。婚姻庆典服务机构应在质量管理体系中规定自我评价的方法。②顾客评价。婚姻庆典服务机构应采用顾客满意度调查等形式对服务质量、服务方式、服务效果进行顾客评价。③社会评价。婚姻庆典机构应经常关注和倾听来自消费者组织、行业组织、质量技术监督部门对婚姻庆典机构服务质量的意见和建议。

（4）建立纠错机制

婚姻庆典服务机构应利用质量方针、质量目标、数据分析、纠正和预防措施以及管理评审审核结果；根据定期、不定期的自我评价、顾客评价和社会评价，对本机构的服务提出改进措施。

（5）采取的纠正措施

婚姻庆典服务机构应采取措施，消除不合格的服务，并防止再次发生不合格的服务。纠正措施应包括以下几方面的要求：①评审不合格的服务及顾客的抱怨；②确定不合格的服务及原因；③根据不合格的服务及原因，制定纠正措施的方案并实施；④采取纠正措施的结果要有详细记录。

（6）建立预防措施

婚姻庆典服务机构应采取措施，防止不合格服务的发生，其内容包括以下几方面的要求：①制定预防措施；②消除引起不合格服务的潜在质量因素；③所采取措施的结果要有详细记录；④分析所采取的预防措施的效果；⑤评审防止不合格服务的措施。

① 该标准已作废，可参考 GB 31654—2021《餐饮服务通用卫生规范》。

知识点 3《婚庆服务合同示范性文本》①

婚姻庆典服务合同是婚礼庆典服务的依据，是婚姻庆典服务机构与消费者签订的服务保障约定。

多年来，很多婚庆服务公司都拥有一份有利于自己的格式合同。很多格式合同里，除了一个总合同价，没有详细的每项服务价格。对于重要道具也没有列出品牌和型号，布置方案中写着一些道具名称，但对婚庆不熟悉的新人来说根本不知道少了什么，被改动了什么。合同上没有签署地址，没有纠纷解决办法，也没有规定出现纠纷后摄像摄影作品怎么给，什么时候给。有的合同上印制的服务监督电话竟然就是本公司老板的电话等。在合同中，有的以“套餐”引顾客上钩，但“套餐”内容不详，有的事后“定金不退”，还有的在“摄影机”“摄像机”玩弄概念，酒席质次价高。婚庆服务公司为了赚钱出现了不遵守协议合同等一系列违法经营的问题，没有统一的格式和规定，也使一些别有用心的婚庆服务公司有空子可钻。这些，不但极大地损害了消费者的权益，给消费者带来了经济和精神上的双重损失，引起了很多纠纷，同时也严重制约了婚姻庆典服务机构健康、稳定的发展。影响了消费者对整个婚庆行业的评价。

事先签订一份规范的婚庆合同是避免出现上述问题的有效途径，为了减少婚庆服务纠纷、规范婚庆服务公司的服务。近年来，我国各省市不断进行婚庆合同的拟定，出台和推广相关的婚庆服务标准合同。但由于这些标准合同只在该区域内有效，对于全国的婚庆服务行业来讲，需要在全国有效地规范婚庆服务的标准合同，以推动婚庆服务机构健康稳定的发展。

随着《婚姻庆典服务》国家标准的“问世”，《婚庆服务合同示范性文本》也随之出台。该示范性文本对婚庆服务的服务内容、婚礼仪式开始时间和举行地点、服务项目、服务费用、双方主要权利义务、双方违约责任等十多项条款进行规制。《婚庆服务合同示范性文本》的出台将使婚庆机构有章可循、有序经营，对提升婚庆行业的服务质量，保障顾客合法权益将起到推进作用。

1.《婚庆服务合同示范性文本》②的主要内容③

所谓婚庆服务合同也称为服务协议，是婚庆服务公司与服务对象经过讨论协商所达成的满足婚庆服务对象需要和为当事人提供婚姻庆典相关服务项目的承诺。按照《婚庆服务合同示范性文本》的指引，婚庆服务合同应当包括以下主要条款：服务内容、服务时间、服务地点、服务项目、服务费用及支付、双方的权利和义务、违约责任的规定、合同的解除、不可抗力、合同争议的解决办法。

（1）服务内容

服务内容指当事人委托婚庆服务公司为结婚新人的婚礼仪式提供各类相关服务。比如，策划服务、主持服务、花艺服务、化妆服务、摄影摄像服务等。

婚礼服务企业提供的各项服务以及服务中的各种产品，均应符合国家相关规定或行业相关规范确定的要求。

---

①《婚姻庆典服务》国家标准(全文)_保定罗门婚纱摄影_新浪博客.婚姻庆典服务[EB/OL].[2009-12-15]http://blog.sina.com.cn/s/blog_6380bf950100fqer.html.

② 详见附录。

③ GB/T 23860—2009，《婚姻庆典服务》国家标准.

（2）服务时间

服务时间是指婚礼仪式开始的具体时间。注意，要具体约定婚礼开始的具体时间，即约定某年某月某日某时某分开始。

（3）服务地点

服务地点是指婚礼仪式举行的具体地点，即在某市某区（县）某路（街）某号举行婚礼仪式。

（4）服务项目

由于婚礼服务包含的具体项目较多，而新人的实际需求不同，所以合同文本采用了模块化的设计。新人可以根据自己的需要，用划“√”的方式选择适用于服务项目有关的条款。婚礼服务的项目主要有：策划服务、主持服务、摄像服务、摄影服务、化妆服务、鲜花服务、乐队服务、场地服务、推荐婚车服务、代租婚车服务、婚车租赁服务。

对于上述各个服务项目的具体内容、要求和费用标准双方可以采取附件形式约定。

（5）服务费用及支付

这部分内容包括：一是各项服务费用的单价和总价；二是关于定金的规定。应当约定按服务费用总额的20%支付定金；三是关于预付款的规定。也可以约定按服务费用总额的一定百分比支付预付款。必须约定定金和预付款可抵作服务费用，同时必须注意定金和预付款只能收取一项；四是关于策划方案的付款规定。由于婚礼策划方案是婚礼策划师的智力成果，所以，在签订合同时可以单独约定策划方案的付款方式，即策划方案经签字确认后，委托方应向婚庆服务公司支付费用总额的一定百分比的预付款，并约定余款的支付时间和方式；五是关于服务项目增减费用的支付方式。即可以约定合同签订后双方协商约定新增加或取消服务项目的，相应费用应计入服务费用总额或从服务费用总额中扣除；六是关于收款凭证的出具，即应当约定婚庆服务公司收到钱款，应即时向消费者开具收款凭证。

（6）双方的权利和义务

总的来讲，消费者应积极配合婚庆服务公司完成合同约定的各项服务。婚庆服务公司提供的各项服务以及服务中所使用的各种产品，均应符合国家有关规定或行业有关规范确定的标准。

由于婚庆服务公司提供的婚庆服务的具体服务项目不同，所以具体的权利和义务也有所不同，在《婚庆服务合同示范性文本》中规定了不同服务项目双方的权利和义务。

① 策划服务中双方的权利和义务。首先，关于策划服务方案的知识产权的保护约定。应当在合同中约定策划方案为婚庆服务公司的智力成果，仅供新人在合同约定范围内使用。消费者不得擅自将策划方案用于合同约定以外的其他用途或提交给第三方使用；其次，关于提交策划方案的具体时间。应当明确地约定婚庆服务公司向消费者提交策划方案的具体时间，并约定策划方案经验收合格，消费者应予以签字确认。

② 主持服务中双方的权利和义务。首先，提供合格主持人。应约定婚庆服务公司根据委托服务新人的需求提供合格主持人供新人选择。所谓合格的主持人应当是指经过相关专业培训、持有相关职业资格证书的主持人；其次，关于不可抗力的规定。在合同中应当约定，婚礼仪式举行当日，消费者指定的主持人由于生病等不可抗拒的原因无法亲自主持婚礼的，婚庆服务公司应及时提供同级别以上的主持人代为提供服务。

③ 推荐婚车服务中的权利和义务。推荐婚车服务有两种方式：一种方式是婚庆服务公司只负责推荐汽车租赁企业由消费者自行洽谈婚车租赁；另一种方式是消费者委托婚庆服务公司代租

婚车服务或婚车租赁服务。在推荐婚车服务中，要注意以下几方面：首先，推荐租赁婚车。婚庆服务公司应根据消费者需求，为其推荐符合汽车运营管理规定的汽车租赁企业提供婚车租赁服务。采取这种方式，消费者如果接受婚庆服务公司为其推荐的汽车租赁企业，应自行与推荐的汽车租赁企业洽谈签约。其二，委托婚庆服务公司代租婚车服务或婚车租赁服务的。如果消费者采取委托婚庆服务公司代租婚车服务或由婚庆服务公司提供婚车租赁服务的，应在合同中约定，婚庆服务公司应保证婚车符合《汽车租赁经营服务规范》（DB11/T 475—2014）①的要求；婚庆服务公司应保证每辆婚车配备合格驾驶员 1 名。在合同中还应当注意约定消费者不得要求婚车驾驶员违反交通法规；其三，关于代租服务费的规定。代租服务费是婚庆服务公司提供婚车代租服务所应收取的报酬。婚车租赁费是消费者所应支付的婚车租用费用，其中包含车辆使用费、燃油费、驾驶员服务费，停车费、过桥费等其他费用由消费者另行支付。

④ 化妆服务中的权利和义务。首先，关于化妆师的提供及服务。应当约定，婚庆服务公司应根据消费者需求提供试妆服务，以确定化妆师的具体人选和测试被化妆人员有无过敏反应；因化妆产生过敏反应的，应允许调换化妆品，如皮肤仍无法适应的，消费者可取消本项服务；还可以约定，对婚庆服务公司提供的化妆师均不满意的，消费者也可取消本项服务；其次，应当规定，化妆师人选及使用的化妆品一经确定，双方均不得随意更换。

⑤ 摄像服务及摄影服务的权利和义务。首先，关于变更拍摄时间。应当约定消费者变更拍摄时间应提前 1 日书面通知婚庆服务公司；其次，关于活动流程和必拍场景的约定。应当明确规定消费者应于拍摄前提供活动流程并注明必拍场景；其三，关于摄像、摄影师和设备的规定。应当明确约定婚庆服务公司应为婚礼仪式配备合格的摄像、摄影师和设备；其四，关于婚礼摄影、摄像作品著作权中的其他权利的规定，应当明确约定，除署名权外，婚庆服务公司对于摄影、摄像作品著作权中的其他权利，只有在取得消费者书面同意后方可行使；其五，关于婚礼音像资料的保管责任。应当约定婚庆服务公司留有原始图像文件或复制文件的，应妥善保管，并不得提供给第三方。其六，关于保守新人的个人隐私约定。应当明确规定婚庆服务公司应保守因签订和履行本合同而获悉的消费者隐私。

（7）违约责任的规定

一是关于取消服务项目的违约责任。《婚庆服务合同示范性文本》，以仪式前的 14 天前、7 天前和 7 天中取消服务项目的违约情形，规定了 3 种不同的违约金：①因自身原因，一方于婚礼仪式 14 日之前（不含 14 日）要求取消具体服务项目的，应以该项目服务费的一定百分比作为违约金；②一方于婚礼仪式 7 日之前（不含 7 日）要求取消具体服务项目的，应以该项目服务费的一定百分比作为违约金；③一方于婚礼仪式 7 日之内（含 7 日）要求取消具体服务项目的，应以该项目服务费的作为违约金。

二是关于因双方各自原因导致合同不能履行的违约责任。《婚庆服务合同示范性文本》规定，除本合同另有约定以外，由于消费者原因导致合同不能按照约定履行的，由违约方自行承担相应责任，并应支付婚庆服务公司实际支出的费用；由于婚庆服务公司原因导致提供的服务不符合约定要求的，婚庆服务公司应退还该项目服务费，并按该项目服务费的一定的百分比支付违约金。

三是关于人身伤害或财产损失的违约责任。《婚庆服务合同示范性文本》规定，由于一方原

①道客巴巴.DB11/T-475—2014 汽车租赁经营服务规范.[J].[2016-08-21].2014-6-4www.doc88.com/p-4711934194420.html.

因给另一方或第三方造成人身伤害或财产损失的，应承担赔偿责任。

四是代租婚车服务的违约责任。《婚庆服务合同示范性文本》规定了几种违约情况。①婚车无法按约定提供服务的，婚庆服务公司除应及时通知消费者并提供约定的备用车辆，还应退还差额婚车租赁费。②实际婚车低于约定级别的，婚庆服务公司应支付相应租赁费用的一定百分比作为违约金。③实际婚车数量少于约定的，婚庆服务公司应退还代租服务费和相应的租赁费用，并支付相应租赁费用的一定的百分比作为违约金。④婚车未在约定时间内到达起始地点超过当事人约定的时间以上的，婚庆服务公司应支付相应租赁费用的一定的百分比作为违约金。由于消费者原因导致婚车未在约定时间内到达婚礼仪式举行地点超过约定的时间以上的，消费者应支付相应租赁费用的一定的百分比作为违约金。具体超过几分钟属于违约由当事人在订立合同时确定。⑤由于消费者原因导致婚车毁损或违反交通法规的，车辆维修费、罚款及其他相关费用由消费者承担。

五是摄像服务、摄影服务违约责任。《婚庆服务合同示范性文本》规定了几种违约情况。①摄影、摄像师无法按约定时间提供摄影、摄像服务的，经消费者同意，婚庆服务公司应及时安排职业等级或技术水平相当的其他摄影、摄像师；婚庆服务公司未做出替换安排或消费者不同意替换安排的，婚庆服务公司应按该项服务费用的倍数支付违约金。具体是按该项服务费用的几倍支付违约金由当事人双方在订立合同时确定。②由于婚庆服务公司原因导致照片、影像全部或部分灭失的，婚庆服务公司应退还相应服务费用，并按相应服务费用的倍数支付违约金。具体是按该项服务费用的几倍支付违约金由当事人双方在订立合同时确定。③婚庆服务公司交付的拍摄成品中缺少约定必拍场景的，应按每个场景为标准支付一定数额的违约金。具体是按每个场景支付几元的违约金由当事人双方在订立合同时确定。④婚庆服务公司交付的拍摄成品质量不符合约定要求的，应按双方约定的标准支付违约金。

（8）合同的解除

关于合同的解除，主要包括以下几方面：

一是当事人双方可协商一致解除本合同。

二是一方有下列情形之一的，另一方有权单方解除合同并要求其赔偿损失：

①一方明确表示或者以自己的行为表明不履行全部或部分约定义务的。②消费者迟延支付全部或部分服务费用，经婚庆服务公司催告后的几日（具体几日由当事人约定）内仍未支付的。③婚庆服务公司未经消费者同意，擅自改变服务内容、降低服务标准或增加服务费用，经消费者催告后仍未改正的。

三是在婚礼仪式举行前，一方因上述以外的原因提出单方解除合同的，另一方应采取适当措施防止损失扩大，并有权要求解约方在约定的日期内按服务费用总额的一定百分比（双方约定一定的百分比）支付违约金。已支付定金的，也可选择适用定金规则：消费者违反约定解除合同的，无权要求返还定金；婚庆服务公司违反约定解除合同的，应双倍返还定金。

（9）不可抗力

所谓不可抗力又称人力不可抗拒，它是指在合同签订后，不是由于订约者任何一方当事人的过失或疏忽，而是由于发生了当事人既不能预见，又无法事先采取预防措施的意外事故，以一致不能履行或不能如期履行合同，遭受意外事故的一方可以免除履行合同的责任或延期履行合同。《婚庆服务合同示范性文本》规定，任何一方当事人因不可抗力不能履行合同的，根据不可抗力的影响，可以部分或者全部免除责任，但应及时通知另一方并在合理期限内提供有关证明。

（10）合同争议的解决办法

《婚庆服务合同示范性文本》规定，本合同项下发生的争议，由双方协商解决或申请调解解决，协商、调解解决不成的，可选择以下几种方式解决：一是向人民法院提起诉讼；二是向仲裁委员会申请仲裁。

2. 签订婚礼服务合同应该注意的事项

签订婚礼服务合同应该注意的事项有三点：

① 车辆问题。消费者与婚庆服务公司要事先说明车辆的型号、颜色、数量、车辆发生故障时的补救措施等细节问题，最好在合同中注明所有的条件，有的不希望采用外地牌号的也要在合同中体现出来，发生纠纷时消费者便有了书面证明材料。

② 主持人问题。消费者一定要与婚庆服务公司在合同中注明当日主持人的姓名，如果主持人有变动，消费者可以提出婚庆服务公司应该提前多少天通知并进行重新挑选，直到消费者满意为止。

③ 收费问题。消费者一般要向婚庆服务公司提前交付定金，而剩余的部分应当约定好交纳的具体时间。在交纳全款之前，一定要仔细阅览合同中的各项条款，前面提到的问题最好也都在合同中加以注明，有疑义要及时提出并双方协商，待达成共识以后再签字交款；并且最好约定每项服务的收费标准，如果在某个环节出现问题，消费者要求赔偿也有一定的依据。

项目小结

婚庆行业协会的本质属性是一种社会团体法人，其性质和特征如下：①自愿性；②非营利性；③责任的有限性；④自律性；⑤国际性。

婚庆行业协会的作用主要体现在以下几方面：①服务作用；②沟通作用；③协调作用；④助手作用。

婚礼服务标准，是指对婚礼服务的各个环节，包括质量保证、安全问题等等各个方面进行详细规定，并要求行业全体人员自觉遵守的行业规范。2009 年 12 月 1 日，我国首部《婚姻庆典服务》国家标准开始正式实施，新标准将对维护婚庆市场、提高婚庆质量起到重要的作用。《婚姻庆典服务》国家标准的颁布带来了以下保障。①底片不需额外付钱；②结婚录像漏拍要赔钱；③婚纱卫生和婚庆安全有保障；④婚车违约规定明确；⑤婚礼主持人需要资格证书。

从《婚姻庆典服务》国家标准的规定来看，婚姻庆典服务中应当坚持的基本原则有三：①婚姻庆典服务机构应根据《婚姻庆典服务》国家标准相关要求，建立婚姻庆典服务质量管理体系；②婚姻庆典机构在服务中应倡导健康、文明的婚姻庆典形式，尊重各民族婚礼文化婚俗。③婚姻庆典机构服务人员应遵守良好的职业道德，树立诚实守信、爱岗敬业的服务意识。

《婚姻庆典服务》国家标准的相关制度。包括对婚姻庆典服务机构最高管理者的职责、服务质量管理部门的职责、相关部门职责等，还包括内部沟通机制、与顾客沟通要求、工作文件的制定、质量手册的建立、档案管理要求等。

所谓婚庆服务合同也称为服务协议，是婚庆服务公司与服务对象经过讨论协商所达成的满足婚庆服务对象需要和为当事人提供婚姻庆典相关服务项目的承诺。

婚庆服务合同应当包括以下主要条款：①服务内容；②服务时间；③服务地点；④服务项目；⑤服务费用及支付；⑥双方的权利和义务；⑦违约责任的规定；⑧合同的解除；⑨不可抗力；⑩合同争议的解决办法。

能力检测

一、思考题

1. 婚庆行业协会的本质属性和性质、特征是什么？
2. 婚礼服务标准的含义、适用范围及基本原则有哪些？
3. 简述《婚姻庆典服务》国家标准的相关规定。
4. 简述婚庆服务合同的含义和主要条款。

二、实训题

实训项目：起草一份婚庆服务合同

实训目的：

1. 加强对婚庆服务标准和婚庆服务合同的感性认识。
2. 掌握婚庆服务标准的主要内容和婚庆服务合同的基本条款。

实训内容：

教师提供假设的服务对象、婚庆公司的基本情况，学生起草一份婚庆服务合同。

实训步骤：

1. 教师提出基本要求并提供撰写合同的基本素材。
2. 学生起草合同。
3. 完成后教师随机抽查学生起草的合同，并要求在班级汇报。
4. 学生提出问题。
5. 教师进行点评、总结。

完成任务：

1. 起草婚庆服务合同。
2. 在课堂上汇报。
3. 将起草的合同交给教师。

项目 10

婚姻庆典服务行业的现状、问题及发展

学习目标

通过本项目的学习，应该能够：

- 了解婚姻庆典行业发展的现状及总趋势；
- 掌握婚姻庆典行业突出的问题及原因；
- 了解婚姻庆典行业未来的发展方向。

核心概念

婚姻庆典服务　服务质量　婚姻庆典服务发展趋势

导入案例

婚庆业引入 O2O 模式是行业大趋势[①]

当无数人感叹着《欢乐颂》中“五美”的爱情归宿，憧憬着邂逅那个心仪已久的对象时，却有一群人一直在挖掘婚恋中的“甜蜜商机”。

婚恋嫁娶一直是人生历程中的大事，随着互联网的不断发展，婚恋市场的 O2O 融合也在不断加速，众多资本的投入和行业的角逐使得整个婚恋市场硝烟弥漫。

面对总消费市场达 8 000 亿元的市场蛋糕，婚恋市场的“甜蜜商机”背后隐藏着哪些秘密，将会有怎样的发展前景？《一本书读懂经济新常态》的作者著名经济学家宋清辉和长江商报记者谈及此事时认为，婚庆业引入 O2O 模式是行业的大趋势。“在 O2O 产业链中，集聚相关业态和重整相关资源，一站式婚恋产业链是未来发展的趋势。”

2016 年 5 月初，百度糯米与到喜啦战略合作签约仪式在上海举行，双方表示将在结婚产业 O2O 方向的流量整合和体验创新上不断扩充，为商户全面打通资源实现流量变现，同时更为广大用户在结婚场景中的各种需求提供解决方案；而在此前，百合网也牵手腾讯云，加强婚恋服务和云计算的融合。

长江商报记者调查发现，早在 2013 年，大众点评网相关数据显示，中国有 1 600 万对新人结婚，平均消费为每对新人 5 万元，总消费市场达 8 000 亿元，而且以每年 23％的速度增长。

本报记者还根据易观《2016 年第 1 季度中国互联网婚恋交友市场分析》相关数据发现，2016 年第 1 季度，得益于各大婚恋平台对核心婚恋交友产品的技术创新与优化带来的用户体验和付费意愿的提高，互联网婚恋交友市场规模稳步上涨至 6.96 亿元人民币。

不论是阿里推出的婚伴开始在婚庆电商“试水”，亦或者 58 同城等社交平台婚庆板块的推出，团购网站大众点评网单独成立婚庆事业部，还是婚礼纪、到喜啦、喜事网、591 结婚网、新娘街、易结网等新兴的婚恋 O2O 平台的兴起，都暗含着婚恋市场巨大的商机。

“单纯的线下婚介所由于业务较重、成本较高，会面临较大的营收压力，因而通常收费会较高，对婚恋刚需用户更为适用。他们的优势是本地化资源更多，有实体店用户会更加信赖。婚恋网站做 O2O，发展线下直营和加盟模式会成为趋势就是这个道理。”易观智库婚恋分析师杨欣告诉长江商报记者。

任务 1

婚姻庆典服务行业的现状

婚庆行业，又称婚庆消费行业，是为处于家庭生命周期中的新婚阶段（包括婚前准备、婚礼庆典、婚后蜜月等时期）的新婚人群提供系列产品和全面服务的各种行业的集合，是传统意义上

① 宋清辉. 婚庆业引入 O2O 模式是行业大趋势[EB/OL].[2017-02-02].http://mt.sohu.com/20160523/n450881379.shtml.

仅注重婚庆典礼的婚庆行业的延伸与扩充。我国现代婚姻庆典服务业经历了长时间的艰难起步阶段后，已经进入了快速成长期，相关的服务业正处于蓬勃发展阶段。婚姻庆典服务虽为一个新兴行业，但已达到火爆程度。北京、上海、广州、深圳的婚庆公司如雨后春笋般涌现，越来越多的人员进入到婚姻庆典服务行业。在婚姻庆典服务行业快速发展的过程中，相关企业也越来越注重品牌服务和经营规模，婚姻庆典的高层次服务也在增多，整个行业都在为满足当代青年多元化、时尚化、个性化、追求浪漫服务的需求而努力。

知识点 1　婚姻庆典服务行业已成为中国新兴行业

1. 婚姻庆典服务行业产业链初步形成，前景看好

自 20 世纪 90 年代初中国第一家婚庆公司成立至今，婚姻庆典服务市场发展逐日壮大。据《婚庆 O2O 行业研究报告》2010 年—2014 年，我国每年平均登记新人数量保持在 1300 万对左右；2013 年前，新人绝对数量稳步上升，但增速逐步下降。究其原因，1985—1990 年为中国最后一个生育高峰，1990 年后出生人口数逐步下降，因此近年新人数量出现下降趋势。另外，女性经济独立、工作压力、高房价也是导致新人数量降低的因素之一。据统计数据显示，全国每年仅婚礼当日产生的消费早已超过 3 000 亿元。2021 年中国婚庆产业市场规模达 16 978 亿元，较 2020 年增加了 2 830 亿元，同比增长 20.00%；2021 年中国互联网婚庆行业市场规模达 840.2 亿元，同比增长 19.96%。数字化、在线化将是我国婚庆产业重要发展趋势之一。

与此同时，国民经济行业中也增加了婚姻庆典服务业的诸多分类。婚姻庆典服务产业正逐渐成长为一个新兴产业，婚庆消费市场的婚纱礼服、婚纱摄影、婚礼服务、婚宴、珠宝首饰等行业的发展日趋成熟，并与新婚消费的其他行业如家电、家具、床上用品、室内装修、汽车、房地产等多个关联行业，逐步形成一条完整的婚庆产业链，充满了巨大潜在商机。从 1999 年上海开始出现专业婚庆公司以来，我国现存相关婚庆企业已达百万余家。

同时，随着婚庆市场的快速发展，现已经形成了“五一”“十一”两个大型的婚庆市场消费旺季，而婚宴场所、婚纱摄影、婚礼服务、蜜月旅游等企业早在每年的 2、3 月份和 7、8 月份就开始为这两大结婚旺季策划筹备。各种婚纱摄影、婚礼服务的企业数量持续增加，市场供给总量有所扩大。依据中国婚庆博览会对相关行业专家的调研，全国婚纱影楼平均每年以 10%的速度增加，影楼婚纱销量每年至少以 20%的速度递增。据《2016 结婚行业蓝皮书》发布的信息来看，2016 年北京结婚服务商户数为 6 000 左右，最多的是广东、山东和江苏为 16 000 户左右。

2. 行业分工细化，服务范围不断扩大并日益丰富

婚姻庆典服务行业分工逐渐细化，服务范围扩大并日益丰富。最早的婚姻庆典服务是从婚纱摄影开始的，后来逐渐出现了婚礼化妆、婚纱租赁等，现在则拓展到婚礼策划、婚礼主持、婚礼花艺、婚礼摄影摄像、婚车出租、婚宴预订等多方面的婚礼庆典服务。

在北京，20 世纪 90 年代初出现的婚礼服务公司，主要还是为新人提供花车和主持人。而目前，优质的婚姻庆典公司已经开始真正能从文化层面解读婚礼，体现婚礼文化的策划。从简单的提供主持人、婚车等服务逐渐转变，进入全面提升阶段，向文化层次发展，注重婚姻庆典服务和多样性、个性化。例如，婚礼的形式、内容、地点变得多样化和个性化。婚姻庆典公司近年来不

断推出享受阳光、拥抱自然、风格独特的户外婚礼及特色主题婚礼，甚至仿古花轿婚礼、豪华邮轮婚礼等，形式多种多样。但因为该行业发展的时间比较短，行业服务的专业化程度不是很完善，而国外的相关婚庆行业发展的时间比较长，其中通过竞争已经形成比较完善的行业规范。相信我国婚姻庆典服务行业随着市场需求的扩容 ，婚庆服务的细化程度将进一步提高。

3. 婚姻庆典催生新职业，行业分工越来越细化

由于目前处于婚龄的主力军——“90 后”的新人思想前卫、时尚，有个性，他们的婚礼也要求与众不同，因此婚姻庆典公司的创意也要符合年轻人的口味。不到 10 年的时间里新生出很多和婚庆相关的职业，如策划师、婚庆化妆师、花艺师、督导师、婚礼主持（司仪），甚至还有职业伴娘。以往剧组里才有的音响师、舞美设计、摄像师等都渗透到了婚庆行业。例如，“在一个美轮美奂的舞台上，舞台的背影是一个硕大的 LED 电子大屏幕，舞台前面是从大厅门口伸展过来的红地毯，红地毯一端则是用各色玫瑰装成的鲜花亭，两边则是布满鲜花的路引，干冰机喷出恍如仙境的舞台烟雾，在司仪的祝福声和轻柔的婚礼进行曲中，新郎牵着打扮得如仙女一般的新娘从鲜花亭那端踏着白色的烟雾袅袅走来。舞台上，泡泡机喷出的泡泡和从天而降的花瓣把整个气氛推向了高潮。”这是一家婚庆公司的策划师为一对前来咨询的准新人做的婚礼策划。[①]

虽然这只是一个虚拟场景，但在现实的婚礼中已经屡见不鲜。这一切都由策划师策划，而舞台则是由专业的舞美设计的，花亭和现场的花饰则是花艺师在前一天晚上布置的，新娘妩媚的装扮则是化妆师从凌晨开始为新娘做的造型，音响师也在前一天把设备和曲目准备完毕，婚礼前期准备的这一切，则由摄影师和摄像师认真地记录下来，将来再由影像制作师制作成光盘。可见其行业分工越来越细化，服务范围扩大并日益丰富，已经包括了婚礼咨询、婚礼策划、婚礼化妆、MV 设计拍摄、婚车出租等多个方面。[②]

知识点 2 婚姻庆典服务各行业的现状

随着我国国民经济的快速增长，城乡居民生活水平的日益提高，人民群众对生活质量的要求日益提高，思想观念的改变、对时尚的追求，使得大众生活中的婚庆习俗在不断变化，从而诞生了有一定规模符合我国国情的婚庆市场。通过这一市场不断完善和扩大，必定使中国婚庆文化走向更个性化和时尚化，这已成为当今社会的又一流行趋势。婚庆产业是近年来新兴的一个产业，所以对婚庆产业的研究也仅限于 20 世纪 90 年代以后出版的书籍和刊登的文章，各学者对婚庆产业看法不一，有褒有贬，总结了一下，目前我国婚庆产业发展现状呈现的特点主要有以下几点[③]：

1. 婚礼的个性、潮流、时尚化

结婚是单身年代的终结，是两个相爱之人结盟新生活的开始。作为一生一次的重要纪念仪式，许多人的态度是：无论怎么折腾都不为过。据《2014 年美国婚庆 O2O 发展报告》[③]显示，2014 年美国新人婚礼平均花费为 31 213 美元（不包括蜜月花费）。个性、新潮、刺激、贴近自然，几

① 佚名．争食婚庆大蛋糕[N].中国产经新闻报，2009-07-16.

② 佚名．争食婚庆大蛋糕[N].中国产经新闻报，2009-07-16.

③ 徐雪.关于我国婚庆产业发展现状的文献综述[EB/OL].[2012-04-02].http://wenku.baidu.com/link?url=l0CHUQRVo_JchuYn_d8TIwvCJjp17-l5fui-kF8lTXtOVFxDAMHqOFoCjsjohXssWGHjlw7bPWUDGIgR67Ih9sbmyeiWG-FnIovRNE9gjKm.

乎成了现如今衡量新鲜结婚方式的尺度。而今，在这崇尚个性的时代，亘古不变的依然是海誓山盟的爱情誓言，但见证这爱情的形式却如同流星雨一般，不断划破夜空，亮出个性。集体婚礼、游艇婚礼、酒吧婚礼、烛光婚礼、草坪婚礼、空中婚礼、海底婚礼、越野婚礼……各种各样别具一格的婚礼变着花样演绎浪漫与温馨。[①]个性婚礼颠覆了传统婚礼千篇一律的俗套，也让人们重新认识成功婚礼的标准——一场好的婚礼并不是单纯追求豪华气派，最重要的是要让宾客感受到新人的独具匠心，只有渗透了个性文化理念的婚礼才是真正打动人的婚礼。

现代，绝大多数新人和父母接受现代流行形式婚礼。现代流行式婚礼就是人们最常见的富有时代特征的婚庆形式，如花车娶亲、酒店典礼、大宴宾朋、新人敬酒、喜闹洞房等，结合了传统的婚礼习俗与现代时尚，既体现了新人的时尚观念，又满足了亲朋好友热闹喜庆的心愿。流行婚礼不仅省去了传统婚礼的烦琐和古板，还增添了时尚的元素，所以，只要选择对了适合自己的婚庆公司，整个婚礼也就成功了一大半。

婚礼的个性化、时尚化不仅通过婚礼的形式体现出来，从婚纱摄影的演变也可看出端倪。随着社会的发展、人们的艺术欣赏水平的不断提高和国外一些时尚电影杂志的影响，一些 20 世纪 70 年代末和 80 年代初为代表的新人再也满足不了传统影楼的模式化拍摄方式。婚纱照渐渐从传统的大型影楼走向个性婚纱摄影——旅游婚纱摄影。“印象视界”个性婚纱馆法人兼艺术总监袁晓新先生说，个性婚纱摄影的特点就是一对一，基本上是一个化妆师和一个摄影师一天就对着一个客户服务，陪着客人，这样大大提高了婚纱照的服务质量[②]。

2. 婚庆消费市场商机无限

自从 20 世纪 90 年代初中国第一家婚庆公司成立至今，婚庆市场越做越大，婚纱摄影、美容美发、首饰礼品、烟酒餐饮、交通旅游、家居用品等相关产业的发展。

上海市婚庆行业秘书长何丽娜说：“结婚对每个人来说都是生命中最重要的事之一，因此婚庆行业是前景灿烂的行业。由于目前各类院校都没有开设婚庆专业，行业人才十分缺乏，投身婚庆行业有着很大的发展空间。”“有人把结婚称为人一生中的第二大消费，而婚庆市场不仅给婚宴创造了机遇，更带动了婚庆相关产业的发展。因此，婚庆市场被业内人士称为甜蜜金矿”。巨额消费刺激了当前全国婚庆市场迅猛发展[③]。

3. 婚礼文化多元素融合

青岛薇薇集团董事长刘春强说：“中国 5000 年的婚庆习俗是世界上最独特、灿烂的一面旗帜，现在的婚庆市场正在慢慢吸收韩国、日本以及西方国家的一些优点，中国婚庆产业的明天是美好的。”他进一步强调说：“东西方之间都没有最优秀的文化，关键是哪些文化元素更能够符合市场发展，更有助于寻找到一种企业发展模式和市场运作模式；今天的婚庆公司能够凭借东方博大的文化积累，充分吸纳西方一些文化元素，演绎出无穷无尽的中国结婚盛典，婚庆产业的井喷期将会最快到来[④]。”

---

① 佚名. 个性婚礼让爱做主[J].走向世界，2006（08），30-31.

② 刘成顺.婚庆高处胜寒[J].商道，2008（03）.

③④ 唐青.婚庆行业一派喜洋洋[J].职场行情，2006（07）.

中国人的婚礼正从物质层面向精神层面转变,同时，主题婚礼成为趋势，而多种婚礼文化元素融合，使婚礼的形式和内容更加丰富。这种个性化、多样性的服务内涵，成为都市新婚人群的婚礼潮流。

由此说来，中国的婚庆产业正在嬗变成为一种文化创意产业，尤其是作为婚庆主体的婚礼，把各种传统与现代的、高雅与民俗的，东方与西方的礼仪与艺术融入中国的婚庆中，这种文化的演绎与创意正慢慢打出一片新的田地。①

4. 婚庆 O2O 快速发展

互联网企业和纯婚恋企业纷纷在婚恋产业布局，印证了市场强大的吸附能力，目前的婚恋 O2O 市场主要是形成两大矩阵的对抗，一方面是世纪佳缘、百合网、珍爱网、有缘网等纯婚恋企业、网站服务平台，另一方面则是互联网企业衍生和开拓出的新的婚恋链条，如阿里的婚伴、大众点评的婚庆事业部。婚庆行业具有天然的 O2O 基因，弥补传统行业的不足。目前整体看，无论是线上还是线下婚庆企业都有动力去开发这块未充分开垦的大市场。对于大平台来说，婚庆 O2O 将会是典型的现金牛业务。通过 O2O，婚庆市场用社交化获取用户和培养潜在用户。

① 婚庆 O2O 口碑传播效果突出。婚庆消费者通常是无经验的新人，单频次且大额的消费特征以及信息不透明的市场行情使得消费者的信任成本增加。而婚庆体验的好坏是由经验用户无限传播，社交化使得“口碑传播”更容易。

② 社交平台培养用户效率更高。获取用户从“被动广告营销”向“主动获取消费者”转变。通过“到喜啦”“新娘说”这类服务社交平台作为用户的获取渠道成本更低、效率更高；另外，通过社交平台的方式聚集培养潜在消费者，也可最终将有消费需求的用户导向商家。

③ 垂直领域市场前景巨大。婚庆行业产业链长，婚礼策划、礼服购买、婚纱摄影和婚宴服务等各个环节，均是“小而美”的垂直领域。垂直领域内也容易深度挖掘用户需求，目前线上到线下交易成功的转化率较低仅为 10%左右，深度挖掘用户需求才能提高转化率。通过线上平台用户信息搜索，线下成功消费的具体情况，进行数据分析，以此分析用户消费行为并深度挖掘用户需求。

个性化服务更易获取用户，为新人打造个性化婚礼。当前结婚主力为 90 后，有主张、有个性。因此，个性化的服务更易获得他们的青睐。抓准用户需求，更好地服务用户，进而获得用户及口碑宣传。

专一的差异化经营获得市场地位。除去婚纱礼服、婚庆百货等大众商品，婚礼策划、婚纱摄影等创意类服务的同质化过于严重。品牌形象的打造需要显著的差异化，婚庆 O2O 为新人提供个性化的服务，更有助于企业获得市场地位。

任务 2
婚姻庆典服务行业存在的问题

与巨大的商机和市场需求相比，婚庆行业无论在产业规模还是服务水平上，还远远不能达到消费者的要求、满足消费者的需求。婚庆市场的无序发展与巨大的产业链条形成了鲜明对比。总

① 徐雪.关于我国婚庆产业发展现状的文献综述[EB/OL].[2012-04-02].http://wenku.baidu.com/link?url=l0CHUQRVo_JchuYn_d8TIwvCJjp17-l5fui-kF8lTXtOVFxDAMHqOFoCjsjohXssWGHjlw7bPWUDGIgR67Ih9sbmyeiWG-FnIovRNE9gjKm.

体来说，婚姻庆典服务行业发展尚处在成长期。一方面，婚姻庆典服务行业呈现出发展格局不平衡，“南（方）冷北（方）热”，另一方面，婚庆市场无序竞争、低端服务仍占据主流，婚庆业的“红色投诉”逐渐攀升，许多新人对新婚消费充满不信任，调查显示，对婚庆公司表示基本满意的仅占10%左右。这些问题就其内因而言，婚礼文化概念陈旧、行业品牌意识淡漠，行业发展游离世界时尚潮流之外等人为因素是制约行业发展的根本。就外在因素而言，相关政策、管理仍需进一步到位，高层次策划、资金投入少，也制约了行业发展进入健康、红火、可持续的轨道。从行业规律看，婚庆市场洗牌在即，亟须出现强势品牌来提升服务质量。具体来说，婚姻庆典服务行业存在的问题主要有以下几方面：

1. 婚姻庆典服务同质化，不能满足个性化需求

就目前而言，大部分婚姻庆典公司提供的都是婚礼策划、花车、婚礼主持、婚礼摄影摄像等几项基本的服务，服务内容也基本上大同小异，并且服务中包含的文化含量不高，婚礼缺少个性和创意。这些原因造成各家婚姻庆典公司提供服务的区分度不大，只能在价格上“断杀”，低价恶性竞争。在这个充满个性张扬的 21 世纪，多数婚姻庆典公司提供的服务无疑不能获得消费者的赞扬，更不能形成品牌效应。

婚姻服务内容单一，机械化制作严重，打造的婚礼千篇一律，没有足够重视消费者的个性需求。

2. 婚姻庆典服务投诉日益增加，诚信问题严重

婚姻庆典公司在诚信上也存在较大的问题，投诉只升不降。比如，有的婚庆公司在广告上说“有自己的车队”“有新款加长车”等，其实所有的车都是临时雇用别人的，有的是公车，有的甚至是改装车，看起来非常豪华体面，但其实多半是用二手旧车改装的。一些婚庆公司为了赚取高额利润，低价购置一些车龄很长的破旧的名牌轿车，私下改装给车做“拉长”手术：将车从中间切开，人为加长车轴和底盘，再焊接好车厢和车门，最后喷漆，花费不过几万元，“改”出来的加长车从外形上根本无法认出来。这种花几千块钱租下这样的“加长豪华车”，却具有非常大的危险性。另外，还有的公司为了吸引顾客，甚至打出低于成本的价格“一辆奔驰车 500 元”的广告，连成本都收不回。因此，公司老板必然通过以假换真，以次充好的方法压缩正常成本，或干脆从别的服务项目中弥补损失。还有烘托喜庆气氛的婚礼装饰鲜花，其中也是暗藏玄机。婚庆协议上注明的是空运鲜花，而到了婚礼现场却变成了本市就地取材的鲜花，这种现象并不罕见。[①]

阅读材料

婚庆服务起纠纷 法官庭后来支招[②]

随着生活条件的日益改善，越来越多的新人选择由婚庆公司来打理自己的婚宴，婚庆服务已渐渐融入人们的生活。然而随着婚庆市场的繁荣，婚庆服务纠纷也随之产生。近日，宜兴市人民

---

① 佚名. 婚庆市场：“甜蜜”之中有点“涩”[EB/OL]. 福建之窗，2005（11）：23. www.66163.com.

② 余浩，邹祎.婚庆服务起纠纷法官庭后来支招[EB/OL].[2015-12-18]. http://www.js.xinhuanet.com/2015-12/18/c_1117507930.htm.

法院经济开发区法庭开庭审理了一起婚庆服务合同纠纷，并当庭调解，宜兴市婚庆行业协会的16名会员自发前来参加旁听。

原告某婚庆服务部承接了被告孙某的婚礼筹划业务。双方签订了服务合同，对场地布置、灯光摄影等项目做出了约定，此后孙某根据要求预付了60%的款项，但在婚礼结束后却表示对服务并不满意，因此拒付尾款，从而引发诉讼。通过庭前了解，承办法官得知双方当事人争议焦点其实并不在服务本身，而是双方因沟通不善产生了一定程度的误解和矛盾。于是，开庭当日，法官注重调解，分别指出原被告双方在履行合同中存在的问题，希望双方换位思考，互谅互让，不要让喜庆的婚事以后回忆起来变成烦心事。经过耐心细致的说理，最终双方达成调解协议。

目前，婚庆行业合同文本格式化情形较重，关于服务项目的列举不够明确规范，后续随意添加涂改合同文本等情况也容易导致发生争议后法律关系难以查清。因此，法官建议婚庆行业应重视对合同文本的规范草拟，学习相关法律知识，避免法律纠纷的出现。此外，婚庆安排中，商家与客户多用短信、微信沟通，这些电子证据都可以作为定案的依据，因此在沟通过程中应注意方式方法，正确清晰地表达自己的意思，并努力提高自身服务的态度和质量，赢得顾客的信任。

3. 婚姻庆典服务行业的门槛很低，机构良莠不齐

婚姻庆典服务行业的门槛很低。有人曾说，几句台面话、一台摄像机、一点操作技术、三五个人便可成立一家婚庆公司。就目前婚庆企业的现状而言，成立一家婚庆公司也仅需三五人的策划及实施团队，投资成本在10万元左右，通过专业书籍，短期专业培训，就可以开张了。总体而言，中国结婚产业中的主要企业规模较小，并且从业经营者水平参差不齐，从从业平均人数来看，全国各城市的婚庆企业的平均从业人员均很少，婚礼策划企业平均每家从业人员10人左右，婚纱摄影企业平均每家40～60人，一些婚庆公司甚至只有一间办公室到处联系分项服务。尽管婚纱礼服生产企业具有大中型企业，但除中国潮州、厦门等大型生产基地外，手工定制和家庭作坊式的小型企业还是占大多数。婚庆用品批发市场起步较晚，与消费需求有一定的差距，近年来北京、上海、苏州等地在政府的政策导向下开始新建各类婚庆用品批发市场的建设，新市场建设热开始升温，新建婚庆市场多数以摄影器材和婚纱礼物为主题，面积基本在2万平米以下，以中小型市场为主。①

4. 婚姻庆典服务市场的管理缺少与之配套的相关法规，行业标准仍需完善

当前的大多数婚姻庆典服务机构都是民营企业，或者国有企业的三产。婚庆公司参差不齐，缺少管理规范。婚庆公司的软硬件没有具体的要求，婚庆公司的管理人员也没有相关资质的认定，婚庆市场的管理还缺少与之配套的法律法规。

比如，婚礼仪式主持人，在婚礼现场，主持人可以说是整场婚礼的灵魂人物，主持人本身的策划能力、语言表达能力、素质修养、文化底蕴往往能够决定一场婚宴的品质，同时也体现了新人的品位和素养，但是却往往能看到婚庆市场上“金牌司仪”随便定的现象。如今许多新人热衷于请“金牌司仪”主持婚礼，感觉“金牌司仪”有品质保障，不少婚庆公司也是在新人面前竭力推荐“金牌司仪”的卓越之处。然而，“金牌司仪”并没有严格的统一标准。婚庆公司仅仅根据

① 唐吉，范莺莺．当前我国婚庆市场的现状与思考[EB/OL].[2009-06-16]. http://www.doc88.com/p-58130355568.html.

消费者的需求任意变更。如果消费者提出比较高的要求，婚庆公司可以把“普通主持人”说成是“金牌主持人”。再如，婚礼现场的另一重要角色——婚礼摄像师，婚礼摄像应该拍哪些内容、拍多长时间、从何时开始拍，用什么型号的摄像机等也都没有规定，全凭摄像师自由决定。[①]

5. 标价意识不强，价格缺乏透明度

当前婚庆市场定价随意性比较大。尽管各个公司都有一定的服务项目收费标准，但很多都没有进行明码标价，也没有在公司的醒目位置加以公示，消费者不能完全了解服务内容以及市场行情，信息的不对称导致发生漫天要价的情况，同时也导致了市场竞争的失序，价格战时有发生。

6. 行业企业多数规模较小，从业者水平参差不齐

目前，婚庆行业中的企业还是以小公司为主，很多经营婚庆业务的公司还处在“小打小闹”阶段。而在从业平均人数来看，全国各城市的婚庆行业平均从业人员均较少，并且缺乏专业的培训以及权威的职业资格认证，严重阻碍了行业整体服务水平的提升。

目前，从事婚姻庆典服务的工作人员普遍学历不高，且多为兼职。以婚礼主持人为例，很多婚礼主持人并没有经过培训,只是在每个场合重复背诵网上就能下载的台词。一些主持人根本不懂婚礼婚俗。诸如“结束”“用掌声送新人一程”“二鞠躬”等这些婚礼避讳的用语经常能在婚礼上听到。他们对婚礼文化也缺乏认识，有的婚礼上竟然以“梁祝”“泰坦尼克号”的旋律为背景。再如花艺，婚礼现场用的鲜花经常不伦不类，由于婚姻庆典服务的工作人员对各种花语缺乏深刻的认识，鲜花往往达不到烘托主题的目的。

从业人员直接为消费者提供服务，代表着婚庆服务行业的形象。消费者对婚庆服务质量存在异议，从业人员素质偏低是主要原因之一。

目前的婚庆从业人员主要分三部分：

① 公司经营者：此类人员有丰富的营销与管理经验，有丰富的行业经验与专业能力，属于从业人员的管理者，主要负责公司业务、经营管理等方面，较少参与具体业务服务。

② 专职从业人员：此类多数人员没有较高学历，缺少系统的专业知识及基本素质的培训，往往通过私营培训机构的短期培训，虽有一定的从业经验，但整体素质有待提高。其中，少数专职人员甚至缺乏基本的婚俗知识，服务态度较差，以推销盈利为目标，严重影响了行业人员的形象。

③ 兼职的专业人才：此类人员往往具有较高学历或声誉较高，不受聘于固定的公司，多以“走穴”形式进行婚庆服务，如明星司仪、金牌主持。此类对婚庆行业的认同度低，与婚庆公司是合作关系，按比例分成，甚至是包场的短期合作，造成素质较高的兼职人员独立性较强、与相关婚庆服务人员沟通较少，是导致婚庆服务质量出现异议的主要原因。

7. 婚庆互联网+发展遇到瓶颈，婚礼 O2O 业务推进困难

2014 年以来，随着国家“互联网＋”战略的实施，婚庆行业的互联网化速度加快，婚礼 O2O 业务蓬勃发展，但是与其他涉足 O2O 业务的行业不同，婚庆行业的互联网化遇到了发展瓶颈。

① 婚庆服务是单频次消费。单频次消费意味着优质服务也很难让消费者形成二次消费。因

① 唐吉，范莺莺．当前我国婚庆市场的现状与思考[EB OL].[2009-06-16].http://www.doc88.com/p-58130355568.html.

此，婚庆企业须不断地获取新用户，获取成本较高。

② 婚庆服务的高额成本压缩了利润空间。店铺租金、原材料及人力成本不断上涨，竞争日益增强，用户获取成本逐渐成为婚庆企业成本的主要部分。

③ 婚礼服务难以标准化，信息不对称。消费者需求的差异化导致婚庆服务很难完全标准化；部分商家为了维持高利润，在服务难以标准化的环境下会选择维持信息不对称，这导致消费者消费体验差，对婚庆行业评价不高。

④ 本地服务属性强，扩张经营难度大。地域间文化习俗的不同导致婚庆服务也有所差异。因此，线上平台在不同地域需选择不同的摄影、婚宴等合作方，拓展服务范围覆盖全国的难度加大。

任务3

婚姻庆典服务的行业发展

中国社会工作协会婚庆行业委员会总干事史康宁则认为中国结婚产业的巨大潜在市场，其产业规模不可限量。虽然现在我国婚庆市场还存在这样或那样的弊端，在未来的日子里，一方面将填补中国当下婚庆市场缺乏著名品牌和核心竞争力的问题，另一方面可重新整合各类婚庆服务行业和产品，形成自身的品牌文化和消费文化，从而打造出该品牌、企业和产业的核心竞争力。随着传统文化越来越多地得到重视，随着人们对婚礼文化内涵的需求，随着人们不满足于粗糙艺术形式的婚庆产品，合卺品牌必将以自己深厚的文化内涵和瑰丽的艺术魅力赢得消费者的青睐，逐渐成为婚庆文化内涵和艺术魅力的符号代表，在消费者中建立自己的品牌文化的品牌认同，最终形成以之为核心的综合竞争力，在婚庆市场中引领潮流。这样一种通过经济方式对传统文化的发掘和塑造，其实也就是传统文化新时代新环境下的演变和沿袭，也就是文化的创新，这种创新是中国文化自主性建设的重要一环，也是中国在全球经济一体化局面之下打造自身文化竞争力提高综合国力的重要步骤①。

知识点1 婚姻庆典服务发展的总趋势

21世纪的婚庆消费市场的发展将会是摄影摄像器材、婚纱摄影、婚礼庆典服务、婚宴酒席、珠宝首饰、家电家具、床上用品、室内装修等结婚辐射行业与婚庆公司的强强联手，逐步形成令人瞩目的婚庆产业链。婚姻庆典服务行业要把握好市场脉搏，提升文化内涵，开发出符合市场的商品。业内专家认为，要提高婚庆产品和服务质量，行业之间的强强联合是一条正确的出路。在未来几年内，不同类别的服务机构应汲取对方服务理念精髓、发挥多方行业优势、共享多方行业资源、互补行业局限性，婚庆行业上下游企业间应该增加交流和整合，丰富服务品种，从而为结婚新人提供方便、全面、周到、细致的婚礼服务。并且，婚庆行业应打破无序竞争，充分利用资源，跨行业联盟将是一个必然趋势。多种文化的融合将紧密结合，婚礼形式也将更多样、更时尚更富有个性，时尚多样的婚礼形式将成为都市婚礼形式发展的主流。千篇一律、模式化、套路化的婚礼现象要逐步被多样化、个性化的婚礼形式替代。

---

① 鲍宗豪.婚俗与中国传统文化[M].南宁：广西师范大学出版社，2006.

知识点 2　未来婚姻庆典服务业发展方向

具体而言，婚姻庆典行业的发展应做到几下几方面：

1. 婚庆服务机构更加专业化、规模化

由于婚庆服务业是一个新兴的服务行业且具有很强的地域性特点，全国性的婚庆产业品牌尚未形成，一批婚庆服务类企业仍然会注重婚庆服务的品质、市场占有率和品牌推广力的提升，从而取得地域性知名婚庆服务品牌的美誉。

“作坊式”的婚庆服务企业将被专业化、规模化的婚庆服务机构取而代之。在未来不久，优势婚庆企业将主导行业的整合，四川某婚姻交友平台项目就在投融界 VIP 投资发展沙龙活动中成功得到了资金方的投资，从格局上完全打破了之前的传统服务机构，使后续的产业盈利水平更上一层楼。

婚姻庆典行业内“强强联合”、资源整合，品牌连锁机构引领行业发展。婚庆公司、饭店、影楼、租车公司联手做婚庆，不但能规范这个市场的运作，还能共同把这个市场做大，从中获取自己的一杯甜羹。婚姻庆典公司明显体现这种相互依存的情况，如花嫁喜铺边上就林立着大大小小 20 多家婚庆公司，碰到结婚旺季，一家公司一天顶多接几百对，推掉的业务就被边上的婚庆公司接下，它们各自的资源也可以进行有偿调配。

另外，品牌也应是婚姻庆典行业应注重的。尽管真正全国性婚姻庆典品牌各地尚未形成，但一批在当地市场份额大、具有竞争优势的行业领先企业，正在逐渐形成行业品牌，优势企业主导的行业整合将提升市场集中度和行业整体盈利水平。近年来在北京、上海、广州、深圳等新婚消费能力很强的地区，已经出现了连锁经营的服务企业，这涉及婚纱礼服、婚纱摄影、婚礼服务等方面。例如，色色摄影、金夫人摄影等知名影楼早就实现了全国连锁、本地分区布点的格局。

2. 行业服务质量不断提高，提供婚礼服务定制化服务

随着 80 后、90 后人群进入适婚的年龄，个性化、多样性的婚庆消费将逐渐成为主流。这批新人大多具有自主性强、不随大流、接受新事物快的个性特点，定制婚礼服务将受到市场更多的青睐，“私人订制”的婚礼形式将成为婚庆服务市场的新选择和新潮流。定制婚礼不只是对婚礼视觉层面的改变，更有对精神层面的挖掘，在婚礼流程、举办环节设置上将得到充分的体现，一些摒弃常规环节、融入新式内涵的全新婚礼形式将会在新人消费者的婚礼上得到新的呈现。而“蜜月定制”、目的地婚礼、公益婚姻大讲堂等均可融入全套婚庆定制服务。婚庆服务产品品种的开发，充分满足新人消费者的需求，是有待开发的“新蓝海”。

由于现在的结婚新人对婚礼的消费观念发生了很大变化，他们渐渐忽略物质婚礼的层面，不注重吃，更注重精神层面。因此，婚姻庆典服务机构必须不断提高服务质量，策划出别具风格的服务，否则就可能驾驭不了这个市场。

3. 婚庆业务往更多元化、时尚化，拓宽增值业务开始尝试，形态逐渐多元

婚庆服务经历了从民间乡宴，到酒店宴会，到酒店提供司仪和气球装饰，到出现专业做婚庆布置、婚车租赁和录像跟拍的早期婚庆店，到以策划设计布展为主的专业婚庆公司，到出现围绕

婚庆业务的四大金刚及婚庆供应链团队，乃至婚庆公司培养出的人才流入社会成为独立婚礼人，经历了大约 10 年的高速发展。

近几年婚庆市场有了新变化，酒店已经开始进军婚庆业务，而婚礼酒店、一站式婚礼会馆、婚礼堂也在这一两年中集中出现。无论是依靠酒店获客，还是依靠其他途径获客后到酒店执行的“上门服务”型婚庆公司都面临巨大竞争压力，轻资产重运营的传统生产作业模式意味着不可取代价值在降低。90 后的新人对传统酒宴宾客的习俗、为别人花钱的婚庆布置和表演给别人看的创意婚礼仪式流程越来越不重视。为 90 后新人设计婚礼越来越难，传统的婚庆公司适时要考虑改变婚礼围绕婚宴的婚礼庆典设计思路，往更多元化、时尚化，拓宽增值业务开始尝试，慢慢将运作成熟的增值业务过渡为主营业务，寻找转型方向。

4. 随着婚庆产业资源的重组和并购，传统婚嫁产业铁三角将被打破

在过去的十年中，影楼、婚庆、酒店形成了婚嫁产业的铁三角，影楼客流量最大，酒店抢占核心资源，婚庆公司资产最轻，负责整合业态，同时牵制了一条漫长的产业链，试图垄断对客户的话语权。影楼和酒店都曾经是婚庆的获客渠道，但婚庆最终必须在酒店实施服务，影楼无法直接与酒店产生合作，中间隔着一个婚宴现场的服务。

这种局面正在打破，在产能过剩的情况下，资源的重组和并购显然是最有效的解决方案，婚庆公司的地位受到影响。影楼也可以做婚庆，酒店也可以做婚庆，一旦婚庆这道横在酒店和影楼之间的最后一道隔阂被打破，那么影楼便可以直接和酒店建立合作。

影楼有客源，可以与几家酒店合作，把客户带到酒店去做婚庆；影楼没有婚庆服务，但是可以介绍客户给酒店，获取返佣。于是，三足鼎立变成了两强联手，婚庆公司被挤出。

5. 政府更加重视婚礼文化，制定和完善行业规范

对于日益壮大的婚庆市场，政府相关部门也应加强管理，如对婚庆公司从审批注册到管理，从等级到价位，都应该有一套相应的规定和措施，并且严格把关，规范运作。要树立品牌意识，增强整个产业链的吸引力，树立行业整体信誉形象。

6. 婚礼 O2O 模式逐步完善，促进婚庆产业链不断成熟、完善

O2O 模式能够将线上、线下的资源进行紧密连接，促进婚庆产业链不断成熟、完善。未来婚庆产业的发展趋势主要是社交化发展和垂直化发展，一方面这有利于促进婚庆企业引流和二次开发，扩大盈利空间；另一方面行业发展到一定阶段后，企业将进行精细化发展，专业程度日益增强。

未来婚恋 O2O 需要在以下几方面深耕，才能挖掘出巨大的商机。一是向纵深社交化发展。对于婚恋 O2O 平台而言，下一步要以婚恋为基础，做进一步社交化的深耕，例如教育准新郎们如何准备婚礼，让新娘克服婚前恐惧症，教会准妈妈如何做好孕期健康，从而构建起由婚恋向亲子的社交过渡；二是产业上下游商品化建设。对于婚恋平台而言，其天生就有着婚庆平台发展的基础，在婚恋平台上相识相知的新人，也能很轻松地实现在婚恋平台的购物引流。因此，有婚恋平台向婚庆摄影、婚礼筹备、蜜月旅行等电商发展的潜力巨大，以婚恋为基础的电子商务可以说是未来婚庆平台发展的重要契机；三是婚庆服务业的发展。除了社交、婚庆电商等手段以外，婚庆服务业也可谓是婚恋平台发展的重要方向，与可以明码标价的商品不同，婚庆服务业的拓展空

间更大，小到婚庆司仪的聘请、婚礼摄影的跟踪、婚纱照的拍摄、大到婚礼现场的设置、蜜月旅行的计划等。

7. “一站式”婚庆服务悄然兴起

“一站式”婚庆服务在中国一些富裕的地区兴起，服务集婚礼策划、婚纱摄影、新婚庆典、婚宴酒席、蜜月旅游、婚纱礼服、珠宝玉器、喜烟喜酒喜糖等婚庆供应链各环节为一体，很大程度上方便和满足了新人消费者的比价需求和消费需求。“一站式”服务将成为婚庆消费的新业态，并为未来婚庆行业注入新的发展生机。

回望过去，婚庆行业的企业都在逐年实现新型消费观下带来的商业价值，带动旅游、酒店、汽车等衍生产业链的区域发展。展望未来，经营思路的多元化、消费理念的引导、商业模式的归类以及行业资源的整合、延伸与扩充，都将助力婚庆行业的企业不断向前发展。

项目小结

婚姻庆典服务行业存在的问题：①婚姻庆典服务同质化，不能满足个性化需求；②婚姻庆典服务投诉日益增加，诚信问题严重；③婚姻庆典服务机构良莠不齐；④婚姻庆典服务行业标准欠缺；⑤婚姻庆典服务产业资源亟待整合；⑥婚姻庆典服务从业人员素质偏低；⑦婚庆互“联网+”发展遇到瓶颈。

作为一名合格的婚庆服务人员至少应具备以下素质：①顾客至上的服务精神；②扎实全面的专业技能；③爱岗敬业的职业道德；④积极沟通的协作意识；⑤不断创新的学习意识。

婚姻庆典服务发展的具体措施：①婚姻庆典行业内“强强联合”、资源整合，品牌连锁机构引领行业发展；②行业服务质量不断提高，提供的新婚消费产品和服务更加丰富；③政府应更加重视婚庆文化，制定和完善新婚消费行业规范。④婚庆业务形态逐渐多元；⑤传统婚嫁产业铁三角将被打破；⑥婚礼 O2O 模式逐步完善。

能力检测

一、思考题

1. 简述婚姻庆典服务行业的发展现状。
2. 简述婚姻庆典服务行业面临的主要问题。
3. 简述婚姻庆典服务行业发展的具体方向。

二、实训题

实训项目：课后阅读并写出读后感

实训目的：

1. 增加对婚姻庆典服务行业的消费对象的了解。
2. 对婚姻庆典服务行业的发展趋势提出独特见解。

实训内容：

阅读本章所附的“推荐阅读”《婚礼费用平均 13 万 世俗观致 80 后“奢婚”？》并写出 500～1 000 字

的读后感。

完成任务：

1. 撰写读后感。

2. 小组分享。

推荐阅读

婚礼费用平均13万 世俗观致80后“奢婚”？

文章来源：文汇报，2010-02-11，顾一琼

越买越大的钻石、越送越厚的红包、越办越奢华的婚礼……我们需要通过奢华婚礼来验证爱情吗？

某网络论坛上一则关于“新结婚时代，你会选择‘奢婚’还是‘裸婚’”的帖子引发了大家对“80后”婚礼的关注。就此，上海青年研究中心通过个案访谈、抽样调查形式，对“80后”新人婚礼状况进行调查。结果显示，不少年轻人选择“奢婚”是迫于无奈，“奢婚”背后背负着重重压力。

仅靠自己难办体面婚礼

2010年是世博年，据市婚庆行业协会及婚姻登记部门调查，预计至少有15万对新人举行婚礼，再创历史新高。然而，结一次婚究竟要投入多少精力和财力？

平均13万元（不包括婚房、装修、买车等费用）！这是来自沪上某大型婚庆公司的统计数据。这13万元主要用于珠宝、礼服、婚庆公司、婚宴、摄影、蜜月等。调查中，几乎所有被访者都表示，如果没有父母支撑，仅靠自己，很难办起一场体面的婚礼。

“家庭面子”在作祟

“选择举办奢华婚礼，更重要的是为家庭争面子”，调查中，抱有这样态度的新人不在少数。很多新人宁愿自己婚前婚后的生活节俭一些，也要为了家庭面子而举办一场风风光光的豪华婚礼。在这方面，父母态度对新人的影响很大。调查中，不少新人尽管在理性上不认同“奢婚”，但在父母及长辈的要求下只能选择风光一场。

调查中发现，不少“80后”新人的内心更倾向于旅行结婚或举办简单酒席。当被问及“撇开社会婚俗习惯或父母意见，你更愿意以怎样的方式结婚时”，1/4的人选择“直接领证即可”，1/4的人选择“旅行结婚”，还有1/3的人选择“简单的酒席”，没有任何一对选择“奢婚”。

不要背上“甜蜜的负担”

压力之下，也有少数年轻人选择了“裸婚”——即不买房、不买车、不办婚礼、不买婚戒，只花几块钱去登记领一张结婚证。但这样的结婚形式也遭到了诟病，一些社会学家认为过于偏激，是对结婚本身的不尊重、不负责。

面对纷扰的物质社会和传统世俗观，“80后”究竟该怎样选择？青年研究中心的黄洪基指出，婚礼是一种宣示，标志着一个新家庭的诞生。应该根据自己的实际情况来办一场真正适合自己的婚礼，应该重视的是自己的感受，不要因为“奢婚”而背上“甜蜜的负担”。在能力范围内，奢华也好、简单也好，都会成为美好的记忆。

附　录

国家标准《婚姻庆典服务》（GB/T 23860—2009）

前　言

本标准由中华人民共和国民政部提出。

本标准由全国婚庆婚介标准化技术委员会归口。

本标准起草单位：中国社会工作协会婚庆行业委员会、四川省社会科学院。

本标准附录 A 为规范性附录。

本标准为首次制定发布。

引　言

婚姻庆典服务行业在我国是一个古老而时尚的发展中的行业。近代的婚姻庆典业是国民经济中关系人民生活美好、和谐的一个重要服务行业。

婚姻庆典服务机构为更好的满足顾客要求，应在服务程序、服务质量上进一步提高，做到有序经营、有章可循，使顾客的权益得到有效保障。

婚姻庆典服务

1　范围

本标准规定了婚姻庆典服务应遵循的基本原则以及制度建设、制度保障、服务过程及安全卫生、服务质量改进方面的要求。

本标准适用于从事婚姻庆典服务的各类机构。

2　规范性引用文件

下列文件中的条款通过本标准的引用而成为本标准的条款。凡是注日期的引用文件，其随后所有的修改单（不包括勘误的内容）或修订版均不适用于本标准，然而，鼓励根据本标准达成协议的各方研究是否可使用这些文件的最新版本。凡是不注日期的引用文件，其最新版本适用于本标准。

GB/T 19001　质量管理体系要求

GB/T2912.1　纺织品甲醛的测定

GB/T7573　纺织品　水萃取液 pH 值的测定

GB 16153—1996　饭馆（餐厅）卫生标准

BB 0046　气雾彩带

3　术语及定义

下列术语及定义适用于本标准。

3.1

婚姻庆典服务　wedding ceremony service

为婚姻庆典提供的全过程的服务。

3.2

婚姻庆典服务机构　wedding ceremony service provider

从事婚姻庆典服务业务的法人机构。

4　基本原则

a）婚姻庆典服务机构应根据 GB/T 19001 相关要求，建立婚姻庆典服务质量管理体系；

b）婚姻庆典机构在服务中应倡导健康、文明的婚姻庆典形式，尊重各民族婚礼文化习俗；

c）婚姻庆典机构服务人员应遵守良好的职业道德，树立诚实守信、爱岗敬业的服务意识。

5　制度建设

5.1　管理承诺

婚姻庆典服务机构的最高管理者应根据 GB/T 19001 的规定，建立和实施服务质量管理体系，建立服务管理体系应满足以下目的和要求：

——确立服务质量方针、目标；

——强调满足顾客需求的重要性；

——确保资源的合理利用；

——进行管理评审。

5.2　服务质量方针

婚姻庆典服务机构最高管理者应确保服务质量方针：

——与婚姻庆典服务机构的宗旨相适应；

——与顾客需求相适应；

——在婚姻庆典服务机构内得到认知和遵守；

——根据机构宗旨及顾客需求，做出适时修改和完善。

5.3　管理职责

5.3.1　最高管理者

婚姻庆典服务机构最高管理者的职责和权限：

——建立机构的服务质量管理体系；

——提出制定服务质量管理体系的文件的要求；

——确保服务质量管理体系的实施；

——听取相关部门的汇报和建议，对服务质量管理体系进行改进。

5.3.2　服务质量管理部门

婚姻庆典服务机构的最高管理者应设置质量管理部门，明确服务质量管理的负责人，并应具有以下方面的职责和权利：

a）直接受机构最高管理者领导，负责服务质量管理体系的贯彻和执行；

b）监督相关部门服务质量管理体系的实施；

c）向最高管理者汇报服务质量管理体系的落实情况；

d）向最高管理者提出服务质量管理体系需要改进的建议。

5.3.3　相关部门

婚姻庆典服务机构的相关各部门人员应明确其职责，以保证服务质量管理体系在机构内的实施，应具有以下方面的职责：

a）确保服务质量管理体系得到实施；

b）提高服务意识，满足顾客需求；

c）向质量管理部门汇报执行服务质量管理体系的情况；

d）向质量管理部门提出改进服务质量管理体系的建议。

5.4　内部沟通

最高管理者应在服务机构内建立沟通机制，可以建立一个正式或非正式的交流制度，使员工有更多的机会与管理层沟通，内部沟通应注重：

——使员工理解服务机构的管理制度、服务规范；

——定期听取服务质量管理负责人的汇报；

——向员工传达服务质量会议的内容；

——管理层向员工传授与顾客沟通与互动的技巧；

——提供一个能够促进内部良好沟通的场所等。

5.5　顾客沟通

婚姻庆典服务机构应在举办婚姻庆典前，与顾客进行沟通，沟通的方法包括：

——听取顾客对婚姻庆典的要求和建议；

——对婚姻庆典现场勘查；

——婚礼程序策划的建议；

——婚礼彩排等。

5.6　工作文件要求

婚姻庆典服务机构应建立服务质量管理体系的文件包括：

——服务质量方针和质量目标；

——服务产品的管理制度；

——服务质量手册；

——服务质量记录制度；

——服务人员的执业资格证书；

——安全管理制度

——档案管理制度；

——保密制度；

——员工培训制度；

——应急预案。

5.6.1　质量手册

婚姻庆典服务机构应编制并不断完善服务质量管理手册。服务质量管理手册的内容应包括：

——服务质量管理体系的范围；

——服务的操作程序；

——服务过程和效果的质量要求；

——服务质量监督措施等。

5.6.2　档案管理

婚姻庆典服务机构应建立档案管理制度。其内容包括：

——服务机构经营档案的管理；

——员工档案资料的管理；

——顾客档案资料的管理；

——服务过程详细记录的资料管理；

——顾客建议或投诉的资料管理等。

5.7　管理评审

5.7.1　评审信息

婚姻庆典服务机构应在服务质量管理体系中规定评审的时间。

管理评审应包括以下方面的信息：

——顾客的反馈意见；

——婚姻庆典场所是否满足不同顾客的需求；

——服务过程中出现的问题；

——改进服务方法的建议；

——预防和纠正措施的效果；

——参考以往管理评审的记录等。

5.7.2　评审

管理评审的结果应包括以下方面的改进措施：

a）服务质量管理体系的改进；

b）与顾客需求有关的服务和产品的改进；

c）人力、设备、设施等资源的补充等。

6　制度保障

6.1　资源提供

婚姻庆典服务机构应配置充分、适宜的资源，这些资源包括：

a）人力资源；

b）场所、设施、设备、器材；

c）工作环境等。

6.2　人力资源

6.2.1　人员

婚姻庆典服务机构应将人力资源的开发、培训作为重要内容之一，员工应能胜任其职责要求。婚姻庆典服务机构人力资源的保障应包括：

——确定婚姻庆典的相关工作人员的基本能力要求；
——婚姻庆典礼仪服务人员应持有相关执业资格证书；
——上岗前的招聘、岗前培训、短期实习；
——定期培训；
——培训记录等。

6.2.2　培训

婚姻庆典服务机构应建立培训制度，包括：

a）建立以提高员工素质为目的的员工培训、考核制度；
b）培训时间以月度为宜，并应及时更新培训教材；
c）员工应接受消防安全、环境保护等方面的知识和技能的培训；
d）可采取参加业务培训班、请专家授课等方式；
e）每次的业务培训应有记录。

6.2.2.1　培训内容

——婚俗文化知识和礼仪知识；
——服务意识和职业化；
——营销心理学；
——沟通技巧；
——案例分析等。

6.2.2.2　培训方式

——集体培训和单独指导相结合。

6.3　基础设施

婚姻庆典服务机构应包括：

a）工作场所和相关的设施：
—— 接待室、办公室、化妆间、卫生间、制作间及仓库等；
b）应具备设备、器材：
—— 计算机、办公设备、电话、对讲机、道具及运输手段等。

6.4　工作环境

婚姻庆典服务机构应建立有利于提高服务质量的工作环境，婚姻庆典场所的装饰、照明、安全、卫生要求应符合相应国家标准的规定。

良好的工作环境包括：

——员工对企业文化的认知；
——安全、卫生、舒适的办公环境；
——员工之间和谐的人际关系等。

7　服务过程及安全卫生要求

7.1　服务过程

婚姻庆典服务机构应做到：

a）具备婚姻庆典服务的资质许可；
b）妥善保存顾客的所有档案资料；

c）员工着正装或着本机构的统一服装，佩带工牌上岗；

d）员工熟悉本机构的服务项目、收费标准、工作程序及工作要求，在接待时使用文明规范的语言；

e）在经营场所内公示本机构的服务项目、服务人员，明码收费标准；

f）婚礼的策划宜由专业婚礼策划人员承担，策划人员要充分了解顾客对婚礼的需求，根据其要求在本机构服务项目的基础上为其策划婚礼；

g）婚礼中使用符合质量要求的设备、设施，专职人员在婚礼进行前认真检查所使用的设备、设施，确保正常使用；

h）制作的婚礼影像制品（含照片、录像带、光盘等）的内容，满足顾客在婚礼前提出的经双方协商一致的要求；

i）制作的婚礼音像制品保证质量，并在规定的时间内交付给顾客，交付时可向顾客演示音像制品的内容，交付的同时将录制过程中的所有原始资料（包括底片、录像带、数码资料等）一并交付顾客；

j）与顾客明确服务项目、服务标准及服务价格后，与顾客签订婚礼服务合同，婚礼服务合同格式见规范性附录 A；

k）及时准确的记录顾客反馈意见，包括顾客的抱怨，所采取的弥补措施及改进方案应有明确记录。

7.2　产品安全、卫生

婚姻庆典服务机构在服务中应采取安全措施，使用符合产品安全卫生标准的婚礼用品、婚礼道具及婚车。

7.2.1　安全措施

婚姻庆典服务机构在提供服务过程中，应采取有效措施，保证安全，保护环境，防止各类事故的发生。

——制定现场安全保卫及保护环境的措施；

——制定现场应急预案；

——指派专职人员负责现场的安全、消防等工作等。

7.2.2　婚纱

婚姻庆典服务机构有经营婚纱业务的应设有专门的婚纱试衣间，婚纱安全、卫生要求应符合 GB/T 2912.1、GB/T 7573 的相关要求。

7.2.3　婚车

婚姻庆典服务机构在婚礼中使用的车辆应确保机械运转正常，安全行驶；应保证车辆干净整洁。

7.2.4　婚礼餐饮

婚礼餐饮食品卫生要求应符合 GB 16153—1996 的相关要求。

7.2.5 喷雾剂产品

使用喷雾剂产品时应根据 BB 0046 相关要求使用。

8　服务质量的改进

8.1　总则

婚姻庆典服务机构应对服务质量进行监督、分析和改进：

——确保符合服务质量管理体系的要求；

——确保服务质量管理体系适应顾客需求，并根据顾客需求不断改进以保证服务质量管理体系的有效性。

8.2　监督

8.2.1　顾客满意度

婚姻庆典服务机构应监督顾客对服务质量的满意程度，根据满意程度的高低进行服务质量的改进。

8.2.2　内部审核

婚姻庆典服务机构应按规定的时间间隔进行内部审核，以确定服务质量管理体系：

a）是否符合机构宗旨及顾客需求；

b）是否得到有效实施；

c）应制定审核方案，宜以月度审核为标准，规定审核内容、范围、时间和方法。

8.3　分析

婚姻庆典服务机构应采用适宜的方法对服务质量管理体系过程进行跟踪，以证实达到了所预期的结果。当未能达到所预期的结果时，应采取适当的纠正措施，确保服务及产品符合顾客的需求。

a）自我评价

婚姻庆典服务机构应在质量管理体系中规定自我评价的方法。

b）顾客评价

婚姻庆典服务机构应采用顾客满意度调查等形式对服务质量、服务方式、服务效果进行顾客评价。

c）社会评价

婚姻庆典机构应经常关注和倾听来自消费者组织、行业组织、质量技术监督部门对婚姻庆典机构服务质量的意见和建议。

8.4　改进

8.4.1　持续改进

婚姻庆典服务机构应利用质量方针、质量目标、数据分析、纠正和预防措施以及管理评审审核结果；根据定期、不定期的自我评价、顾客评价和社会评价，对本机构的服务提出改进措施。

8.4.2　纠正措施

婚姻庆典服务机构应采取措施，消除不合格的服务，并防止再次发生不合格的服务。

纠正措施应包括以下方面的要求：

——评审不合格的服务及顾客的抱怨；

——确定不合格的服务及原因；

——根据不合格的服务及原因，制定纠正措施的方案并实施；

——采取纠正措施的结果要有详细记录。

8.4.3　预防措施

婚姻庆典服务机构应采取措施，防止不合格服务的发生，其内容包括以下方面的要求：

——制定预防措施；

——消除引起不合格服务的潜在质量因素；

——所采取措施的结果要有详细记录；

——分析所采取的预防措施的效果；

——评审防止不合格服务的措施。

参考文献

【1】GB/T 19001—2000 质量管理体系 要求

【2】GB/T 19580—2004 卓越绩效评价准则

附录A （规范性附录)婚庆服务合同

表A.1给出了婚庆服务合同的格式与内容。

表A.1 婚庆服务合同的格式与内容

BF——2008——2710　　　　　　　　　　　　　　合同编号：

婚庆服务合同

委托人（甲方）：

受托人（乙方）：

根据《中华人民共和国民法典》等法律、法规的有关规定，双方在自愿、平等、公平、诚实信用的基础上就婚礼服务有关事宜达成如下协议：

一、服务内容：甲方委托乙方为_________（新郎）和_________（新娘）的婚礼仪式提供相关服务。

本合同中“□”后内容为可选内容，双方可根据实际需求以划“√”方式选定适用，可多选。

二、婚礼仪式开始时间：______年______月______日____时____分。

三、婚礼仪式举行地点：______市______区（县）______路（街）______号。

四、婚礼服务项目

□ 策划服务　　□ 主持服务　　□ 摄像服务　　□ 摄影服务

□ 化妆服务　　□ 鲜花服务　　□ 乐队服务　　□ 场地服务

□ 推荐婚车服务　　□ 代租婚车服务　　□ 婚车租赁服务

各个服务项目的具体内容、要求和费用标准由双方以附件形式约定。

五、服务费用及支付

1．各项服务费用合计为____________元，大写________________________元。

2．本合同签订后当日，甲方应；

□按服务费用总额的20% 即________元向乙方支付定金；

□按服务费用总额的___% 即________元向乙方支付预付款。

定金和预付款可抵作服务费用；

3．策划方案经签字确认后，甲方应向乙方支付费用总额的___%，即________元。

4．余款________元，应在________________付清。

5．本合同签订后双方约定新增加或取消服务项目的，相应费用应计入服务费用总额或从服务费用总额中扣除。

6．乙方收到钱款，应即时向甲方开具收款凭证。

六、双方主要权利义务

甲方应积极配合乙方完成合同约定的各项服务。

乙方提供的各项服务以及服务中所使用的各种产品，均应符合国家有关规定或行业有关规范确定的标准。

□ 策划服务

（1）策划方案为乙方智力成果，仅供甲方在本合同约定范围内使用。甲方不得擅自将策划方案用于合同约定以外的其他用途或提交给第三方使用。

（2）乙方应于________年______月______日前向甲方提交策划方案，策划方案经验收合格，甲方应予以签字确认。

□ 主持服务

（1）乙方应根据甲方需求提供合格主持人供甲方选择。

（2）婚礼仪式举行当日，甲方指定的主持人由于生病等不可抗拒的原因无法亲自主持的，乙方应及时提供同级别以上的主持人代为提供服务。

□ 推荐婚车服务

（1）乙方应根据甲方需求，为其推荐符合汽车运营管理规定的汽车租赁企业提供婚车租赁服务。

（2）甲方应自行与乙方推荐的汽车租赁企业洽谈签约。

□ 代租婚车服务 □ 婚车租赁服务

（1）乙方应保证婚车符合《汽车租赁经营服务规范》(DB11/T 475—2007)①的要求。

（2）乙方应保证每辆婚车配备合格驾驶员1名。

（3）代租服务费是乙方提供婚车代租服务所应收取的报酬；婚车租赁费是甲方所应支付的婚车租用费用，其中包含车辆使用费、燃油费、驾驶员服务费，停车费、过桥费等其他费用由甲方另行支付。

（4）甲方不得要求婚车驾驶员违反交通法规。

□ 化妆服务

（1）乙方应根据甲方需求提供试妆服务，以确定化妆师的具体人选和测试被化妆人员有无过敏反应；因化妆产生过敏反应的，应允许调换化妆品，如皮肤仍无法适应的，甲方可取消本项服务；对乙方提供德化妆师均不满意的，甲方也可取消本项服务。

① 该标准已被DB11/T 475—2014取代。

（2）化妆师人选及使用的化妆品一经确定，双方均不得随意更换。

□ 摄像服务 □ 摄影服务

（1）甲方变更拍摄时间应提前1日书面通知乙方。

（2）甲方应于拍摄前提供活动流程并注明必拍场景。

（3）乙方应为婚礼仪式配备合格的摄像、摄影师和设备。

（4）除署名权外，乙方对于摄影、摄像作品著作权中的其他权利，只有在取得甲方书面同意后方可行使。

（5）乙方留有原始图像文件或复制件的，应妥善保管，并不得提供给第三方。

（6）乙方应保守因签订和履行本合同而获悉的甲方隐私。

七、双方主要违约责任

1．因自身原因，一方于婚礼仪式14日之前（不含14日）要求取消具体服务项目的，应以该项目服务费的____%作为违约金；于婚礼仪式7日之前（不含7日）要求取消具体服务项目的，应以该项目服务费的____%作为违约金；于婚礼仪式7日之内（含7日）要求取消具体服务项目的，应以该项目服务费的____%作为违约金。

2．除本合同另有约定以外，由于甲方原因导致合同不能按照约定履行的，由甲方自行承担相应责任，并应支付乙方实际支出的费用；由于乙方原因导致提供的服务不符合约定要求的，乙方应退还该项目服务费，并按该项目服务费的____%支付违约金。

3．由于一方原因给另一方或第三方造成人身伤害或财产损失的，应承担赔偿责任。

□ 代租婚车服务违约责任

（1）婚车无法按约定提供服务的，乙方除应及时通知甲方并提供约定的备用车辆，还应退还差额婚车租赁费。

（2）实际婚车低于约定级别的，乙方应支付相应租赁费用的____%作为违约金。

（3）实际婚车数量少于约定的，乙方应退还代租服务费和相应的租赁费用，并支付相应租赁费用的____%作为违约金。

（4）婚车未在约定时间内到达起始地点超过____分钟以上的，乙方应支付相应租赁费用的____%作为违约金。由于乙方原因导致婚车未在约定时间内到达婚礼仪式举行地点超过____分钟以上的，乙方应支付相应租赁费用的____%作为违约金。

（5）由于甲方原因导致婚车毁损或违反交通法规的，车辆维修费、罚款及其他相关费用由甲方承担。

□ 摄像服务违约责任 □ 摄影服务违约责任

（1）摄影、摄像师无法按约定时间提供摄影、摄像服务的，经甲方同意，乙方应及时安排职业等级或技术水平相当的其他摄影、摄像师；乙方未做出替换安排或甲方不同意替换安排的，乙方应按该项服务费用的____倍支付违约金。

（2）由于乙方原因导致照片、影像全部或部分灭失的，乙方应退还相应服务费用，并按相应服务费用的____倍支付违约金。

（3）乙方交付的拍摄成品中缺少约定必拍场景的，应按每个场景____元的标准支付违约金。

（4）乙方交付的拍摄成品质量不符合约定要求的，应按__________的标准支付违约金。

八、合同的解除

1．甲、乙双方可协商一致解除本合同；

2．一方有下列情形之一的，另一方有权单方解除合同并要求其赔偿损失：

（1）一方明确表示或者以自己的行为表明不履行全部或部分约定义务的；

（2）甲方迟延支付全部或部分服务费用，经乙方催告后_____日内仍未支付的；

（3）乙方未经甲方同意，擅自改变服务内容、降低服务标准或增加服务费用，经甲方催告后仍未改正的；

3．在婚礼仪式举行前，一方因上述以外的原因提出单方解除合同的，另一方应采取适当措施防止损失扩大，并有权要求解约方在____日内按服务费用总额的____%支付违约金。已支付定金的，也可选择适用定金规则：甲方违反约定解除合同的，无权要求返还定金；乙方违反约定解除合同的，应双倍返还定金。

九、不可抗力

任何一方当事人因不可抗力不能履行合同的，根据不可抗力的影响，可以部分或者全部免除责任，但应及时通知另一方并在合理期限内提供有关证明。

十、合同争议的解决办法

本合同项下发生的争议，由双方协商解决或申请调解解决，协商、调解解决不成的，可选择以下第_____种方式解决：

（一）向人民法院提起诉讼；

（二）向仲裁委员会申请仲裁。

十一、其他约定事项

本合同经双方签字、盖章后生效。双方对合同内容的变更或补充应采用书面形式，作为本合同的附件。附件与本合同具有同等的法律效力。

甲方（签章）：　　　　　　　　　　乙方（签章）：

委托代理人：　　　　　　　　　　委托代理人：

甲方的委托代理人应提交甲方（新郎或新娘）亲笔签名的授权委托书，明确代理权限。

身份证号码：　　　　　　　　　　营业执照号码：

住所：（新郎）　　　　　　　　　住所：（新娘）

电话：　　　　　　　　　　　　　电话：

合同签订日期：　　　年　　月　　日

参 考 文 献

[1] 鲍宗豪．婚俗与中国传统文化[M]．广西：广西师范大学出版社，2006.

[2] 向乃旦．中国古代婚俗文化[M]．北京：新华出版社，1993.

[3] 卜亚丽．媒妁[M]．北京：中国社会出版社，2009.

[4] 乌丙安．中国民俗学[M]．辽宁：辽宁大学出版社，1985.

[5] 李小霞，刘剑．消费心理学[M]．北京：清华大学出版社，2010.

[6] 魏乃昌．服务心理学[M]．北京：中国物资出版社，1999.

[7] 郑向敏．旅游服务概论[M]．北京：旅游教育出版社，2007.

[8] 王军旗、张蕾.市场营销学[M]．北京：中国人民大学出版社，2009.

[9] 袁涛．婚庆实用手册[M]．北京：金盾出版社，2009.

[10] 李雅若．婚礼策划师[M]．北京：天津教育出版社，2010.

[11] 李宁，龚世俊．媒妁起源轮考[J]．学术交流，2001,5(96):30-34.

[12] 芮东莉．中国古代“媒”的嬗变[J]．西南交通大学学报（社科版），2003，4（5）:69-70.

[13] 窦玉沛，李舒珊．社会事务管理[M]．北京：中国社会出版社，1996:28-30.

[14] 佚名.婚姻庆典服务标准全新解读-远离婚庆陷阱[EB/OL].百合婚礼社区网，[2009-10-29]. http://www. hunli.lilywed.cn.

[15] 佚名．40亿元的甜蜜经济谁来赚取[N].吴江日报，2009-05-21.

[16] 佚名．婚庆业已成中国新兴产业[EB/OL].中国产业研究报告网，[2009-06-16].http:// www.chinairr.org.

[17] 佚名．当前我国婚庆市场的现状与思考[EB/OL].中国产业研究报告网，[2009-06-16]. http:// www. chinairr.org.

[18] 佚名．我国婚庆产业发展现状与前景分析[EB/OL].中国产业研究报告网，[2009-06-16]. http://www. chinairr.org.

[19] 佚名．中国婚庆市场前景广阔[EB/OL]．中国产业研究报告网，[2009-16-16].http:// www.chinairr.org.

[20] 佚名．婚庆行业未来发展特征[EB/OL]．中国产业研究报告网，[2009-06-16].http:// www.chinairr.org.

[21] 佚名．婚庆创业流程操作[EB/OL]．中国产业研究报告网，[2009-06-16].http:// www.chinairr.org.

[22] 佚名.中国大城市婚庆市场大有商机[EB/OL]．中国产业研究报告网，[2009-06-16].http:// www. chinairr.org.

[23] 佚名.2007—2008年中国婚庆市场研究及前景预测报告[EB/OL]．中国产业研究报告网，[2009-06-16].http://www.chinairr.org.

[24] 路程.婚庆市场面面观[J].沪港经济，2005（12）.

[25] 周剑.婚庆是可以策划的[J].大江周刊，2007（04）.

[26] 庄晓蓉.个性婚礼让爱做主[J]. SAILING CITY，2008（01）.
[27] 胡业福，刘萍.论我国婚庆产业的发展与规范[J].商场现代化，2007（05）.
[28] 刘成顺.婚庆高处胜寒[J].商道，2008（03）.
[29] 唐青.婚庆行业一派喜洋洋[J].职场行情，2006（07）.
[30] 李若馨.中国结婚产业发展调查：结婚至少得花 12 万元[N].中国社会报，2007-03-02.
[31] 杨劲党.“幸福行业”的纵向观察直击中国婚庆经济[J].党政干部学刊，2004（02）.
[32] 孙艳.婚庆市场 富矿待采[J].海内与海外，2005（12）.
[33] 张楚.婚庆公司讲诚信打开农村大市场[J].商场现代化，2007（11）.
[34] 周东海.婚庆文化设计的历史与发展历程[D].北京：对外经济贸易大学，2006.
[35] 任征.温情的产业迷人的前景[N].中国贸易报，2005-03-25.
[36] 冯琳中.选择婚庆公司要擦亮眼睛[N].国工商报，2005-10-2.
[37] 陈小春.2006 首届中国结婚产业高峰论坛[N].中国社会报，2006-12-8.
[38] 杨洁.婚庆产业中的消费教育[J].科技创业月刊，2006（02）.
[39] 杨洁.网络时代下婚庆产业的 CS 策略[J].科技创业月刊，2007（05）.
[40] SPARKS N.The Wedding[M].New York:Penguin Books，2003.
[41] 鲍宗豪.婚俗与中国传统文化[M].南宁：广西师范大学出版社，2006.
[42] 徐雪.关于我国婚庆产业发展现状的文献综述[EB/OL]. 中国产业研究报告网，[2009-06-16]. http://www.chinairr.org.
[43] 王晓玫.婚姻庆典服务概论[M].北京：中国社会出版社，2009.
[44] 张虹蕾.O2O 模式更能抓住婚庆“甜蜜商机”[N].长江商报，2016-05-23.